Alphonse Courtois

Histoire de la Banque de France

Et des principales institutions françaises de crédit depuis 1716

© 2024, Alphonse Courtois (domaine public)
Édition : BoD · Books on Demand, 31 avenue Saint-Rémy,
57600 Forbach, bod@bod.fr
Impression : Libri Plureos GmbH, Friedensallee 273,
22763 Hamburg (Allemagne)
ISBN : 978-2-3225-4127-0
Dépôt légal : Décembre 2024

Préface

« Tout est perdu fors l'honneur », écrivait François Ier à sa mère après le désastre de Pavie. Tout est perdu fors le crédit, a-t-on pu penser après la catastrophe de Sedan. C'est, en effet, le crédit, cet honneur des temps modernes, qui nous permet de nous relever des déplorables conséquences de nos fautes. Et nous n'entendons pas seulement ici le crédit public, mais encore le crédit particulier, sans lequel le pays n'aurait pu supporter l'exil perpétuel de cinq milliards de capitaux, après la perte, pour tout le monde, de cinq à six milliards, à ne parler que de la France.

Dans ce volume nous ne nous occupons que de l'histoire du crédit particulier, et, encore, sous une de ses faces, mais la plus importante, celle qui, après tout, les réunit toutes, l'Institution de crédit. À chaque jour son œuvre.

Qu'est-ce que l'institution de crédit ? C'est la compagnie ou l'individu, qui fait profession de faciliter le prêt d'un capital du propriétaire qui ne peut le faire rapporter que peu, à l'emprunteur qui peut l'utiliser à meilleur compte. Une commission, sous une forme ou sous une autre, est son bénéfice unique. Tout est là, et en analysant les opérations utiles des banques, on ne trouve rien autre chose que cette intervention de leur part et ce prélèvement en leur faveur.

Mais notre intention ici n'a pas été d'exposer les principes suivant lesquels opèrent les banques, les procédés qu'elles doivent employer pour justifier leur raison d'être ; des maîtres, que nous avons eu maintes fois l'occasion de citer, l'ont fait avant nous.

L'exposé des faits relatifs à notre pays, quelques critiques que, çà et là, ces faits nous amènent à hasarder, la recherche des conséquences ou des causes qui les ont motivés, tel est l'objet que nous nous sommes proposé.

Ici se place une observation qui viendra à l'esprit de maint lecteur. Avez-vous, nous dira-t-on, assez étudié la matière pour vous faire une opinion ? si oui, vous ne saurez être impartial, quelque désir que vous en ayez ; si non, vous ne pouvez faire un choix judicieux des faits utiles à exposer historiquement.

Il est certain que c'est là le dilemme qui se présente à tout écrivain consciencieux ; et nous devons avouer que, suivant nous, l'historien doit se tenir à égale distance de ces deux écueils, le parti pris ou l'absence d'opinion. Il ne doit pas être sceptique, mais il doit aussi se rappeler que les sciences font chaque jour des progrès, les sciences morales et politiques comme les autres, et que l'opinion qu'il professe consciencieusement aujourd'hui peut lui apparaître demain comme une erreur, il ne doit pas s'étonner de ne pouvoir tout expliquer ; il doit le confesser franchement lorsque l'occasion se présente. Il doit pouvoir sans cesse dire avec Montaigne : C'est icy un livre de bonne foy, lecteur. Le père de l'histoire, Hérodote, fournit, à cet égard, un exemple que l'on doit avoir sans cesse devant les yeux. Dans le livre IVe de son histoire, il parle du voyage autour de l'Afrique entrepris par les Phéniciens sur l'ordre de Nechao, roi d'Égypte, 600 ans avant notre ère. « Ils ont rapporté, dit-il, un fait que je ne crois pas et que d'autres peut-être croient ; en faisant le tour de la Libye[1], ils ont eu le soleil à leur droite. Ainsi la Libye fut pour la première fois connue[2]. » Pour les anciens qui ne fréquentaient que l'hémisphère nord, tout voyageur de l'est à l'ouest devait avoir le soleil à sa gauche. Or les Phéniciens allaient de l'est à l'ouest ; mais, traversant l'équateur, c'est-à-dire, entrant dans l'hémisphère sud, ils avaient alors le soleil à leur droite, ce qui renversait toutes les idées astronomiques d'Hérodote. Sans la bonne foi de l'historien grec qui rapportait fidèlement les faits notables, même s'ils ne lui semblaient pas plausibles, nous n'aurions pas, aujourd'hui, la certitude que le tour de l'Afrique a été fait dès cette époque, soit deux mille ans avant Vasco de Gama.

C'est dans cette ligne de conduite que nous avons cherché à nous maintenir ; l'indulgence du lecteur nous pardonnera, en faveur de l'intention, si parfois, à notre insu, nous en avons dévié.

[1] L'Afrique.
[2] Traduction de M. P. Giguet.

Introduction historique sur les institutions d'émission qui ont précédé en France la banque de France

Il n'existe, en France, aucune trace de tentative de fondation de banque de circulation et d'escompte antérieurement au règne de Louis XV. L'arbitraire en finances était peut-être trop à l'ordre du jour sous le règne de Louis XIV pour qu'une institution basée sur la confiance, le bon ordre et l'équité fût possible.

Cependant, à la mort de Louis XIV, nous voyons une banque de circulation opérer à Londres depuis vingt ans ; c'est la Banque d'Angleterre encore existante aujourd'hui. Bien avant cette institution, d'autres banques avaient été fondées à l'étranger ; mais c'étaient des banques de dépôts servant à remédier aux mutations ou à la diversité des monnaies, mais n'émettant pas de billets au porteur et à vue, dits vulgairement billets de banque. C'est ainsi que fonctionnèrent les banques de Venise, Barcelone, Gênes, Nuremberg, Amsterdam, Rotterdam, etc. ; c'est ainsi que fonctionne encore la Banque de Hambourg, la seule de cette nature primitive d'institution de dépôts et de comptes courants qui subsiste encore.

En fait de banques de circulation, nous voyons, par ordre de dates, se fonder la Banque d'Angleterre à Londres en 1690, la Banque d'Écosse à Édimbourg en 1695, la Banque d'Autriche à Vienne en 1703 (ne pas confondre avec la Banque nationale d'Autriche actuellement en activité, mais depuis 1816 seulement), la Banque royale d'Écosse à Édimbourg en 1727, la Compagnie Linière britannique (british Linen Company), à Édimbourg également, en 1746, la Banque de Prusse à Berlin et la Banque de Breslau en 1765, la Banque d'assignation à Saint-Pétersbourg en 1770, la Banque d'Irlande à Dublin en 1783, la banque des États-Unis à New York en 1790 (différente de celle renversée par Jackson), etc.

Ainsi donc, à la mort de Louis XIV, en 1715, trois banques de circulation, sans parler des banques de dépôt, existaient en Europe : à Londres, à Édimbourg et à Vienne. La première émettait des coupures minimum de 20 livres sterling (environ 500 fr.) ; la seconde de une livre sterling (25 fr.) dès 1704 ; nous ignorons l'importance minimum des coupures de billets de la Banque d'Autriche à cette époque.

Nous allons relater ce qui eut lieu en France une fois terminé le règne du Roi Soleil.

Système de Law

I
– État du crédit public en France, à la mort de Louis XIV.– Premières opérations financières de la régence

Louis XIV laissait la France dans le plus triste état que l'on puisse imaginer. Un publiciste financier d'une grande érudition esquisse ainsi la situation du Trésor à la mort de ce roi qu'il serait inopportun d'appeler grand en ce moment :

« Louis XIV laissait à son successeur, à un enfant de cinq ans ces tristes fruits de sa dernière guerre : 86 009 310 liv. en rentes dont le remboursement aurait coûté plus de deux milliards[1] ; 542 063 078 liv. en charges et offices divers et en augmentations de gages ; 596 696 959 liv. en billets divers ; 137 222 259 liv. en dépenses anticipées sur les revenus des années suivantes ; et environ 185 millions de dettes diverses dont le paiement n'avait pas encore été assigné ; en total une dette de près de 3 460 000 000[2]. »

Ce n'était rien encore que cela, avec de l'ordre et du temps on eût fini par en sortir ; mais il y avait chaque année un déficit écrasant. Le budget annuel, tel que nous le présente M. Levasseur pour l'une des dernières années du règne de Louis XIV (1707) donne les résultats suivants :

Maisons royales..................................	23.397,519 liv.
Guerre...	145,051,156
Marine..	18,706,143
Finances...	58,833,170
Dette publique.................................	80,919,328
Intérieur...	7,420,106
Affaires étrangères...........................	355,633
Justice..	2,332,090
	337,015,145 liv.

DÉPENSES

Revenus ordinaires............................	109,180,253 liv.
Capitation..	30,000,000
Clergé...	4,792,906
Affaires extraordinaires.....................	68,918,398
	212,891,557 liv.
Déficit...	124,123,588
	337,015,145 liv.

RECETTES

Sans entrer dans la discussion du détail de ces chiffres[3], contentons-nous de remarquer qu'ils nous accusent un désordre grave qui devait rendre une régence pleine de difficultés.

Après le mort de Louis XIV, arrivée le 1er septembre 1715, un conseil de finances fut institué. Ce conseil, sous la présidence effective du duc de Noailles, accepta dignement la charge et repoussa comme une insulte la proposition de ne pas tenir les engagements du dernier règne, et de sortir par là des difficultés que l'on entrevoyait de tous côtés.

La première opération du conseil de finances fut la révision des billets de toute sorte laissés dans la circulation par le dernier gouvernement, c'est-à-dire l'examen de leur validité et l'annulation de tous ceux que l'on appréciait résulter de doubles emplois ou même n'ayant pas une origine suffisamment claire.

Cette mesure, mauvaise en ce que le conseil chargé de subvenir aux difficultés du moment pouvait être considéré comme juge et partie, réduisit la somme des billets divers de 596 696 959 livres à 360 millions, et même, par une seconde révision, à 276 149 813 liv. On créa 250 millions de billets d'État, portant un intérêt fixe de 4 %, à l'effet de ramener tous ces effets à un type unique.

La seconde opération produisit, et à juste titre, une impression encore plus fâcheuse : on institua un tribunal extraordinaire, une justice exceptionnelle, une Chambre de justice,

« Puisqu'il faut l'appeler par son nom, »

à l'effet de rechercher l'origine de la fortune des plus riches financiers de l'époque. Certes le désordre de ces temps peut faire supposer qu'il avait dû y avoir bien des fortunes acquises au détriment de la masse des contribuables ; mais, il faut l'avouer, le moyen était violent et surtout en dehors des formes de justice, même de ce siècle[4]. L'arrêt qui institua cette Chambre de justice est du 17 mars 1716 ; ses travaux durèrent un an. Les restitutions auxquelles elle condamna 4 410 particuliers montèrent à 219 478 391 livres ; mais des faveurs et des réductions exceptionnelles ne firent rentrer, en réalité, au Trésor qu'une centaine de millions : ainsi donc, violences et faveurs de cour, telle est l'histoire abrégée de la Chambre de justice de 1716[5].

La troisième opération fut la réduction sur les rentes :

Toutes les rentes sur l'État payées hors de l'Hôtel-de-Ville, montant en capital à 104 378 974 liv., et en revenu à 6 699 589 liv., furent réduites au capital de 79 849 374 liv., aux arrérages de 3 483 973 liv. le bénéfice de cette réduction, véritable spoliation, fut en capital de 24 529 600 liv. et en rente de 3 215 616 liv. Les nouvelles rentes furent constituées au denier 25 (soit du 4 %) ; mais la réduction sur le capital ne porte que sur les rentes émises contre des papiers décriés, et ayant, au moment de l'émission des rentes, une valeur inférieure au taux nominal pour lequel ils avaient été reçus. Les rentes sur l'Hôtel-de-Ville montaient, à la même époque, en capital, à 1 280 000 000 liv., et en arrérages à 32 443 429 liv. L'ensemble de la dette publique en rentes perpétuelles montait donc à cette époque, en capital, à 1 359 849 374 liv., et en arrérages à 35 659 045 liv.

La quatrième fut la refonte des monnaies. On sait à cet égard combien de fois en France on changea les monnaies, soit de poids, soit de titre, sans faire subir à leur valeur nominale des réductions proportionnelles. Pour résumer toutes ces variations de Charlemagne à l'époque qui nous occupe, il suffit de rappeler que du temps de Charlemagne on taillait 2/3 de livres dans le marc[6] et que par la fixation du 1er juin 1718 on en tailla 42 liv. 12 s. et 1 d. Du XIIe siècle à 1718, il y eut 250 fixations de la valeur de l'argent[7] seulement ; on jugera par là quels troubles durent occasionner dans les relations commerciales des variations dans la valeur des monnaies qui, en moyenne, eurent lieu tous les deux ans. Ce fut à ce moyen désastreux que l'on eut recours, et, malgré l'opposition raisonnée du duc de Noailles, on décida la refonte des monnaies. « L'édit parut au mois de décembre 1715. Les louis d'or valaient 14 livres, et les écus 3 livres 10 sous. Les particuliers reçurent l'ordre de les porter aux hôtels des monnaies, où ils furent reçus pour 16 livres et pour 4 livres ; les pièces nouvelles, pesant exactement le même poids, devaient valoir, les louis 20 livres, et les écus 5 livres. L'État avait espéré faire un bénéfice considérable sur les 1 200 millions de numéraire qui existaient en France ; mais on ne rapporta à la refonte que 379 237 000 livres, et les profits ne dépassèrent pas 90 millions. Le commerce, dont ces violences arrêtaient l'essor, perdait peut-être à ces opérations une somme dix fois plus forte. Quelque temps après, on se décida à supprimer cette nouvelle monnaie ; on ordonna, au mois de novembre 1716, une fabrication de nouveaux louis de 30 livres, et, le 15 janvier 1717, le roi décria les pièces fabriquées en vertu de l'édit de décembre 1715[8]. »

Tel fut l'ensemble des mesures adoptées par le conseil de finances institué après la mort de Louis XIV sous la régence. Le duc de Noailles, le principal moteur de toutes ces mesures, y ajoutait, comme élément indispensable, le temps, cet associé si utile et si souvent mis hors de cause ; et le régent, avec des moyens brillants mais peu solides, avec un jugement prompt mais peu profond, avec une imagination ardente mais peu expérimentée, trouvait tout cela trop long.

[1] Rentes perpétuelles ou viagères, intérêts de cautionnements, etc.
[2] É. Levasseur. Recherches historiques sur le système de Law. Paris, 1854, pages 11 et 12 et Appendice A. Nous avons grandement profité des travaux de ce savant historien financier.
[3] Il ne sera cependant pas sans intérêt de donner le relevé suivant que nous empruntons aux Comptes-rendus de l'administration des finances du royaume de France, par Mallet (page 57) :

DENIERS EXTRAORDINAIRES LEVÉS SUR LES PEUPLES.

1600 à 1610	103.575.918 liv.
1611 à 1642	1.205.493.093
1643 à 1656	1.095.213.195
1661 à 1688	369.178.107
1689 à 1699	578.982.989
1700 à 1715	1.539.671.010
Total	4.894.114.312 liv.

Faisons remarquer que les années 1557 à 1660 manquent, l'état au vrai, (budget définitif de ces exercices), n'ayant jamais été arrêté.

[4] L'effet que produisit cette Chambre de justice fut terrible, si on en croit Duhautchamp : « Plusieurs de ceux qui se virent dans le cas d'y être recherchez, tombèrent dans le désespoir et se donnèrent la mort plutôt que d'en éprouver les menaces. Dans quelques provinces il y en eut qui, trop prévenus par des terreurs paniques, n'attendirent pas qu'on les eût citez à ce redoutable tribunal, pour se précipiter les uns dans des puits, les autres dans la rivière, il y en eut enfin qui après s'être percez de coups, se brûlèrent avec leurs papiers et leurs effets. – Il y en eut de condamnés à des peines

afflictives et même à la mort, etc., etc. » Duhautchamp, Histoire du visa, T. I, p. 14.

5Ce fut la dernière fois qu'il y eut en France une Chambre de justice exceptionnelle pour faits de finances. Voici l'énumération de toutes les Chambres de justice de cette nature, qui ont précédé celle-ci :
1° en 1311 sous Philippe-le-Bel.
2° en 1349 – Philippe-de-Valois.
3° en 1545 – François Ier.
4° en 1579 – Henri III.
5° en 1584 – –
6° en 1601 – Henri IV.
7° en 1625 – Louis XIII.
8° en 1629 – –
9° en 1661 – Louis XIV.
Nous ne comptons pas celle de 1648, sous le ministère de Mazarin, à laquelle il ne fut pas donné suite.
L'édit qui institua la Chambre de justice de 1625 décidait qu'il en serait établi une tous les dix ans ; mais cet article ne fut pas exécuté.
Voir les précieuses Études sur Colbert, par M. Félix Joubleau ; t. I, p. 30.

6Du temps de Charlemagne une livre d'argent (monnaie) pesait rigoureusement une livre (poids). Mais la livre (poids) ne se composait à cette époque que de 12 onces au lieu de 16 qu'elle contenait sous Louis XV ; le marc, d'autre part, était de 8 onces ; d'ailleurs l'once ne subit aucune variation dans la période qui nous occupe. On comprendra dès lors pourquoi la livre (monnaie), sous Charlemagne, se taillait 2/3 au marc.

7É. Levasseur, ibidem.

8É. Levasseur, ibidem, page 357.

II
– Naissance du système

Pendant que toutes ces mesures s'accomplissaient, sans égard pour les plaintes du commerce et sans apporter de soulagements à la misère générale, l'augmentant, au contraire, par le ralentissement des affaires que toutes ces décisions décourageaient, une institution, fruit de l'association de quelques particuliers, fondée par un étranger, venait trancher sur ce tableau d'une manière de plus en plus frappante. Une banque analogue à la Banque de France, comme elle commanditée par des actionnaires, escomptait à 5 % le papier des particuliers, émettait des billets payables au porteur et à vue, et qui, étant remboursables en écus du poids de ce jour (du jour de la date de l'édit) ne pouvaient souffrir de la réduction de la valeur des monnaies[9]. Des comptes courants étaient ouverts aux particuliers, qui, comme de nos jours, pouvaient, sous un droit minime de 1/4 00/00, soit délivrer des mandats payables en espèces à ceux qui n'avaient pas de compte à la Banque, soit délivrer un bulletin de virement à ceux qui en possédaient.

Quel était donc cet homme qui, au milieu des violences et des spoliations, créait une institution fondée sur la confiance ; qui, après les immoralités financières des dernières années de Louis XIV, enfantait le crédit, cette fleur si fragile mais si consolante pour l'honneur de l'espèce humaine ; qui enfin, quatre-vingts ans avant la Banque de France, donnait le modèle sur lequel cette institution a calqué ses statuts.

C'était Jean Law[10], Écossais de naissance, habitué dès son enfance (son père était orfèvre, profession qui, à cette époque, comprenait celles de banquier, changeur, etc.) aux spéculations sur métaux précieux, d'une merveilleuse facilité de conception, ayant beaucoup voyagé, beaucoup étudié tout ce qui regarde les monnaies et le crédit dans toute l'Europe, menant grand train, joyeuse vie, enfin, joueur intrépide et si habile que beaucoup de ses contemporains attribuèrent à une adresse peu consciencieuse les gains énormes qu'il acquit de cette manière. Hâtons-nous de dire que sa vie financière a été si loyale d'ailleurs que l'on ne peut s'arrêter un seul instant à ce soupçon.

Plus praticien que théoricien, il ne creusait pas les vérités que son intelligence facile lui faisait promptement entrevoir, et par suite, son raisonnement se viciait bien vite par l'absence de logique ; joueur par passion, il était cependant sectaire dans ses opinions, au point de négliger ses intérêts propres pour l'accomplissement de ce qu'il croyait utile au bien général. Pour le bien connaître, il est indispensable d'analyser son ouvrage principal : Considérations sur le commerce et le numéraire, qu'il écrivit en

Écosse, bien avant de soupçonner les destinées, bonheurs et malheurs, qui l'attendaient. Après avoir établi que l'argent numéraire a une valeur intrinsèque comme toute autre marchandise, puis (confondant le capital, l'ensemble des moyens de production, avec le numéraire, (partie de ce tout) que plus une nation a d'espèces, plus elle est riche, il propose, afin d'augmenter les espèces, d'établir (contrairement à sa première proposition) un papier hypothécaire servant de monnaie et ayant cours forcé. Ainsi donc, dès ce premier ouvrage (qui date de 1700 environ : il avait alors 29 ans) on voit un homme de génie parvenant à dégager d'un brouillard de préjugés quelques notions claires et précises, mais ne pouvant s'empêcher de mêler, faute de logique, une forte dose d'alliage au métal pur précédemment obtenu. Ainsi le verrons-nous dans l'action. Il n'est pas inutile de rappeler, comme source de bien des erreurs, que Law croyait à la théorie de la balance du commerce. Quesnay (1758) et Adam Smith (1776) n'avaient pas encore combattu ce préjugé, si général, même de nos jours.

Law, donnant à la création d'un papier de circulation, pouvant servir de monnaie, une importance exagérée, proposa, pour arriver à son idéal, l'établissement d'une banque commanditée exclusivement par le roi (l'État d'alors) au lieu de l'être par une compagnie. C'est là son innovation, sur laquelle il revient sans cesse et qui différencie son projet des établissements de crédit existant alors, tous dirigés et commandités par des particuliers. Cependant, n'ayant pu arriver à faire admettre son plan dans son ensemble, il se résigna à fonder, avec les fonds des particuliers, sous le titre de BANQUE GÉNÉRALE, un établissement qui fut, par lettres-patentes du 2 mai 1716, autorisé à émettre des billets en écus d'espèces sous le nom d'écus de banque « du poids et titre du jour. » Le fonds capital était composé de 1 200 actions nominatives de 1 000 écus, soit 1 200 000 écus de banque ou 6 millions de livres (l'écu étant apprécié à ce moment valoir 5 livres). L'ouverture de la souscription eut lieu le 1er juin 1716, chez Law, place Louis-le-Grand (Vendôme). La banque ne devait commencer ses opérations qu'après la souscription du capital entier, mais comme dans cette souscription on admettait le billet d'État, dont il a été parlé au chapitre précédent, jusqu'à concurrence des trois quarts de la somme souscrite, elle ne tarda pas à être couverte. Ce qui contribua à accélérer la souscription fut le fait que le capital n'était appelé que par quart, chaque quart se composant de :

25 % espèces ;

75 % billets d'État perdant 70 à 80 %.

On n'a jamais versé que le premier quart, soit, en espèces, 375 000 liv. !

Une assemblée des actionnaires eut lieu après la clôture de cette souscription pour établir le règlement et nommer le personnel. Les voix, dans cette assemblée générale et dans les suivantes, se comptaient ainsi : Une voix par cinq actions, sans limite du nombre de voix par personne. En juin et décembre on dressait le bilan de la compagnie, et une suspension d'affaires de cinq jours (du 15 au 20) était autorisée pour cette opération. L'assemblée générale avait lieu deux fois par an, les 20 juin et 20 décembre.

La banque faisait l'escompte ; elle pouvait émettre des billets payables à vue, mais non payables à terme, et ne pouvait non plus emprunter, sous quelque prétexte ni de quelque manière que ce puisse être ; il en est de même de nos jours pour la Banque de France. Des mesures de prudence étaient prises pour ne pas laisser de trop fortes sommes entre les mains du caissier : mais il n'y avait aucun rapport imposé entre la quantité de billets en circulation et le numéraire en caisse. Il était interdit à cette banque de faire, par terre ni par eau, aucun commerce en marchandises, ni assurances maritimes, et de se charger, par commission, des affaires de négociants, tant au dedans qu'au dehors du royaume. Les billets de banque étaient au porteur et par coupures de 10, 100 et 1 000 écus (50, 500 et 5 000 livres)[11]. Ils eurent d'abord un peu de peine à prendre, mais petit à petit le public apprécia leur commodité, et les créations, de la fondation à décembre 1718, montèrent à 51 millions de livres.

Law administrait seul cette société avec le titre de directeur.

Cette banque commença à fonctionner en juin 1716 ; l'escompte des lettres de change se faisait au taux de 5 %[12] ; nous n'avons vu nulle part quel était le nombre de signatures exigées. Les comptes courants furent ouverts aux conditions relatées au commencement de ce chapitre ; avoir un compte courant à la banque s'appelait à cette époque avoir un compte en banque[13].

Telle est la première conception que Law (un peu gêné dans ses idées, il est utile de le rappeler) mit à exécution. Nous nous y arrêtons avec complaisance, car c'est l'époque, en réalité, la plus utile de la vie de cet homme qui était, sans contredit, au-dessus de son siècle. Aussi le public, appréciateur des services que rendit cette création nouvelle en France, commença-t-il à remarquer la différence de résultats des moyens employés par le conseil des finances et par Law, et, ne distinguant pas encore la nuance essentielle qui sépare les fonctions de l'État de celles des particuliers, il jeta, dans sa détresse, un regard d'espérance vers cet homme qui lui parut un dieu, et alors commença à naître la popularité du financier écossais.

Mais, ne l'oublions pas, l'idée de Law, à aucune époque de sa vie, n'a été de s'arrêter à cette forme qu'il n'accepta que comme pis-aller. Les succès de la banque ne devaient pas tarder à lui donner moyen de sortir du cercle qu'on lui imposait. En effet, « dès le mois d'octobre 1716, tous les officiers des finances recevaient l'ordre de faire leurs remises sur Paris en billets de banque et d'acquitter à vue ces mêmes billets dès qu'ils leur seraient présentés. » Première faute.

Par arrêt du 10 avril 1717 on ordonnait que « les billets seraient reçus comme argent pour le paiement de toutes les espèces de droits et d'impositions, fermes et autres revenus du roi ; et que tous les officiers comptables, fermiers et sous-fermiers, tous leurs receveurs et commis-comptables, et autres chargés du maniement de ses deniers (des deniers du Roi), seraient tenus d'acquitter à vue et sans escompte les billets qui leur seraient présentés. » Deuxième faute.

La troisième faute, relativement à la banque, la plus grave de toutes, fut, comme nous le verrons plus loin, la reprise de la banque par l'État et sa conversion en banque royale (décembre 1718) ; mais n'anticipons pas.

Jusqu'alors Law ne nous apparaît que comme un homme prudent, presque méthodique, ne voulant devoir son crédit qu'au temps, à sa sagesse administrative, à son ordre[14] et à son intégrité. Nous allons le voir sur un nouveau terrain, celui qui l'engouffra en se dérobant sous lui et avec lui le système, c'est-à-dire tous les capitalistes qui se laissèrent aller, sans mesure, à l'entraînement de son exemple. En un mot, pour nous servir d'une expression de nos jours, nous allons voir Law devenir un faiseur et employer à la réussite de ses idées un instrument, l'agiotage, dont il ne connaissait pas encore la portée.

Les diverses compagnies privilégiées de commerce en Amérique et en Afrique, constituées principalement sous Sully, Richelieu ou Colbert, végétaient et s'endettaient. Law vit dans la reconstitution de toutes ces compagnies en une seule, avec un capital important, une spéculation de présent et d'avenir, et comprit la possibilité d'attirer le public dans ses idées, en lui montrant tous les avantages que son imagination, un peu ardente dès cette époque, lui faisait supposer. Pour se rendre l'État favorable, il l'intéressa à sa combinaison de la manière suivante : Une société par actions serait fondée au capital de 100 millions de livres, divisé en 200 000 actions de 500 livres, payables en billets d'État qui, comme on sait, perdaient à cette époque plus des deux tiers de leur valeur nominale. L'État ne paierait à la compagnie que la rente au denier 25 (4 %) des billets d'état retirés par ce moyen. La première année d'arrérages (4 millions) serait encaissée par la compagnie et lui servirait de fonds de roulement. Les arrérages des autres années seraient distribués régulièrement aux actions à titre d'intérêt fixe. Cette combinaison était habile ; elle relevait le crédit de l'État sur qui Law fondait dans l'avenir toutes ses espérances ; elle donnait aux capitaux un sujet de placement, ce qui devait, avec de l'ordre et de l'économie dans l'administration, faire infailliblement monter les actions ; enfin, elle prouvait la puissance de l'association, puisque, par ce procédé, elle fondait une société au capital de 100 millions, ce qui ne s'était jamais vu jusqu'alors ni en France, ni ailleurs. La combinaison fut agréée par le conseil, et un arrêt du 28 août 1717 autorisa cette société sous le nom de Compagnie d'Occident. Le public l'appela souvent Compagnie du Mississippi, même lorsque le nom de Compagnie des Indes lui fut accordé ; et, encore de nos jours, beaucoup de personnes ne la connaissent que sous ce titre. L'arrêt du conseil fut enregistré au Parlement le 6 septembre suivant. Son privilège, qui embrassait une durée de 25 ans à partir du 6 septembre 1717, comprenait ceux des compagnies suivantes :

1°Deuxième compagnie du Mississippi ou de la Louisiane ;

2°Deuxième compagnie du Canada ou du Castor ;

3°Quatrième compagnie du Sénégal ;

4°Compagnie royale de Guinée ou de l'Assiente.

Elle embrassait donc dans ses opérations le commerce de la Louisiane, du Canada et des côtes occidentales d'Afrique. Elle jouissait de tous droits de souveraineté sur les terres qu'elle possédait. « C'était un souverain-marchand, une royauté par association »[15].

Les actions étaient au porteur et libérées. Remarquons que c'est la première fois que nous voyons en France des actions au porteur, car on se rappelle que les actions de la Banque générale étaient nominatives. Il y avait des coupons de une et de dix actions. Tout actionnaire avait droit d'assister à l'assemblée générale annuelle s'il possédait cinquante actions, et avait autant de voix que de fois cinquante actions, sans limitation du nombre de voix. Enfin, un bilan était dressé chaque année, fin décembre, et c'était l'Assemblée générale qui décidait l'importance des dividendes à répartir, les intérêts à 4 % se trouvant toujours payés par suite de la dette de l'État.

Trois directeurs administraient l'affaire ; Law était l'un d'eux, mais sans autre pouvoir distinctif que l'ascendant de son talent et de sa popularité.

La souscription fut lente à se couvrir, et on verra plus loin que ce ne fut qu'en juillet 1718 qu'elle fut close.

Telle fut la pose de la première pierre du système ; on sait que c'est ainsi que l'on a coutume d'appeler l'ensemble des actes financiers de Law.

L'envie ne tarda pas, on le soupçonne, à s'attacher aux pas d'un financier si rapidement heureux. En outre, quelques esprits d'élite commencèrent à éprouver une certaine inquiétude de la hardiesse des nouveautés de Law. Ces deux sentiments agitèrent tout particulièrement quatre frères dauphinois, les Pâris, fils d'un aubergiste, arrivés par leur talent et leur mérite à des fonctions financières dont ils s'acquittèrent avec honneur. Le Parlement, quelques membres du conseil des finances, le chancelier lui-même, le marquis d'Argenson, étaient ennemis déclarés ou secrets du directeur de la Banque. Ils appuyèrent donc la combinaison suivante, que présentèrent les frères Pâris, combinaison qui, comme on le verra, avait le tort d'être une imitation, un peu servile, de la conception de Law.

Sous l'épithète de Fermes royales, on comprenait, à cette époque, la majeure partie des impôts indirects du budget d'alors, et ces impôts, au lieu d'être directement régis par l'État, comme ils le sont de nos jours, étaient cédés, moyennant une redevance fixe et annuelle, à des particuliers associés qui, sans s'écarter de certains tarifs établis dans le cahier des charges, percevaient à leur manière lesdits impôts, et bénéficiaient de la plus-value sur la redevance fixe due à l'État. De là le nom de Fermes. D'argenson, qui joignait les finances aux sceaux, adjugea le bail desdites fermes aux frères Pâris moyennant une redevance annuelle de 48 500 000 livres. Selon l'usage, un prête-nom fut inscrit dans l'acte comme adjudicataire, et ce prête-nom fut Aymard Lambert, le propre valet de chambre de d'Argenson. Les frères Pâris transférèrent leur droit à une société par actions, au capital de 100 millions, divisés en 100 mille actions au porteur de 1 000 livres, payables en papiers divers, qui encombraient la place à cette époque, et du capital desquels l'État était débiteur. Un dixième était payable en souscrivant, et les neuf autres dixièmes le 1er janvier 1719. L'inventaire était clos fin décembre, et, en avril, l'Assemblée générale fixait le dividend (dividende). On avait, dans ces assemblées, une voix par cinquante actions. L'arrêt du Conseil qui consacre ces dispositions est du 16 septembre 1718. La durée du bail était de six ans.

Cette combinaison fut appelée Anti-système ; c'était, en effet, une concurrence directe à la Compagnie d'Occident, concurrence redoutable, car l'objet de la Compagnie des Fermes était plus certain et plus palpable pour le public que celui de la Compagnie d'Occident. Mais, encore une fois, en élevant autel contre autel, les frères Pâris n'avaient pas fait de grands frais d'invention.

Malgré cette opposition, le crédit et l'influence de Law augmentaient. Le régent, son protecteur constant, qu'il avait converti à ses idées dès la fin du règne de Louis XIV, lors d'un premier voyage en France, n'avait pas d'abord été assez fort pour déterminer le Conseil à accepter en entier les projets de l'Écossais. Le succès qui semblait s'attacher à chacune des choses que touchait cet habile administrateur, parvint à triompher des obstacles qui, d'abord, l'avaient arrêté, et, le 4 décembre 1718, le roi, par une déclaration confirmée par arrêt du Conseil du 27 du même mois, remboursa en espèces aux actionnaires de la Banque les fonds par eux versés, soit numéraire, soit billets d'État[16]. C'est ainsi que la Banque générale devint Banque royale. Law continue à en être directeur.

N'oublions pas que cette déplorable décision fut prise sur l'incitation de Law. Elle conduisait à l'abîme. Pour faciliter l'usage des billets, on ouvrit des bureaux à Lyon, la Rochelle, Tours, Orléans et Amiens, c'est-à-dire dans les principales villes où il n'y avait pas de parlement. Il ne faut pas assimiler ces bureaux aux succursales actuelles de la Banque de France, car ils n'avaient pour objet que de rembourser ou mettre en circulation des billets, mais nullement d'escompter les effets ni même d'ouvrir des comptes en banque ou comptes courants. Le cours des billets n'était pas forcé, à cette époque ; les employés des finances étaient bien tenus, comme on l'a vu, de les recevoir et de les rembourser avec les fonds qu'ils avaient en caisse, mais les particuliers pouvaient les refuser. On ne voulait encore employer que la conviction. Cela dura peu.

Nous avons vu que l'écu de banque était poids et titre du jour de l'édit d'institution, et que les billets étaient jusqu'alors stipulés payables en écus de banque. En convertissant la Banque générale en banque royale, on eut le grand tort de ne plus faire de billets remboursables en écus de banque, mais bien en livres tournois, c'est-à-dire de remplacer une monnaie invariable comme poids et titre par une monnaie sujette à des variations. Ajoutons, pour être vrai, que l'édit de décembre 1718 disait bien que l'on ferait des billets de banque en écus de banque ou en livres tournois, au choix du porteur ; que même l'arrêt du 5 janvier 1719 autorisa la création de billets pour 2 millions d'écus de banque, mais en réalité on ne mit plus en circulation de billets en écus de banque à partir de l'édit de décembre 1718, et même les 51 millions de livres de billets de banque émis payables en écus de banque antérieurement à la conversion de la Banque générale en Banque royale, furent petit à petit retirés et remplacés par des billets stipulés en livres tournois.

Les nouveaux billets furent par coupures de 10, 100 et 1 000 livres tournois[17].

Le 22 avril 1719[18], pour obvier aux inconvénients de ce fâcheux changement, on arrêta que les billets en livres tournois ne seraient pas sujets aux diminutions qui pourraient survenir sur les espèces. C'était pousser le public à préférer les billets aux espèces ; mais n'était-ce pas aussi avouer que la déclaration du 4 décembre 1718 avait un peu diminué la confiance du public ? Cependant, si ce moment d'hésitation exista, il fut de courte durée, car on commença à pousser aux fortes émissions ; en deux ans et demi on n'avait encore émis que 51 millions de billets ; de décembre 1718 au 22 avril 1719 (en moins de cinq mois) on en créa pour 59 millions. Le total des billets en avril 1719 montait donc à 110 millions.

Il ne sera pas inopportun de donner, dès à présent, tant pour ce que nous venons de dire que pour ce qui suivra, l'état des billets émis par la Banque sous la Régence : seulement, en regard de l'état officiel annexé à l'arrêt du 10 octobre 1720, nous mettrons l'état non officiel, mais exact, fourni ultérieurement par le trésorier même de la Banque, le sieur Bourgeois, le 15 novembre 1723. Que le lecteur, à l'aspect de ce tableau, ne nous accuse pas trop vivement de légèreté s'il trouve à la fois dans ce tableau des billets retirés et ceux qui devaient les remplacer, car, à cette époque, on se faisait peu de scrupule de reverser dans la circulation des billets qui auraient dû être annulés :

DATES des émissions	ÉTAT OFFICIEL (Coupures de)						ÉTAT de Bourgeois (Total en livres)[1]
	10.000 livres	1000 livres	100 livres	50 livres	10 livres	Total	
	»	»	»	»	»	148.560.000	148.560.000
5 Janvier 1719	»	12.000.000	6.000.000	»	»	18.000.000	18.000.000
11 février	»	16.000.000	4.000.000	»	»	20.000.000	20.000.000
1er avril	»	20.000.000	»	»	1.000.000	21.000.000	20.940.000
22 avril	»	48.000.000	3.000.000	»	»	51.000.000	51.600.000
10 juin	»	48.000.000	2.000.000	»	»	50.000.000	50.000.000
20 juillet	»	200.000.000	30.000.000	»	10.000.000	240.000.000	220.660.000
22 septembre	120.000.000	»	»	»	»	120.000.000	120.000.000
24 octobre	120.000.000	»	»	»	»	120.000.000	120.000.000
29 décembre	120.000.000	55.200.000	72.800.000	»	12.000.000	360.000.000	359.790.000
Total au 31 déc. 1719	360.000.000	499.200.000	117.800.000	»	23.000.000	1.000.000.000	1.128.910.000
6 février 1720	198.000.000	1.600.000	400.000	»	»	200.000.000	200.000.000
26 mars	180.000.000	120.000.000	»	»	»	300.000.000	300.000.000
5 avril	396.000.000	»	»	»	»	396.000.000	396.000.000
19 avril	»	240.000.000	181.000.000	»	17.000.000	438.000.000	436.560.000
1er mai	»	362.400.000	»	»	»	362.400.000	362.400.000
26 juin	»	»	»	»	»	»	99.890.000
2 septembre	»	»	»	»	»	»	37.000.000
19 septembre	»	»	»	50.000.000	»	50.000.000	50.000.000
23 septembre	»	»	»	»	»	»	59.950.000
Total général	1.134.000.000	1.223.200.000	299.200.000	50.000.000	40.000.000	2.746.400.000	3.070.750.000

(1) Billets en écus de banque de 8 et 10 au marc.

On se rappelle que le principal chapitre de l'actif de la Compagnie d'Occident consistait dans la rente de 4 millions que lui payait le roi pour le retrait des 100 millions de billets d'État, perdant alors 75 %. La Compagnie d'Occident se ressentit longtemps de cette origine boiteuse. Law eut beau employer à la souscription du capital de cette société les fonds versés par les actionnaires de la Banque générale (1 500 000 livres, dont 1 125 000 en billets d'État et 375 000 en espèces), cette souscription, ouverte en août 1717, ne fut fermée, comme nous l'avons déjà dit, qu'en juillet 1718. En mai 1719, les actions de 500 livres n'en valaient encore que 300. À cette époque, Law acheta publiquement 200 actions à 500 livres dont 200 livres de prime livrables dans six mois[19]. Cette opération à prime prouva que l'auteur du système avait foi dans ses idées et aida à la hausse des actions, qui ne tardèrent pas à gagner le pair. Mais cette hausse fut due à d'autres mesures que l'opération précitée ; ce sont ces mesures dont nous allons nous occuper.

Les tabacs, à cette époque, étaient affermés moyennant une redevance annuelle de 2 millions ; le bail expirait. Law offrit, au nom de la Compagnie d'Occident, de se charger de cette entreprise pour neuf ans, moyennant une redevance annuelle de 4 020 000 livres. Le Gouvernement accepta ; comme ce dernier devait à la Compagnie d'Occident une rente de 4 millions, cette Société n'eût à payer à l'État qu'une soulte annuelle de 20 000 livres. La Compagnie, qui semblait faire une mauvaise affaire, en fit au contraire une bonne ; outre la compensation dont nous parlons plus haut, compensation qui, à cette époque, avait sa valeur, puisqu'elle éteignait un risque, la Compagnie d'Occident obtenait ainsi le monopole du débouché pour les tabacs qu'elle tirait de la Louisiane, sa propriété, et la vente des tabacs s'étendant, elle retrouvait facilement la somme qu'elle s'engageait à payer. Le matériel de la Compagnie du Sénégal lui procura de suite une marine et un fonds de marchandises. Tout cela témoignait de l'habileté chez l'heureux novateur ; aussi le public, à la suite de ces mesures, prit-il confiance dans l'avenir de cet homme qui ne doutait pas de lui-même ; les actions montèrent. En mai 1719 (à l'époque où nous avons laissé la banque) la Compagnie d'Occident possédait une encaisse de plus de 3 millions et demi, 750 000 livres de marchandises en magasin, et 21 bâtiments dans les ports ou en mer. Les colonies, d'abord peu productives, se ressentirent de cet état de choses, et les produits que l'on en tirait donnaient les meilleures espérances sur l'avenir de la Société.

C'est à ce moment (mai 1719) que la Compagnie d'Occident absorba les privilèges des Compagnies des Indes occidentales et de la Chine ; elle prit, à cette occasion, le nom de Compagnie des Indes, qui lui est resté jusqu'à sa chute, en 1769. Le même édit l'autorisa à augmenter son capital de 25 millions par l'émission de 50 000 nouvelles actions de 500 livres ; seulement cette émission se fit contre espèces ou billets de banque et au prix de 550 livres l'action. Pour aider au placement de ces actions, on échelonna les versements sur vingt mois ; le premier (en souscrivant) comprit la prime (50 livres) plus un vingtième (25 livres) soit 75 livres ; chaque mois suivant on opéra un nouveau versement de 25 livres ; on pouvait se libérer par anticipation, mais sans bonification d'escompte. L'engouement du public pour ces actions fit arrêter (20 juin 1719) la nécessité de posséder quatre actions anciennes, que l'on appela mères à cette occasion, pour souscrire une nouvelle que l'on appela fille par opposition. C'est à propos de cette souscription que commença cet agiotage fiévreux qui ne se ralentit qu'à la chute du système.

Enfin, en juillet 1719, la Compagnie des Indes absorba la Compagnie d'Afrique. Il ne restait plus, en fait de compagnie privilégiée en dehors de la Compagnie des Indes, que la Compagnie de Saint-Domingue, qui ne se fusionna qu'en 1720 (10 septembre), à la même époque où le privilège du commerce des nègres de Guinée (libre à cette époque) fut concédé à la dite Compagnie des Indes.

À la fin de juillet 1719, les actions de la Compagnie des Indes valaient 1 000 livres.

Mais toutes ces souscriptions et celles qui suivirent occasionnèrent un mouvement d'espèces trop considérable pour la quantité de numéraire alors en circulation en France. On fut donc conduit à multiplier les émissions de billets de banque servant alors de monnaie ; et c'est ce qui explique comment le public se prêta à la rapide extension de ces émissions pendant l'année 1719.

L'activité dévorante de Law ne connut plus de bornes à partir de ce moment. La fabrication des monnaies, l'exploitation des fermes générales et le remboursement des rentes et des offices eurent peine à satisfaire cette âme de feu.

La fabrication des monnaies fut abandonnée à la Compagnie des Indes pendant neuf années, moyennant 50 millions payables en quinze mois à partir du 1er octobre 1719.

Pour payer à l'État ces 50 millions, Law eut recours à une nouvelle émission d'actions ; 50 000 actions de 500 livres émises à 1 000 livres (soit 500 livres de prime) faisaient juste le capital nécessaire pour payer l'État. La souscription, autorisée par arrêt du Conseil du 27 juillet 1719, fut promptement couverte. Pour y participer, il fallait pour une nouvelle action (appelée petite-fille) posséder cinq actions (mères ou filles) anciennes. Le paiement des 1 000 livres devait être opéré en vingt versements mensuels de cinquante livres chacun. Law s'engagea à cette époque, (26 juillet 1719) en pleine assemblée générale, à faire rapporter aux actions 6 % du cours actuel (1 000 livres) à partir du 1er janvier 1720.

Les fermes, comme nous l'avons vu plus haut, avaient été adjugées aux frères Pâris, qui avaient formé à cette occasion une société par actions. Le prix annuel, on se le rappelle, était 48 millions et demi. Law, par son influence, obtint de faire casser ce bail et de se le faire adjuger moyennant 52 millions. Du même coup, il tuait l'Anti-système, et, grâce aux réformes administratives qu'il projetait, obtenait pour la compagnie qu'il dirigeait une affaire fructueuse. Le contrat qui consacra cette double victoire est du 28 octobre 1719[20].

Enfin l'entreprise la plus colossale que l'on eut jamais vue (le remboursement des rentes et des offices) vint compléter l'édifice prodigieux auquel il se dévouait. La somme nécessaire pour ce remboursement fut évaluée à 1 500 millions. Le gouvernement prit l'engagement de payer annuellement à la compagnie 3 % de cette somme[21]. Le 12 octobre 1719, un arrêt du conseil autorisa cette vaste opération. Law, pour la mener à bonne fin, eut encore recours à des émissions d'actions, entreprises, cette fois, sur une échelle étourdissante. Dès le 27 août il avait promis 1 200 millions ; trois émissions successives de 100 000 actions de 500 liv. chacune (13 septembre, 28 septembre et 2 octobre 1719) eurent lieu sur le pied de 5 000 livres l'action, payables par dixième de mois en mois. Il ne fut plus nécessaire pour cette souscription de posséder ni mères, ni filles, ni petites-filles ; tout individu put souscrire autant d'actions qu'il possédait de fois 500 livres. Aussi l'empressement fut-il prodigieux, grâce à la hausse que les actions éprouvèrent depuis la fin de juillet, sous l'empire des excitants auxquels Law soumit le marché.

« L'Europe assista, pour la première fois, aux grandes luttes de la cupidité dans lesquelles les passions, agitées comme aux époques solennelles de l'humanité, faisaient oublier, par leur sauvage énergie, la bassesse de leur cause, et dans lesquelles l'égoïsme lui-même acquérait une certaine grandeur[22]. »

L'ardeur des souscriptions fit un instant tomber les anciennes actions à 4 000 livres, tandis que les cinq cents (on appelait ainsi les nouvelles actions sur lesquelles on ne versait d'abord que 500 livres) montèrent à 8 000 livres ; c'est que l'on réalisait les anciennes pour en employer le montant à souscrire des nouvelles. Le produit de cette souscription devant servir à rembourser les créanciers de l'État, ces derniers, par cette combinaison, ne pouvaient utiliser leurs fonds en souscrivant des actions. Sur leur réclamation, on rendit, le 26 septembre, un arrêt qui n'autorisait plus pour les souscriptions que les versements en créances sur l'État remboursables sur les 1 500 millions. De cette façon, les porteurs de ces titres purent participer au mouvement, et les dettes de l'État purent être remboursées par une simple compensation[23]. En même temps on se jeta avec fureur sur tous ces contrats de dette publique, et tel titre qui perdait 70 à 80 % en 1715, dépassa le pair à cette occasion. Une dernière émission de 24 000 actions, non autorisée par le conseil[24], eut lieu le 4 octobre 1719 aux mêmes conditions, et porta le nombre des actions émises à 624 000. Le capital nominal de ces 624 000 actions était 312 millions ; mais aux prix d'émission cela faisait 1 797 millions et demi, soit 1 485 millions et demi de prime.

Mais arrivait le quart d'heure de Rabelais : les versements. Sous la nécessité des sommes énormes à débourser les actions allaient baisser, et le succès du système pouvait être compromis aux yeux de son auteur. Un arrêt du conseil du 20 octobre convertit les neuf versements de un dixième chacun à effectuer de mois en mois, en trois versements de trois dixièmes chacun à effectuer à la fin de chaque trimestre (31 décembre 1719, 31 mars, 30 juin 1720). De cette sorte, les joueurs eurent deux mois devant eux ; la hausse continua et les actions atteignirent 10 000 livres (novembre 1719)[25]. C'est à ce moment que la fièvre de l'agiotage atteignit son paroxysme.

Signalons de suite que ce dévergondage, ce dérèglement de mœurs financières amena la hausse de toutes choses, d'abord des objets de consommation immédiate et de luxe, puis de propriétés mobilières et même immobilières.

Le 30 décembre 1719 eut lieu l'Assemblée générale ; elle fut présidée par le régent ; se composant de tous les propriétaires d'au moins cinquante actions, le personnel de cette réunion fut des plus variés. Nobles, financiers, négociants, commerçants s'y coudoyaient avec d'anciens portefaix, domestiques, tous enrichis et devenus par suite, par le relâchement des mœurs du moment, les égaux de leurs anciens maîtres ou patrons. À cette assemblée, Law produisit le budget d'évaluation d'une année d'exercice de la Compagnie, et en conclut un revenu net de 91 millions, après avoir donné à tous les chiffres, une exagération qui échappa à l'aveuglement universel. On décida en conséquence, que le 1er janvier 1720, on distribuerait aux actionnaires un dividende de 200 livres par action. Ce n'était, après tout, malgré la fausseté des allégations de Law, qu'un revenu annuel de 1 2/3 % et encore sur le pied de 12 000 livres.

Cependant, le soir même de cette assemblée, les actions firent 15 180 l. ; et le 6 janvier 1720, elles atteignirent 18 000 livres, le plus haut cours auquel elles soient jamais parvenues.

9Un fait utile à signaler et qui a cependant échappé à la plupart des historiens de cette époque, c'est que l'écu de banque dont la valeur devait rester fixe a néanmoins éprouvé une variation. L'édit de mai 1718 avait haussé la monnaie d'argent ; au lieu de ne tailler que 40 livres au marc, on en tailla 60. Une livre ancienne équivalait donc à une livre et demie nouvelle. Le même édit créa des écus à la taille de 10 au marc, valant conséquemment six livres. L'ancien écu à la taille de 8 au marc était décrié. Il y avait donc deux écus, l'un en monnaie effective valant six livres nouvelles, l'autre en monnaie de compte (l'écu de banque) valant cinq livres anciennes ou sept livres et demie nouvelles. L'édit du 1er juin 1718 fit disparaître cette irrégularité en décidant que l'écu de banque serait dorénavant de six livres nouvelles. Rappelons que le même édit (du 20 mai 1718) avait combiné cette refonte avec le retrait de billets d'État. Ainsi, pour 40 livres anciennes portées à la monnaie, augmentées de 16 livres en billets d'État, on recevait 56 livres nouvelles ; or, 40 livres anciennes valant un marc, et 60 livres pesant également un marc, le Trésor gagnait environ un quinzième de marc par marc, ou 6 2/3 %, et retirait de la circulation, sans bourse délier, une somme assez importante de billets d'État.

10Voici le portrait qu'a tracé de sa personne un contemporain (Duhautchamp, Histoire du système) : « Law était d'une taille haute et bien proportionnée ; il avait l'air grand et prévenant, le visage ovale, le front élevé, les yeux bien fendus, le regard doux, le nez aquilin et la bouche agréable : on peut, sans flatterie, le mettre au rang des hommes les mieux faits. Son esprit répondait à son extérieur. Tout cela joint à ses manières douces et insinuantes lui attirait l'estime et la confiance de ceux qui l'approchaient. »

11 Voici le modèle d'un billet de banque de cette époque :
N° == DIX ÉCUS D'ESPÈCES.
La Banque promet payer au porteur à veüe dix écus d'espèces du poids et titre de ce jour, valeur reçue.
À Paris le… de… 171
Pour les billets de 100 et 1 000 écus, la teneur était la même, sauf la somme.

12 MM. A. Cochut et P. Clément disent 6 % d'abord, puis 4 % nous ne savons où ces deux savants économistes ont pris leurs chiffres ; nous donnons 5 % d'après Forbonnais (Recherches et considérations sur les finances de la France, tome V, p. 337.)

13 Lorsque la banque générale fut convertie en banque royale, le service des comptes courants se fit gratuitement.

14 Le plus grand ordre ne cessa jamais de régner dans la comptabilité de toutes les branches d'activité de Law. Le lyonnais Barême, dont le nom est proverbial, l'aida beaucoup dans cette œuvre.

15 É. Levasseur.

16 Ce remboursement eut lieu au pair, déduction faite des trois quarts restant à verser. M. A. Cochut, dans son estimable ouvrage : Law, son système et son époque, a cru (page 57) que l'on remboursait 5 000 francs à l'actionnaire qui n'avait versé qu'un quart, dont 75 % en billets d'État dépréciés ; c'est une erreur que j'aime d'autant plus à relever qu'il y en a peu dans son attachant récit. Profitons de cet incident pour signaler le fait que les billets d'État, versés par les actionnaires de la Banque servirent souscrire, pour le compte de la Banque générale, des actions de la Compagnie d'Occident et que le roi devint, par le rachat précité, propriétaire desdites actions.

17 Voici le modèle d'un billet de banque de cette époque :
N° = = DIX LIVRES TOURNOIS.
La Banque promet payer au porteur à veüe dix livres tournois en espèces d'argent, valeur reçue.
À Paris le… de… 171
Veû… Controllé.
Pour les billets de 100 et 1 000 livres la teneur était la même, sauf la somme.

18 C'est alors que les bureaux de la Banque, établis, depuis son organisation en 1716, rue Sainte-Avoye (partie actuelle de la rue du Temple comprise entre la rue Saint-Méry et les rues Michel-le-Comte et des Vieilles-Haudriettes) dans l'hôtel de Mesmes, furent transférés rue Vivienne, dans le même hôtel que la Compagnie des Indes.

19C'est la première fois que nous voyons cité l'emploi en France de cette forme de marché. Il est plus que probable qu'on l'avait déjà pratiquée, et que son importation (en Angleterre et surtout en Hollande elle était déjà en usage depuis longtemps) remonte plus haut que Law. Mais, jusqu'à cette époque, et même jusqu'à Mirabeau, elle ne fut pas aussi généralement répandue que la pratique actuelle des affaires de bourse le pourrait faire supposer ; ce qui nous le fait penser, c'est que Forbonnais, à qui toutes les formes d'opérations de bourse, à cette époque, devaient être très familières, et qui a un langage d'une grande précision, se sert pour parler de l'opération faite par Law, d'une circonlocution qui n'atteste pas la concision qu'une opération répandue ne manque pas d'introduire dans l'idiome des affaires ; voici cette phrase : « Il (Law) prit des engagements pour payer dans six mois, au pair de l'argent, des parties de deux et trois cents actions, avec une prime de 40 000 livres comptant. » De nos jours on eut dit : « Il acheta deux ou trois cents actions au pair, dont 200 livres de prime livrables dans six mois ; la prime payable comptant. » Forbonnais, t. VI, p. 286. – Duhautchamp (Histoire du système, t. I, p. 135) avoue que ce fut Law qui introduisit l'usage des marchés à prime. L'usage est le fait général ; il n'empêche pas qu'il n'y ait eu, antérieurement, quelques opérations de ce genre pratiquées en France.
20Par arrêt du Conseil d'État du 12 octobre 1719, les fonctions de receveurs généraux furent supprimées, les finances de ces offices remboursées, et la Compagnie des Indes chargée de percevoir l'impôt direct comme le contrat des fermes l'investissait du soin de percevoir la plupart des impôts indirects, avec cette différence que ces derniers lui étaient affermés, tandis qu'elle n'avait le premier qu'à titre de régie.
21Soit 45 millions garantis sur les fermes générales.
22É. Levasseur, p. 129.
23Purent être, car on verra plus tard qu'en réalité ce mécanisme financier joua un peu dans le vide.
24Dutot (I 345, édit 1735-6), nous apprend qu'elle le fut par un ordre particulier du régent, du 4 octobre 1719 et suivant délibération de la Compagnie des Indes. Cette infraction à la loi, de la part du régent lui-même, est très instructive.
25En fait, il n'y eut jamais de versé sur les actions de cette émission que quatre dixièmes ou 2 000 livres.

III
– Apogée du système

Nous avons rapidement parcouru les principaux incidents de cette époque singulière et instructive ; nous ne nous sommes occupés jusqu'alors que des faits saillants, négligeant les causes et surtout les moyens employés pour arriver à cette mise en scène. Nous allons actuellement tâcher de combler cette lacune, en exposant causes et moyens d'après les auteurs contemporains et les brillants et érudits écrivains qui ont judicieusement reconstruit avec des matériaux bruts cet édifice auquel on peut justement appliquer les vers du poète :

Et comme il a l'éclat du verre,
Il en a la fragilité.

Et d'abord quels furent les moyens (bons ou mauvais, justes ou iniques, modérés ou violents) employés par l'auteur du système pour faire parvenir ses actions à ce taux fabuleux qui n'a jamais eu son pareil avant ou après, en France ou à l'étranger[26].

Nous en distinguons principalement cinq au point de vue financier :

1° Exiger la possession d'anciens titres pour en souscrire de nouveaux ;

Comme les nouveaux avaient sur les anciens l'avantage de versements échelonnés, il était à craindre que l'on ne vendît les anciennes actions pour en souscrire de nouvelles, et que les premières en baissant n'entraînassent les secondes. Par la mesure précitée on soutenait les anciennes et on reculait le moment de la baisse jusqu'à l'époque de la clôture de la souscription ; cette opération permettait donc de faire réussir la souscription, sauf la baisse à se produire ensuite sur une échelle plus importante. Ce système ne fut adopté que pour la souscription des 300 000 premières actions ; on a vu que l'on ne s'en servit pas pour les 324 000 dernières ; aussi, un moment les anciennes menacèrent-elles, par leur baisse, de compromettre la souscription, qui ne réussit que par l'énergie de l'engouement général.

2° N'appeler que des versements successifs et minimes (1/10, 1/20) ;

Par là on permettait, avec peu d'argent disponible, de souscrire ou acheter de grandes quantités d'actions ; ce moyen a été également pratiqué de nos jours, particulièrement en 1845-46 lors de l'émission des promesses d'actions de chemins de fer.

3° Consentir des avances sur dépôt d'actions ;

La Compagnie, sur l'incitation de Law, avança aux porteurs d'actions qui le demandèrent, et au taux minime de 2 % par an, une somme qui alla jusqu'à 2 500 livres par action. Ce moyen a été également mis en application chez nous, surtout depuis 1852.

4° Racheter des actions sur le marché pour soutenir les cours dans leurs moments de défaillance.

La Banque générale, antérieurement à sa réunion à la Compagnie des Indes (février 1720), avait employé de la sorte une somme de 276 millions, sur le pied moyen de 9 600 livres par action. La Compagnie des Indes employa de la même manière 800 millions ; enfin la conversion d'actions en billets sur le pied de 9 000 livres (mars 1720) absorba 1 213 476,11 livres. Toutes ces sommes d'actions rachetées formaient la garantie de semblables sommes de billets en circulation. On comprendra facilement le danger de cette situation, danger que, d'ailleurs, les évènements se chargèrent de mettre en relief.

De nos jours encore, ce procédé, le rachat d'actions en vue de soutenir les cours, est fort usité. Cependant il a de graves inconvénients ; il affaiblit la caisse qui achète et crée, dans le public, des illusions, en lui laissant croire à un état de choses qui n'est pas.

5° Rendre l'état légal des monnaies très instable par le moyen de variations multipliées[27].

Par les entraves que cet état de choses apportait à la possession d'espèces métalliques, on amena le public à leur préférer, momentanément du moins, le billet de banque, déclaré invariable comme nous l'avons vu plus haut.

Au point de vue industriel, il y eut une série de moyens employés ; les uns révélant chez leur auteur des talents dignes d'un meilleur emploi ; d'autres qui sont déplorables pour la mémoire de Law, et qui montrent combien l'abus du pouvoir, peut entre les mains d'un sectaire (nous avons vu que ce financier croyait à la possibilité et à la réussite de son système), pervertir le sens moral et pousser aux crimes les plus révoltants.

D'abord on se rappelle que Law, à l'Assemblée du 30 décembre 1719, annonçait un revenu annuel de 91 millions par an ; Dutot, son admirateur passionné, ne crut pouvoir évaluer les mêmes bénéfices en mai 1720, qu'à 80 millions et demi. Voici la subdivision dans les deux hypothèses :

		Law (déc. 1719) millions	Dutot (mai 1720) millions
I.	Rentes sur les fermes	48	48.0
II.	Bénéfices sur les fermes	12	15.0
III.	— sur le tabac	6	2.0
IV.	— sur les recettes générales	1	1.5
V.	— des monnaies	12	4.0
VI.	— du commerce	12	10.0
	Totaux	91	80.5

I.– La rente sur les fermes se composant de 45 millions, intérêts à 3 % des 1 500 millions prêtés à l'État pour le remboursement de sa dette publique, et de la rente de 3 millions due à la Compagnie par son contrat primitif[28], se compensait avec la redevance due par la Compagnie à l'État à titre d'adjudicataire des fermes générales. Ce revenu était donc certain et d'une rentrée assurée, même en cas d'insolvabilité de l'État.

II.– Le bénéfice sur les fermes était sans doute plus aléatoire ; c'était la plus-value supposée de rentrées des impôts indirects connus sous le nom de fermes, sur la somme de 2 millions, prix du bail contracté avec l'État. Néanmoins la manière dont Law se disposait et avait commencé à gérer cette branche de revenus ne permettait pas douter du succès que lui et Dutot en attendaient.

Cette partie des opérations de la Compagnie des Indes fut utile au public en ce qu'elle amena l'auteur du système à abolir nombre de droits plus vexatoires que productifs. « Il voulait diminuer, dit M. Levasseur, les droits oppressifs qui étouffaient le commerce, faciliter les échanges en abaissant les barrières, rendre la vie moins coûteuse et ouvrir les routes à l'activité commerciale, que son immense quantité de numéraire allait, selon lui, produire d'une manière infaillible[29]. » Il n'eut pas le temps d'appliquer toutes ces idées ; mais on ne doit pas moins lui savoir gré d'avoir voulu établir en matière d'impôts indirects l'unité, cette belle conquête de 1789. Il est certain que si Law avait réalisé dans cette partie de son programme les idées fécondes qui étaient en germe dans son esprit, il aurait atteint le chiffre, non de 12 millions, mais de 15 et même davantage. On sait combien la prospérité, l'ordre et une sage direction dans cette nature d'impôts (surtout l'abaissement de la quotité des droits), peuvent augmenter la productivité de cette sorte de recettes.

III.– Quant au tabac, pour qui compare cette modique somme de 10 millions (4 à l'État et 6 de bénéfice présumé par Law) au revenu actuel, on peut s'imaginer que ce n'était pas là non plus une exagération trop grande.

En outre, Law améliorait encore dans cette partie, par l'application de ses idées progressives, la situation de cette industrie en France.

IV.– Les receveurs généraux étaient, comme chacun sait, les percepteurs officiels de l'impôt direct (taille). Les fermes et les recettes générales aux mains d'une même compagnie (le remboursement de la dette publique avait éteint la classe des rentiers de l'État) constituaient cette compagnie en véritable ministère des finances. Il y avait (d'après le système en usage à cette époque) avantage réel pour le public, le Trésor et la compagnie à ce que cet état de choses existât, et sous ce rapport encore, il y aurait eu grand progrès si la conception de Law s'était maintenue. Quant au bénéfice résultant pour la Compagnie de cette nature d'opérations, le chiffre de Law et même celui de Dutot ne semblent pas exagérés, surtout quand on pense à l'économie que la réunion de la perception de tous les impôts directs et indirects dans les mêmes mains devait amener, en évitant les doubles emplois et les superfétations toujours si onéreuses en matière de deniers publics.

V.– Quant aux monnaies, c'est tout autre chose ; nous avons vu les idées de Law en fait de droit monétaire ; ce fut là, en général, la pierre d'achoppement de ce grand financier ; il croyait pouvoir, sans injustice ni spoliation, remanier les monnaies, changer les poids et les titres à sa guise ; c'est sur ces données qu'il établissait son bénéfice de 12 millions. Dutot, inférieur à Law comme grandeur de conception, mais plus éclairé que lui sur certaines matières, le réduit à 4 millions ; et encore y a-t-il, croyons-nous, une exagération dans ce chiffre, surtout pour l'époque et après la création d'une banque d'émission.

VI.– Enfin les bénéfices du commerce (à peu près le même chiffre chez Law et Dutot) constituaient la partie vraiment aléatoire des produits de cette immense Compagnie. Ce n'est pas qu'elle fût sans activité et n'existât (pour cette branche) que sur le papier. « Elle possédait 16 vaisseaux au mois de mars 1719. À la fin de la même année, 30 de ses navires mettaient à la voile pour la Louisiane, le Sénégal et Madagascar, pendant qu'une riche cargaison se dirigeait déjà vers les Indes orientales.

La Compagnie des Indes envoya 18 vaisseaux chargés de marchandises d'Espagne avec 8 millions en espèces pour trafiquer sur les côtes de Guinée, de Coromandel, sur la côte d'Or, etc.

Au commencement de l'année suivante, une autre flotte, commandée par Martinet, revenait des mers du Sud avec une cargaison de 12 millions, et, au mois de mars, la Compagnie s'enrichissait encore par l'achat de 12 navires sur les chantiers de Saint-Malo »[30].

En Amérique, elle fonda la Nouvelle-Orléans, ainsi nommée en l'honneur du régent, protecteur du système. Elle s'appliqua à coloniser à Louisiane ; mais c'est là que fut le côté le moins heureux, disons le mot, le moins honorable de la carrière de Law. D'abord ce furent de faux prospectus, des écrits trompeurs qui alléchèrent les émigrés volontaires. Puis, lorsque le public apprit les mensonges de l'Écossais, ce dernier employa pour peupler la vallée du Mississippi les moyens les plus iniques, les plus odieux. Nous n'entrerons dans le détail ni des manœuvres frauduleuses, ni des actes de violence, dont la simple lecture fait frémir, qui furent employés à cette époque néfaste, dans le cours de l'année 1720, pour réaliser les idées du financier tout-puissant. Qu'il nous suffise de dire que les Bandouillers du Mississippi firent presque oublier les Dragons des Cévennes.

Ce n'était certainement pas ainsi que la Compagnie des Indes, malgré l'activité prodigieuse déployée par son chef, pouvait réaliser 10 à 12 millions de bénéfices nets. Mais aussi Law avait-il compté sur un élément plus docile, et surtout sur des opérations plus facilement réalisables. Son génie fut en faute ici : au lieu de reconnaître franchement la voie erronée dans laquelle il s'engageait, il s'obstina dans son plan et, ce que c'est que le pouvoir absolu aux mains d'un sectaire ! il ne recula devant aucun moyen pour rompre une opposition qu'il n'attribuait, dans ses erreurs, qu'à la mauvaise volonté.

Ce vaste édifice contenait d'ailleurs en lui-même des germes de dissolution résultant de sa grandeur même. Law eût-il réussi dans ses projets de colonisation en Amérique ; eût-il modifié ses idées sur les monnaies et le côté licite des bénéfices résultant de leur fabrication ; eût-il conjuré les conséquences fatales des désastres particuliers que la baisse forcée des actions devait amener ; eût-il réalisé comme administrateur public toutes les idées sages et pratiques qu'il faut lui reconnaître ; la Compagnie eût-elle enfin pu surmonter les difficultés inhérentes à la mise à flot d'un tel bâtiment, que sa dissolution devait encore arriver par suite de ses contraventions flagrantes à la grande loi de la liberté du commerce et même à celle de la liberté du travail. Le privilège et le monopole étaient ses premières et principales assises, et si Law, ce génie si actif, si inventif, si novateur, ne put suffire pour embrasser l'ensemble immense des opérations de cette société, qui pouvait espérer avoir toujours et également une universalité d'esprit à la hauteur de cette vaste conception ?[31].

Mais la tension extrême des ressorts financiers employés à mouvoir cette vaste machine, ne permit pas d'attendre le développement de la maladie économique qui eût emporté tôt ou tard cette Compagnie. En vain Law fut-il d'autant plus prodigue de pensions et de gratifications que les difficultés intérieures grandissaient, en vain chercha-t-il par ces moyens à s'attacher le haut personnel politique de l'époque, en vain le régent lui donna-t-il tout le pouvoir jugé indispensable pour combattre les éléments de destruction qui commençaient à apparaître de toutes parts ; l'heure approchait à grands pas où le système et son inventeur allaient disparaître dans un tourbillon.

En attendant ce dénouement fatal, jetons un coup d'œil rapide sur la personne et les actes de Law à cette époque, en dehors de ses fonctions de directeur de la Compagnie des Indes et de la Banque royale.

En décembre 1719, Law fut nommé membre de l'Académie des sciences. Le régent voulut lui concéder une charge et un honneur mieux appropriés à la nature de son génie ; il voulut le faire Contrôleur général des finances, mais une difficulté se présentait : Law était protestant. Il eut la faiblesse d'abjurer sinon ses croyances primitives, au moins la religion dans laquelle il était né et avait vécu[32] ; il se convertit au catholicisme, et, le 5 janvier 1720, le jour même où les actions de la Compagnie des Indes atteignirent leur apogée, il fut promu aux fonctions de Contrôleur général des finances[33].

On rétablit même en sa faveur, le 15 mars suivant, la dignité de Surintendant des finances, abolie depuis Fouquet. Ces fonctions l'affranchissaient de la dépendance du garde des sceaux d'Argenson, l'ennemi le plus constant du système et de son auteur.

Sa fortune à cette époque était immense ; gagnée presque tout entière dans le système[34], il la plaça, tant il avait foi dans la possibilité de l'application de ses idées et de leur durée, dans des propriétés bâties à Paris et dans des immeubles considérables en province ; il avait aussi des intérêts importants dans la Banque et la Compagnie des Indes. Il fit venir son frère Guillaume (esprit médiocre, dit Dutot qui l'a connu) et l'enrichit à son tour.

Son avènement au contrôle et à la surintendance fut le signal d'une foule de réformes utiles qui, malheureusement, durèrent, en général, aussi peu que le système : abolition d'offices onéreux aux transactions, dégrèvement d'impôts peu productifs pour le Trésor et gênants pour les affaires, généralisation de droits, tendance vers l'unité de l'impôt. Un instant on dut avoir l'espérance de voir un impôt unique, dit denier royal, remplacer cette foule d'impositions qui, par leur variété, prêtaient tellement à l'arbitraire. C'était une nouvelle édition de la Dîme royale de Vauban. Malheureusement, l'immensité des occupations de Law ne lui permit pas de poursuivre cette idée, et elle resta à l'état de projet.

Toutes les fois que cela ne gêna pas directement son système, Law se prononça pour la liberté du commerce et du travail.

Aussi une grande activité commença-t-elle à régner dans tout le royaume. Les affaires devinrent faciles, les faillites moins fréquentes et les procès plus rares.

Voici, d'après un auteur contemporain qui écrivait ces lignes dans la première moitié de 1720, les effets généraux du système sur le travail et sur les affaires :

« En 1715, les personnes de toute condition, le roy, les seigneurs, le peuple, tous souffraient, tous se ruinaient.

Qu'on s'arrête un instant sur le bord de ce précipice affreux où la patrie se trouvoit conduite ; qu'on en envisage toutes les horreurs et qu'on les compare avec les heureux effets qu'a déjà produits le nouveau système.

Toutes les debtes du roy sont payées, excepté ce qu'il doit à la Compagnie des Indes, qui lui a fourni le moyen d'en payer l'intérêt et le principal sans avoir recours à de nouveaux impôts. Ses troupes, ses pensionnaires, les officiers de la couronne, les revenus de toutes les charges de la magistrature, de la guerre et de la maison royale sont également payez. Une infinité d'emplois onéreux à l'État sont supprimez et remboursez. Les arrérages de tailles deus par le peuple, sont remis, et les arrérages des charges deus par le roy sont payez.

On a fait de beaux établissements pour la milice. La marine, presque ruinée, se rétablit. Enfin les revenus du roy sont augmentez ; et, par la nouvelle administration des finances, il peut les accroître chaque année, non en surchargeant ses sujets, mais en leur fournissant les moyens de s'enrichir, en protégeant le commerce et en favorisant l'industrie.

Un grand nombre de particuliers ont libéré leurs terres et ont payé leurs debtes, et dans peu de tems toutes celles du roy et de ses sujets seront acquittées.

La nouvelle monnoye a augmenté le prix des terres, qui avoient perdu leur vraie valeur faute d'espèces. La vente d'une partie de ces biens-fonds a dégagé l'autre.

Les laboureurs, les artisans, et tous ceux qui vivent de leur travail sont employez ; ils ne languissent plus dans l'oisiveté et dans la misère ; assurez du fruit de leurs peines, ils s'animeront à cultiver leurs terres et à perfectionner leurs arts.

L'abondance des espèces fera tout débiter et tout circuler, sans que les productions de la nature et de l'industrie s'avilissent.

On a déjà envoyé plus de soixante et dix vaisseaux aux Indes. Le commerce de l'Orient est augmenté. De nouvelles colonies se forment dans l'Occident. Les manufactures domestiques qu'on élève et qu'on multiplie soutiendront partout ce double négoce.

Voilà ce que le nouveau système a déjà fait pour soulager la France, après avoir rétabli les finances »[35].

Enfin, l'auteur du système eut un instant la pensée de modifier gravement la constitution politique du royaume en mettant les charges du parlement à la nomination du roi, au lieu de les maintenir héréditaires ou même à vie. Ce projet, mis par deux fois en avant, fut par deux fois repoussé par le régent. C'était annuler la seule forme d'opposition gouvernementale que comportait l'ancien régime. Cela se comprend de la part d'un caractère aussi despotique que celui de Law, et de la part d'un homme qui ne trouva que des ennemis dans le parlement d'alors.

Mais nous voici arrivés au revers de la médaille ; à la chute progressive du système enfanté par Law ; progressive, car ce caractère énergique et courageux lutta constamment, et n'abandonna le terrain que lorsqu'il ne sut plus où poser le pied sans danger pour sa personne, sans utilité pour la France.

[26] 18 000 livres une action de 500 livres, c'est 3 500 % de prime ; or, en France, en 1838, la seule époque qui se prête au parallèle, l'action de la Compagnie d'asphalte de Seyssel était de 1 000 francs et n'atteignit que 10 200 francs (20 et 22 mars 1838) soit 920 % de prime ; en Angleterre, les actions de la Compagnie de la mer du Sud (imitation assez exacte en tous points de la Compagnie des Indes) atteignirent en 1720, 1 050 livres sterling, soit 950 % de prime.

[27] De septembre 1719 à décembre 1720, il y eut 28 fixations pour l'or, et 35 pour l'argent. É. Levasseur, Recherches historiques sur le système de Law, p. 203.

[28] Cette rente était primitivement de 4 millions ; nous verrons plus bas comment elle fut réduite à 3 millions.

[29] Law avait proposé au gouvernement la réduction de la somme de 4

millions, que l'État devait par le contrat de constitution de la Compagnie d'Occident, à 3 millions, mais à la condition que le million redû bénéficierait au public sous forme de suppression ou réduction de droits sur les suifs, huiles, cartes et poissons. (Arrêt du conseil du 19 septembre 1719.) Ce ne sont certes pas là des actes d'agioteur vulgaire.

30 É Levasseur, p. 152, d'après Forbonnais, Lemontey et le Journal de la régence

31 Un contemporain, Pâris-Duvernay, l'auteur même du visa de 1721, a ainsi apprécié la conception de Law : « Les gens éclairés ont jugé bien plus sagement de tant de réunions faites coup sur coup à la Compagnie des Indes. Ils ont senti qu'elle embrassait trop de soins à la fois pour s'en acquitter avec succès, et qu'elle y succomberait. Le commerce et la finance doivent se tendre la main réciproquement pour se donner du secours. Mais leurs opérations sont trop différentes pour s'allier. La Compagnie des Indes orientales de Hollande, cette compagnie si florissante, ne s'est jamais immiscée dans les finances des États-Généraux, et son exemple aurait dû servir à diriger la conduite de M. Law. Pour former un établissement durable, il devait lui donner moins d'étendue, et suivre mieux qu'il n'a fait les règles de la saine politique. Il élève un grand corps au milieu de l'État, il le rend maître de toutes les parties du commerce de mer, il dépose en ses mains tout l'or et l'argent du royaume par le moyen de la Banque, il met à sa disposition tous les revenus du Roi. Un corps si puissant se trouve interposé entre le Prince et les sujets. Les fonds publics et particuliers ne circulent que par sa médiation ; il devient la ressource nécessaire d'un grand nombre de citoyens, dont l'industrie ne peut s'exercer que pour lui. Était-il donc impossible qu'un jour le pouvoir exorbitant de la Compagnie des Indes devînt suspect au souverain ? Et la prudence n'exigeait-elle pas que, pour le rendre permanent, on le rendît moins formidable ? » (Tome Ier, pages 277-278.) Ce jugement est peu connu et nous le préférons, dans ces termes, à beaucoup d'autres, parce qu'il émane d'un homme d'affaires, plus praticien que théoricien, contemporain des faits et des idées qu'il juge, et que, en plus, il est modéré dans la forme, bien qu'écrit par un ennemi déterminé du système.

32 En pareille occasion Necker eut plus de force morale, et le Pouvoir dut après quelques délais, renoncer à assimiler une différence de culte à une indignité.

33 Il dut, en acceptant le contrôle général, résigner les fonctions de directeur de la Compagnie des Indes ; mais il conserva celles de directeur de la Banque royale.

34 Lorsqu'il vint s'établir à Paris, il apporta ou fit venir de l'étranger environ 1 500 000 livres. C'était sa fortune à son début. Quand il quitta le théâtre de ses actes financiers, il n'emporta que 800 livres, deux bagues d'une valeur

de 10 000 écus chacune, et 5 millions en billets de Banque, de valeur nulle, à l'étranger surtout.

[35] Idée générale du système des finances (Journal de la Régence, S.F.4 141, t. 3, f 302 à 303. – Citation de M. É. Levasseur, p. 186).

IV
– La rue Quincampoix et la place Louis-le-Grand

C'est vers la fin du règne de Louis XIV que les spéculateurs sur effets publics commencèrent à affluer rue Quincampoix ; c'est là qu'eurent lieu la majeure partie des opérations de bourse et de banque, conséquence nécessaire du système. Cette rue, parallèle aux rues Saint-Denis et Saint-Martin, va actuellement de la rue aux Ours (primitivement aux Oies) à la rue des Lombards ; à cette époque, elle ne partait que de la rue Aubry-le-Boucher ; la rue des Cinq-Diamants, devenue récemment la tête de cette rue célèbre, n'en était alors que le prolongement. Placée au centre de la partie alors la plus commerçante de Paris, cette situation avantageuse l'avait fait choisir depuis longues années pour être le théâtre des échanges de papier contre espèces ; de temps immémorial elle était habitée, avec la rue des Lombards qui leur doit son nom, par des banquiers, anciennement appelés Lombards de leur origine italienne et qui y avaient leurs bureaux ; à partir de la paix de Riswick (1697), le commerce des papiers royaux y avait pris une extension inusitée. Les opérations du visa, après la mort de Louis XIV, durent porter un coup terrible à l'activité de ces opérations ; cependant elles reprirent peu à peu, lors de l'établissement du système, et, à partir d'août 1719, la seconde période de l'histoire de la rue Quincampoix n'avait plus rien à envier à la première. Pour distinguer cette première époque de la suivante, on l'appela la Quincampoix ancienne, affectant le nom de Nouvelle-Quincampoix à celle où le système a fleuri.

La Nouvelle-Quincampoix vit plus d'un épisode pittoresque et parfois émouvant. Le pêle-mêle, au moment de la chaleur des transactions quotidiennes, était d'autant plus extraordinaire qu'à cette époque il n'y avait pas, comme de nos jours d'égalité civile, et encore moins d'égalité de mœurs. Nobles, prêtres, roturiers, banquiers, domestiques, receveurs généraux, portefaix, agents de change, étrangers, français, hommes, femmes, jeunes gens, vieillards, tout cela se démenait, criait, vociférait, allant par groupes d'un bout de la rue à l'autre, comme l'aurait fait un seul individu ou mieux une boule de neige poussée par le vent et roulant sur elle-même, tous occupés à vendre, acheter, compter sans cesse, et, par leurs opérations, faisant varier les actions de plusieurs milliers de francs par heure. Tel arrivait pauvre le matin, qui s'en allait riche le soir, et réciproquement. On a cité des domestiques qui sont revenus dans le carrosse de leur maître, ce dernier se trouvant encore heureux quelquefois d'occuper la place de son domestique du matin.

L'aspect des maisons, le long de la rue, n'était pas moins bizarre ; tout espace libre était transformé en bureau ou en café (quels cafés !) ; chaque fenêtre était occupée constamment par des spéculateurs suivant le mouvement des groupes, tout prêts à descendre dans l'arène si l'occasion leur semblait tentante. Le loyer de ces maisons limitrophes ne tarda pas de monter, surtout en raison de leur nombre nécessairement limité. Aussi beaucoup de spéculateurs durent-ils se passer de bureaux ; ils les remplaçaient alors par le dos d'agioteurs d'une autre espèce, qui, spéculant sur leur carrure, se prêtaient à faire, pour un temps borné, l'office de table moyennant une grosse rémunération. Il y en eut beaucoup qui firent fortune à ce métier, entre autres certain bossu que la nature avait doué de qualités spéciales à cet usage.

On comprend combien les mœurs devaient être, sous tous les rapports, relâchées dans ce tohu-bohu sans précédent, dans ce mélange indéfinissable où, le contemporain Duhautchamp l'affirme, les provinciaux et les étrangers étaient en énorme majorité. Les filles de mauvaise vie et les voleurs y abondaient, et ne contribuaient pas peu à augmenter le tumulte. Aussi fallut-il bien, un beau jour, que la police s'en mêlât, et un peloton de soldats vint s'installer chaque matin à chacune des extrémités de la rue.

Cela ne suffit bientôt plus, et d'ailleurs l'arrêt du Conseil du 5 mars 1720, qui prescrivit, comme on le verra, l'échange réciproque des billets et actions à un taux fixe et invariable, rendit séditieuses les négociations de la rue Quincampoix, les matières d'or et d'argent ayant été proscrites par l'auteur du système (déclaration du 11 mars 1720). Un crime atroce, commis le 20 mars, fut le prétexte qui fit interdire les opérations de bourse dans cette partie de la ville de Paris. Au coin de la rue de Venise (encore un nom célèbre dans les annales du commerce italien) et de la rue Quincampoix, existait à cette époque un cabaret ayant pour enseigne à l'Épée de Bois. Un jeune homme de bonne famille, le comte de Horn, aidé de deux compagnons de débauche, étrangla un malheureux mississipien[36] pour lui voler son portefeuille. Ils furent pris et exécutés ; mais, dès le jour même, la rue fut balayée du personnel d'agioteurs qui s'y étouffait la veille encore.

Après la fermeture de la rue Quincampoix, les rassemblements sur la voix publique furent interdits aux mississipiens. Mais c'est toujours en vain que l'on prodigue les pénalités pour empêcher ce qui est dans la nature humaine : « Toutes les fois, a dit Montesquieu, que l'on défend une chose naturellement permise ou nécessaire, on ne fait que rendre malhonnêtes gens ceux qui la font.

Par la force des choses, les spéculateurs se rencontraient dans le voisinage de la Banque[37], notamment sur la place des victoires, et s'accostaient pour parler d'affaires. Le groupe s'arrondissait en peu d'instants ; les nouvelles débitées, les demandes et offres de valeurs réglaient les cours. On achetait à prime, malgré la défense ; on calculait des reports, on escomptait, on remuait des millions, jusqu'au moment où éclatait ce cri : Le guet ! le guet ! Aussitôt chacun prenait sa volée pour éviter les coups de plat de sabre que les archers à cheval aimaient à distribuer aux agioteurs nomades. Ainsi se fit pendant plus de deux mois le commerce du papier[38]. »

À la place des Victoires substituons le passage de l'Opéra ou le boulevard des Italiens, remplaçons les archers à cheval par les sergents de ville à pied, les coups de plat de sabre par des paroles insolemment familières ou brutalement grossières ; et n'est-ce pas là ce qui se passait, il y a peu de temps (ce qui pourrait se passer encore demain) dans cette capitale qui a la prétention de donner le ton à toute l'Europe, dans les bonnes comme dans les mauvaises choses.

Ces rigueurs durèrent peu. En juin les agioteurs purent se réunir place Vendôme, alors Louis-le-Grand. « Les hôtels de cette place n'étant point destinez ni convenables à l'établissement des bureaux, les négociants furent obligés de camper ; la grande chaleur leur servit de prétexte pour y faire dresser plusieurs tentes. Les unes servaient à des négociations, celles-ci à des lieux de rafraîchissements, celles-là à des parties de quadrille[39] que l'on jouait dans les intervalles des mouvements qu'on donnait au papier ; il y avait même des traiteurs qui venaient y travailler lorsqu'on voulait y donner quelque repas. Le sexe de toutes classes s'y rendait aussi ; on y tirait des loteries de bijoux par le moyen des cartes : en un mot, la belle saison invitait bien du monde, particulièrement certaines dames, à y venir se promener le soir comme à une foire, et malgré le sérieux des affaires d'un système abandonné par son fondateur, on peut dire que la place Vendôme avait alors quelque rapport à la foire de Beaucaire »[40].

On appela Camp de Condé la place Vendôme ainsi métamorphosée, et les habitués ne tardèrent pas à lire, sur les murs environnants, le placard satirique que nous reproduisons, parce qu'il donne le nom de quelques membres de la haute noblesse, amis intéressés du système, et esquisse légèrement les mœurs relâchées de cette singulière époque :

CAMP DE CONDÉ. – État-Major. – MM. le Duc, généralissime ; le maréchal d'Estrées, général ; le duc de Guiche, commandant des troupes auxiliaires ; le duc de Chaulnes, lieutenant-général ; le duc d'Antin, intendant ; le duc de Laforce, trésorier ; le marquis de Lassé, grand-prévôt ; le prince de Léon, greffier ; Simarcon et Dampierre, archers ; Lafaye, secrétaire de M. le Duc, bourreau ; l'abbé de Coëtlogon, aumônier ; Law, médecin empirique ; les directeurs de la Banque, maraudeurs et piqueurs.

Vivandières. – MM^{es} de Vérue, à la suite du régiment de Lassé ; de Prie, à la suite du régiment de Condé ; de Locmaria, à la suite du régiment de Lambert ; de Parabère, à la suite du régiment d'Orléans ; de Sabran, à la suite du régiment de Livry. La femme Chaumont, à la suite du camp volant.

Filles de joie. – MM^{es} de Monasterel, de Gié, de Nesles, de Polignac, de Saint-Pierre.

Parmi les opérations que l'on faisait sur cette place, prédestinée aux affaires de finances et de crédit, le même auteur cite des primes d'un louis d'or par action pour le lendemain ; Barême nourrissait cent actions tous les jours à ce taux, et il continua ainsi jusqu'à la clôture de la place, en août. « Comme les actions ne montèrent plus, ajoute notre chroniqueur, qu'au contraire elles baissèrent de plus en plus, ce louis par action était perdu journellement. »

Le 1er août 1720, les spéculateurs quittent la place Vendôme et vont s'établir dans le jardin de l'hôtel de Soissons, sur l'emplacement duquel on a depuis construit la halle aux blés. « On y bâtit d'abord sept à huit cents loges qu'on décora et arrangea en forme de bureaux... L'alignement des loges ou baraques faisait voir des rues qu'on avait eu soin de paver pour les rendre praticables pendant l'hiver ; on avait même fait une fontaine au milieu pour faire écouler les eaux. Deux nouvelles portes qu'on y fit, donnèrent l'entrée au public par la rue de Grenelle et celle des Deux-Écus. À l'Orient, la place était fermée par des palissades qui coupaient toute communication avec l'hôtel de Soissons, où l'on entrait par deux portes directement opposées à celle de la nouvelle place. Les arbres qu'on y avait laissez formaient un aspect à peu près semblable à la foire Saint-Laurent[41]. »

Le 25 octobre, nouvelle interdiction de faire aucune opération sur la voie publique, ni de se réunir eu aucun lieu à cet effet. Le même arrêt qui fermait ainsi violemment la Bourse de fait, établie à l'hôtel de Soissons, instituait soixante agents de change révocables, et dont les fonctions étaient distinctes de celles des courtiers de marchandises.

Du 25 octobre 1720 au milieu de 1722, il n'y eut ni bourse légale, ni même de réunion tolérée. Les agents de change eux-mêmes durent, pour leurs opérations, se rencontrer à leurs bureaux respectifs. Cependant, en l'absence de documents, il est permis de supposer que des réunions clandestines se faisaient dans certains lieux ou établissements publics. Ainsi, une sentence de police du 8 novembre 1720 ordonne d'instruire contre un sieur Rossignol, propriétaire d'un café, rue de l'Arbre-Sec. Voici quelques lambeaux de cette sentence ; elle montre qu'en tout temps l'homme est le même, et proteste contre les inintelligentes exigences du pouvoir :

« … Où étant, il (le commissaire de police) aurait remarqué au-devant de la porte de Rossignol, marchand de café, environ quarante personnes qui y parlaient de négociations, et une femme qui rendait compte à un d'eux de ce qu'elle venait de faire ; et qu'étant ensuite entré dans ladite boutique de café, il l'avait trouvée remplie desdits négociants, lesquels n'étaient qu'en conversations d'affaires de commerce ; et s'étant, lui, commissaire, adressé à plusieurs d'entre eux, il leur aurait remontré qu'une telle assemblée était contraire aux dispositions dudit arrêt (du 25 octobre 1720) ; à quoi ils auraient répondu qu'il fallait bien qu'ils trouvassent un moyen pour se défaire de leurs effets, et qu'il serait bien difficile, à lui, commissaire de police, de les en empêcher : sur quoi, ayant fait connaître audit Rossignol le tort qu'il avait de souffrir une pareille assemblée dans sa boutique, il aurait répondu qu'il ne pouvait l'empêcher, n'étant pas le maître chez lui, et qu'il n'entrait pas dans les affaires qui s'y pouvaient faire, dont et de quoi lui, commissaire, avait dressé son procès-verbal, etc., etc. »[42].

Nous ne continuerons pas l'histoire de la tribu errante des spéculateurs, le système étant, au point où nous sommes arrivés dans ce chapitre, renversé et liquidé ; qu'il nous suffise de dire que l'hôtel des Quatre-Provinces, grand bâtiment particulier de la rue Saint-Martin, fut témoin de nombreuses et ardentes spéculations, auparavant que la création de la Bourse de Paris (24 septembre 1724) vînt mettre un terme à ces pérégrinations du monde financier. Seulement, cet établissement n'étant ouvert que de dix heures du matin à une heure de l'après-midi, et encore les jours ouvrables seulement, les portes restant fermées les jours fériés, si nombreux sous l'ancien régime, le public fut loin de trouver dans cette institution une juste satisfaction à ses besoins ; aussi des réunions, quoique prohibées, eurent lieu en dehors des heures et jours réglementaires, et la lutte entre l'administration et les spéculateurs durera encore longtemps. – Elle dure toujours…

[36] C'est le nom que l'on donna aux spéculateurs enrichis si ce n'est ruinés, par le système.
[37] N'oublions pas qu'elle était située rue Vivienne, dans les bâtiments actuellement attenant à la Bibliothèque nationale.
[38] A. Cochut. Law, son système et son époque, p. 159.
[39] Jeu de cartes.

40 Duhautchamp, Histoire du système, 1739, t. III, p. 170. En France la plaisanterie se met volontiers de la partie.
41 Duhautchamp, Histoire du système, t. IV, p. 5.
42 Duhautchamp, Histoire du système, t. IV, p. 71 et 72.

V
– Chute du système

Nous avons interrompu l'histoire du système au moment où les actions venaient d'atteindre leur apogée (18 000 livres le 5 janvier 1720). Nous allons reprendre notre narration à partir de cette époque, et la continuer jusqu'après la liquidation finale de ce grand cataclysme.

Quelque universelle que fût la folie d'alors, il y eut encore de nombreuses exceptions ; en outre, dès ce moment, le nombre des réaliseurs prit des proportions de nature à ralentir, puis diminuer le flot des acheteurs. En un mot, la baisse commença par des réalisations de bénéfice. Le haut prix de toutes choses ne contribua pas peu à indisposer le public, déjà ébranlé par un commencement de baisse sur les actions. Voici en en quels termes M. Levasseur trace le tableau des prix d'objets de consommation générale à cette époque : « Les marchands, dont tous les produits trouvaient un écoulement facile, devenaient plus exigeants à mesure que cette monnaie (le billet de banque) devenait plus abondante, mais ils n'en étaient pas plus riches, parce que les ouvriers, de leur côté, réclamaient un salaire plus élevé. S'ils ne rencontraient pas tous les jours des acheteurs assez fous pour offrir 200 livres d'une pièce de gibier, ils doublaient du moins et triplaient leurs prix. Le gros drap d'Elbeuf se payait 25 livres l'aune, le velours 42 livres. Malgré les règlements de police, qui fixaient le prix à une livre dix sous l'heure, on ne pouvait avoir un fiacre à moins de 3 livres l'heure ; un carrosse de remise était loué jusqu'à 40 livres par jour. La bougie, qui ordinairement valait 32 sous la livre, s'était élevée à 9 livres ; le café de 50 sous monte au prix exorbitant de 18 livres. Tout était dans les mêmes proportions : 25 sous la livre de beurre frais, 25 écus (125 livres) l'aune de drap fin, 40 livres une paire de bas de soie, 4 et même 5 sous la livre de pain. »

On doit penser quelles devaient être, avec un tel renchérissement de toutes choses, la gêne et la misère de tout ce qui possède un revenu fixe, petits rentiers, pensionnaires, commis, employés et même ouvriers, car, quand tout augmente, les appointements et les salaires sont constamment en retard sur cette hausse, et il faut beaucoup de temps pour que l'équilibre se rétablisse.

Toutes ces causes agissant sur les esprits et les aigrissant, déterminèrent le commencement du mouvement de baisse, qui, à peu d'exceptions près, ne s'arrêta qu'avec l'anéantissement des valeurs de papier.

Nous avons vu précédemment que le fameux arrêt du 26 septembre 1719, avait limité aux porteurs des 1 500 millions de créances sur l'État, la faculté de souscrire des actions de 5 000 livres. Il paraîtrait que l'exécution de cet arrêt eut lieu d'une manière fort arbitraire, et que, quand le gros des petits créanciers se présenta pour souscrire avec ses récépissés des actions au taux sus-indiqué, il n'en trouva plus, soit qu'elles fussent réservées à des personnages politiques ou financiers, soit encore qu'elles fussent déjà toutes souscrites. Il leur restait alors la faculté de recevoir des billets en remboursement de leurs titres ; mais avec ces billets ils ne pouvaient qu'acquérir des actions dans les 15 000 livres, ou des propriétés au quadruple de leur ancienne valeur. Cette position précaire des créanciers de l'État, inspira à Law un moyen de soutenir le crédit de son système, mais par quelles iniquités !

Un arrêt du 10 janvier 1720[43] autorisa la Compagnie à émettre au prix de 11 000 livres, payables en créances sur l'État, savoir : 1 000 livres comptant[44] et 10 000 livres, dans un délai de six mois, des actions de la Compagnie des Indes.

Le 12, nouvel arrêt qui limite au 1er avril le bénéfice de cette opération. Le rentier, ne se rendant pas encore à cet appât, un troisième arrêt du 6 février le menaça de réduire ses rentes au denier 50 (2 %) s'il n'opérait pas la conversion susdite dans les délais fixés. Cette mesure violente et inique contraignit enfin la majeure partie de créanciers à sortir de leur inaction, et, sous l'empire de cette décision, la baisse s'arrêta quelques jours et les actions se maintinrent vers 9 à 10 000 livres.

C'est également à partir de cette époque que les émissions de billets prirent une extension inquiétante. À la fin de l'année 1719, elles montaient déjà à 1 milliard, c'est du moins le chiffre des autorisations accordées par le conseil ; mais il paraît qu'il y eut des émissions non autorisées, ostensiblement du moins, qui augmentèrent le chiffre officiel. En outre, la grossièreté avec laquelle ces billets furent fabriqués (il fallait à tout prix aller rapidement), fut un appât irrésistible pour les faussaires[45].

Ces créations de billets répondaient, du reste, à un besoin momentané, il est vrai, mais réel. Aussi le billet gagna-t-il un instant 10 % sur la monnaie métallique. Mais cela fut de courte durée, bientôt les émissions abondèrent au point d'avilir le billet, et cette époque correspondit à celle de la baisse des actions. Cette coïncidence est très explicable. Un grand nombre de réaliseurs, soucieux de l'avenir, convertirent leurs billets en espèces pour diriger celles-ci sur l'étranger ; cette double opération se fit sur une échelle considérable ; ainsi, un seul individu, un caissier de la Banque qui pis est, envoya en Hollande pour son compte personnel vingt millions de florins ; on peut juger, d'après cet exemple, pris dans les extrêmes, il est vrai, la quantité d'espèces, et ajoutons de pierres précieuses, qui durent traverser la frontière.

On comprend dès lors que les espèces se raréfiant, le billet, malgré les services qu'il rendait à cette époque de négociations financières, ait dû tomber d'abord au pair de l'espèce, puis au-dessous, en même temps que l'action baissait rapidement.

Malheureusement les mesures de Law secondaient merveilleusement cette retraite des espèces monnayées. Il considéra dès lors comme ses véritables ennemis le numéraire, les bijoux, tout ce qui, ayant une valeur intrinsèque et étant facilement transportable, devait conserver cette valeur, même lorsque le système ne serait plus. Aussi les traita-t-il comme tels ; réduction de la valeur nominale des monnaies (arrêt du 28 janvier 1720)[46], limitation de la quantité d'espèces à conserver chez soi (arrêt du 27 février 1720), interdiction de la vente de vaisselle d'or et d'argent (déclaration du 18 février 1820), interdiction de porter des diamants et pierres précieuses (déclaration du 4 février 1720), extension dans tout le royaume du cours forcé des billets (arrêt du 28 janvier 1720), avantage accordé à ceux qui payaient certains droits en billets sur ceux qui les soldaient en espèces (arrêt du 29 janvier 1720), enfin, juridiction spéciale du conseil d'État pour les causes concernant les billets de banque (arrêt du 7 février 1720) ; tout fut employé par lui pour combattre la baisse de son papier : actions ou billets. Cela ne devait pas ramener la confiance, outre que ces mesures frappaient à faux.

Il eut alors recours à des moyens plus énergiques : il avait déjà prohibé (arrêts des 11 et 20 février 1720) les marchés à prime ou fermes sur les actions de la Compagnie des Indes, et cette dernière avait seule le droit de contracter cette nature d'opérations[47]. On ne tint compte, comme on le pense bien, de cette défense, et les marchés à prime se firent comme auparavant, sauf qu'ils furent plus secrets.

La nécessité de coordonner l'émission des billets avec les émissions d'actions entraîna le gouvernement à céder la direction de la Banque à la Compagnie des Indes. L'assemblée générale des actionnaires du 22 février 1720 avait accepté la proposition du gouvernement, et l'arrêt du conseil du 24 février la consacra aux conditions suivantes :

La Banque aura la même durée que la Compagnie[48]. La Compagnie des Indes profitera de tous les bénéfices faits par la Banque depuis la déclaration du 4 décembre 1718.

Le roi cède à la Compagnie 100 000 actions de la dite Compagnie au prix de 9 000 livres chacune (soit 900 millions), payables un tiers comptant et les deux autres tiers en dix ans et par mois, sur le pied de 5 millions chaque mois, à partir du 1er janvier 1721, époque du premier paiement.

En outre, la Compagnie est autorisée à créer, pour un capital de 500 millions, des actions rentières (des obligations) rapportant 2 % (10 millions), et à fermer les bureaux de ventes et d'achats de ses propres actions. Les actions rentières, au fur et à mesure de leur émission, devaient faire rentrer leur équivalent en actions de la Compagnie des Indes. Le contrôleur général Law fut nommé inspecteur général, tant de la Compagnie des Indes que de la Banque royale, qu'il cessait de diriger. Cet arrêt n'était qu'un acheminement à celui du 5 mars, qui fixa le cours (en billets de banque) de l'action d'une manière invariable et autorisa la Compagnie à convertir, au gré des détenteurs, les actions en billets ou réciproquement. Le prix fixé pour cette conversion fut 9 000 livres par action. Il enjoignit en outre aux détenteurs d'actions non libérées et aux acheteurs à prime (on se rappelle qu'à cette époque la prime se payait d'avance), de rapporter leurs titres et contrats à la Compagnie, qui leur délivrerait des actions sur le prix de 9 000 livres chacune, en reprenant leurs actions, sur lesquelles il y avait quatre dixièmes de versés (2 000 livres, l'action ayant été émise à 5 000), à 6 000 (4 000 livres de prime supplémentaire de 5 000 à 9 000, et 2 000 de versement), leurs anciennes primes sur le pied de 1 050 (probablement les 300 000 premières actions), et leurs nouvelles sur le pied de 5 000 (probablement les 24 000 dernières).

Cet arrêt donnait au marché des actions une étendue singulière. On a vu qu'il y avait 624 000 actions créées ; toutes n'étaient certes pas en circulation, il y en avait près de 200 000, ce qui, au cours de 9 000 livres, faisait 1 800 000 000, réunis à plus de 3 milliards de billets en circulation, cela portait à 5 milliards environ l'importance du marché. Mais aussi quelle confusion ! Des parts d'association à chances variables assimilées à des titres de créances à conditions fixes.

Enfin l'arrêt du 11 mars[49] supprime le cours légal des espèces d'or et d'argent à partir du 1er mai. Défense fut faite, en conséquence, de conserver chez soi des monnaies d'or et d'argent ni même aucunes matières d'or et d'argent (à quelques légères exceptions près), sous peine de la confiscation, et avec bénéfice de la moitié du produit de cette confiscation en faveur des dénonciateurs[50].

Malgré ces mesures, la baisse continua, et avec d'autant plus de persévérance qu'en Hollande, et surtout en Angleterre, des créations plus ou moins analogues à celles de Law faisaient à son système une concurrence terrible. Londres eut, comme Paris, sa rue Quincampoix, l'Exchange-Alley, où les actions de la Compagnie de la mer du Sud rivalisèrent avec celles de la Compagnie française des Indes. Beaucoup de Mississippiens réalisèrent leurs bénéfices dans le système pour répéter, à Londres, ce qu'ils avaient fait à Paris. Plusieurs y eurent de nouveaux succès[5].

Cette calamité augmenta la misère et contribua, par conséquent, à accélérer d'autant plus directement la chute du système que Marseille, port franc, jouant, à ce titre, un rôle important dans le mouvement commercial, se trouvait entourée d'un cordon sanitaire.

Vient enfin le fameux arrêt du 21 mai, dont « l'objet était de soutenir ces effets (les actions et les billets) dans une juste proportion avec les espèces et les autres biens du royaume ; empescher que la plus forte valeur des espèces ne diminuait le crédit public ; donner en mesme temps aux créanciers privilégiez les moyens d'employer plus favorablement les remboursements qui pourraient leur estre faits, et enfin prévenir les pertes que ses sujets (les sujets du roi au nom de qui l'arrêt était rendu) souffriraient dans le commerce avec les estrangers. » Pour arriver à ces résultats, on résolut de réduire successivement la valeur des actions et des billets dans les proportions ci-contre et à partir des époques suivantes :

		l'action.	le billet.
Jour de la publication de l'arrêt...		8,500 liv.	80 0\0
1er juillet	1720	8,000 —	75 —
1er août	—	7,500 —	70 —
1er septembre	—	7,000 —	65 —
1er octobre	—	6,500 —	60 —
1er novembre	—	6,000 —	55 —
1er décembre	—	5,500 —	50 —

La réduction s'arrêtait à ce dernier taux.

Qu'est-ce à dire ? Est-ce que l'on pensait que l'action valait juste ce prix, que le cours resterait au niveau de ce taux et ne subirait plus désormais de fluctuations en hausse ou en baisse ? Mais le billet, dira-t-on, qui exprimait une valeur complètement en désaccord avec le numéraire métallique ? Cela devait être et sera (à quelques exceptions près), toutes les fois qu'il y aura cours forcé et que, surtout, l'on sera amené à proscrire le numéraire. Mais si même cela était nécessaire pour le billet (ce qui, en tout cas, était une banqueroute), cela n'était pas indispensable pour l'action, à moins de maintenir le monstrueux arrêt du 5 mars, qui autorisait la conversion des billets en actions et réciproquement.

Quoi qu'il en soit, la question de savoir la part que Law prit à cet arrêt est fort controversée. Le fait est que c'était un premier pas vers une liquidation, violente il est vrai, du système, et à cet égard on peut s'étonner que Law, qui jusqu'au dernier moment ne désespéra pas du succès de ses idées, et qui ne se retira que devant l'animadversion générale, ait pu proposer de ramener le billet vers les espèces, quand il venait, le 11 mars, de proscrire ces mêmes espèces auxquelles son papier faisait des soumissions respectueuses.

L'effet de cet édit fut terrible ; il sembla que le public se réveillait en sursaut d'un long sommeil, et dès lors, ceux qui avaient un peu l'habitude des affaires ne durent plus douter de la chute prochaine du système. En vain, le 27 mai, un autre arrêt révoqua-t-il celui du 21 ; il put annuler les dispositions, mais non l'effet produit. En tout cas, ce ne fut qu'après une première émeute contre la Banque que l'on rapporta l'arrêt du 21 mai.

Quelle qu'ait été la coopération du financier écossais à l'arrêt du 21 mai, celui du 27 mai fut un coup de disgrâce pour lui. On lui retira l'administration des finances, il cessait en conséquence d'être inspecteur de la Compagnie des Indes et de la Banque, fonctions inhérentes à celles de contrôleur général, que l'on partagea en cinq départements, et on lui donna une garde pour sa sûreté. On abrogea les arrêts qui supprimaient le cours légal des espèces d'or et d'argent, limitaient la quantité de numéraire que pouvait posséder tout particulier ou toute association, enfin tous ceux qui étaient une atteinte au libre commerce et à la libre circulation des métaux précieux, tant sous forme de numéraire que sous celle de vaisselle, meubles, bijoux, etc. Une commission se rendit à la Banque pour en examiner la situation ; l'actif propre à faire face aux 3 milliards de billets à vue, émis à cette époque, montait à :

Espèces............	21 millions.
Lingots............	28 —
Effets en portefeuille.	240 —
Total.......	289 millions.

Mais la disgrâce de Law dura peu. Le régent, qui ne pouvait se passer de lui, le reçut de nouveau, dès le 1er juin, et, pour compenser le contrôle des finances qu'il lui avait retiré, il lui conféra les titres de conseiller d'État d'épée, intendant général du commerce[52] et directeur de la Banque[53].

Il fallait, à tout prix, effacer les fâcheuses impressions des arrêts des 21 et 27 mai. Or, voici quelle était à cette époque la situation de la Compagnie des Indes (on se rappelle que la Banque en faisait partie) : « Au moyen de ses différentes opérations et des actions qu'elle a retirées, elle se trouve un fonds de plus de 300 millions ; par rapport à son commerce, elle a fait des entreprises considérables, avantageuses pour les actionnaires et pour l'État ; elle a porté le nombre de ses vaisseaux envoyez ou prêts à partir jusqu'à 105, non compris les brigantins et les frégates ; elle a expédié de riches et nombreuses cargaisons, et malgré la multitude et la vivacité de ses opérations, ses écritures ont été trouvées dans l'ordre le plus exact ; à l'égard de l'administration des Parties qui luy ont esté confiées dans l'intérieur du Royaume, elle a augmenté au-delà de ce qu'on en pouvait attendre le produit des Fermes et les recouvrements des Recettes générales des Finances par le bon ordre qu'elle y a establi. » Ajoutons que sur les 624 000 actions créées il y en avait près de 300 000 dans le portefeuille de la Compagnie et 100 000 appartenant au roi[54]. Law proposa au régent la combinaison suivante, qui fut acceptée et décrétée par divers arrêts et édits du 3 au 20 juin 1720.

Le nombre des actions de la Compagnie était ramené à 200 000 par l'annulation de 100 000 actions appartenant au Roi (nous avons vu que l'arrêt du 27 février ne fut pas exécuté en ce point) et de celles possédées par la Compagnie, cette dernière s'engageant, en outre, à racheter sur la place le nombre nécessaire d'actions pour arriver à ce chiffre. Toutes les anciennes actions (promesses, polices, etc.) devaient être échangées le 1er septembre 1720 contre les nouveaux titres (numéros de 1 à 200 000) sous peine de déchéance pour les retardataires.

Ceux d'entre les actionnaires qui le voudraient pourraient verser 3 000 livres par action[55] ; ledit supplément pouvait être soldé en billets ou actions, ces dernières reçues au prix de 6 000 livres[56]. En ce cas, les actions qui auraient rapporté ce supplément jouiraient, par préférence aux autres, d'un dividende de 360 livres, tandis que les autres ne toucheraient que les 200 livres dont la répartition avait été arrêtée par l'assemblée du 30 décembre 1719. Ce dividende de 360 livres se trouvait garanti par une Société d'assurances dont le fonds, montant à 240 millions, serait fourni par 20 000 actions de la Compagnie des Indes avec leurs suppléments, ce qui les mettrait (leur valeur ayant été arrêtée par arrêt du 5 mars à 9 000) à 12 000 livres chacune. En compensation, si le dividende dépassait 360 livres, le surplus était acquis à la Société d'assurances.

Le roi renonçait aux 900 millions que lui devait la Compagnie pour rachat des 100 000 actions aux termes de l'arrêt du 27 février ; mais il créait pour 48 millions de rentes payables sur les produits des fermes aux lieu et place des 48 millions sur les mêmes fermes que la Compagnie avait été autorisée à prélever sur les 52 millions du bail passé à son profit. Ces 48 millions de nouvelles rentes se composaient ainsi :

1 000 000 en actions rentières (obligations) sur la Compagnie des Indes, garanties par le Roi ;

2° 4 000 000 en rentes viagères sur la même Compagnie et avec la même garantie ;

3° 25 000 000 en rentes sur l'Hôtel-de-Ville de Paris (édit de juin 1720) ;

4° 18 000 000 en rentes sur l'Hôtel-de-Ville de Paris (arrêt du 20 juin 1720).

Les actions rentières étaient créées au denier 40, les rentes viagères au denier 25 et les rentes sur l'Hôtel-de-Ville de Paris au denier 40. Ne pouvaient acquérir lesdites rentes aux taux et denier fixés que les porteurs de contrats de rentes, ceux dont le remboursement avait été ordonné et n'avait pas été fait, de récépissés du Trésor royal, de billets (de banque) provenant des remboursements faits : 1° aux porteurs d'anciennes rentes sur l'Hôtel-de-Ville qui s'étaient présentés ; 2° aux propriétaires d'offices supprimés ; 3° à titre d'augmentation de gages et autres dettes de l'État, et même 4° à des porteurs de contrats de constitution sur particuliers. Ces rentes étaient par coupons de 1 000 livres de capital et de 25 francs de rentes annuelles payables par semestre les 1er janvier et 1er juillet.

Telle est dans son ensemble la combinaison que les circonstances firent sortir du cerveau de Law, qui, comme on voit, ne désespérait pas de son système.

Si nous en résumons les principaux articles, nous voyons :

1° Qu'elle supprimait 100 000 actions appartenant au Roi ;

2° Que si elle lui concédait 48 millions de revenu, c'était à la condition d'en employer le capital (1 860 millions) à l'extinction de valeurs formant titre contre la Compagnie et des billets de banque.

Somme toute, il convertissait 1 860 millions de créances sur la Compagnie des Indes en 48 millions de rentes, et déchargeait gratuitement la même compagnie de 100 000 actions appartenant à l'État. On le voit, la Compagnie ne faisait pas une mauvaise affaire, et, certes, il fallait toute la fascination que Law exerçait sur le régent pour le déterminer à sacrifier d'une manière si positive l'État à la Compagnie. Il est vrai aussi que c'était un retour sur l'arrêt du 31 août 1719, concernant le remboursement des rentes, et Law ne dut pas voir sans regrets ce premier sacrifice à la nécessité.

Un peu de condescendance envers le Parlement (on l'invita à assister par commission aux délibérations du conseil relatives à ces dernières décisions) le rendit favorable à ce projet, auquel, d'ailleurs, il vit une dérogation aux idées du système.

Ces mesures étaient sages ; elles tendaient à consolider la dette flottante de la Compagnie en diminuant la masse des billets en circulation, non plus par leur conversion en actions, comme le voulait l'arrêt du 5 mars, mais par leur conversion en rentes, ce qui au moins était rationnel. Mais il était trop tard ; le public commençait à devenir indifférent à cette lutte d'un talent d'un ordre nouveau contre les difficultés nées de ses propres fautes, et la sécurité directe et immédiate de son papier était tout ce qu'il voulait ; mais aussi le voulait-il en aveugle, qui ne voit rien que le résultat instantané ; en sourd, qui n'écoute rien tant qu'on ne le rembourse pas immédiatement en bons et beaux écus.

Que pouvait Law contre cette inintelligence de la masse ? Mais aussi quel retour sur lui-même devait se faire ce hardi novateur quand il se rappelait l'époque où chacun, confiant dans son génie et sa sagesse, était disposé à suivre sans réplique la route qu'il indiquait, et où, au lieu de modérer cette confiance dangereuse, il en abusa en dépassant les limites du bon sens, en déviant lui-même de la voie primitive qui lui avait conquis cette popularité si flatteuse, voie qui, il est vrai, n'a jamais été, à aucune époque de sa vie, le dernier mot de ses idées.

Le public, à part quelques exceptions, ne se présenta pas aux guichets de la rue Vivienne, pour jouir du bénéfice des mesures dont nous venons de parler, mais bien pour exiger le remboursement de ses billets en espèces.

Le 13 juillet 1720, nouvel arrêt qui autorise l'ouverture d'un livre de comptes courants et de virements de parties à la Banque et dans les villes où il y avait des hôtels de monnaie[57]. La totalité des comptes ne devait pas dépasser 600 millions (en fait le tiers à peine de cette somme fut versé), savoir : une moitié pour Paris et l'autre pour les villes de province. Il devait se former par des versements en billets de banque de 10 000 et 1 000 livres. Ces comptes étaient en livres tournois et ne devaient être sujets à aucune variation.

Mais tous ces palliatifs, qui auraient pu atténuer la crise si le public s'y était prêté, ne rencontrant que des indifférents, ne produisirent aucun effet. En attendant, le flot des porteurs de billets de banque aux guichets de remboursement devenait de plus en plus pressant. On ne remboursait plus les billets de 10 000 et 1 000 livres (l'arrêt du 13 juillet avait leur retrait pour objet) ; bientôt ce fut le tour de ceux de 100 livres ; les 12 et 13 juillet, on ne payait plus qu'un billet par particulier. La classe ouvrière, qui vit au jour le jour, se ressentait le plus directement de cet état de choses ; aussi la foule allait-elle croissant. Les billets perdaient 30 à 35 %.

La misère et la faim sont mauvaises conseillères.

La panique s'en mêla, on commençait à faire queue dès deux heures du matin pour arriver à un guichet qui ne s'ouvrait qu'à huit ou neuf heures et fermait de midi à une heure, et encore n'ouvrait-il pas tous les jours. Dans la nuit du 16 au 17 juillet, les rues Vivienne et Neuve-des-Petits-Champs étaient encombrées dès trois heures du matin ; plus de 15 000 personnes attendaient. Au point du jour on s'aperçoit qu'une quinzaine de ces malheureux avaient été étouffés et foulés aux pieds. Ce spectacle émeut la foule qui, changeant de but, quitte les portes de la Banque et se transporte au Palais-Royal, où habitait le Régent ; quelques cadavres sont posés sur des brancards et portés à la tête du rassemblement. Le courage des ducs de Villeroi et de La Vrillière et de Vincent Leblanc, un mississipien, conjura les dangers de cette émeute. Law, au bruit de ce tumulte, sort de son hôtel, rue Neuve-des-Petits-Champs, et arrive dans sa voiture au Palais-Royal, vers dix heures. Il se croise avec les émeutiers qui le reconnaissent, l'entourent, le menacent et sont près de passer des paroles aux actes. Law, furieux de ces injures, imméritées quant à sa probité et son désintéressement, sort de sa voiture et dit d'un ton de mépris : « Vous êtes des canailles ! » Cet acte d'audace (nous dirions de courage si les paroles qui exprimaient la pensée du financier avaient été plus relevées), cet acte d'audace, disons-nous, fait reculer la multitude, qui le laisse entrer au Palais-Royal ; mais quand sa voiture ressortit (Law était resté avec le régent), le cocher, insulté à son tour par la populace, se servit comme d'un talisman des dernières paroles employées par son maître ; elles ne rencontrèrent pas un semblable succès. La voiture fut mise en pièces ; le cocher, jeté à bas de son siège et traîné par cette lâche multitude, fut heureux d'en être quitte pour une jambe cassée.

Law resta dix jours au Palais-Royal[58].

La Banque, à dater de ce moment, demeura fermée, même pour les porteurs de billets de 10 livres. En sous-main on les remboursa aux plus mutins et plus turbulents[59].

Les actions valaient alors 5 000 livres en billets, ce qui, le billet perdant environ moitié, faisait 2 500 livres.

Un édit de juillet accorda à la Compagnie la jouissance à perpétuité de tous ses privilèges commerciaux, à la charge de retirer chaque mois, à partir du 1er août 1720, 50 millions de billets jusqu'à concurrence de 600 millions, « au cas, dit l'édit, qu'il s'en trouve autant après les débouchements cy devant indiquez, en sorte qu'au 1er août 1721 il ne reste aucuns billets dans le commerce. »

Le parlement, ennemi constant de Law et de ses idées, profita de l'effervescence des esprits pour refuser l'enregistrement de l'arrêt relatif aux comptes courants et de l'édit consacrant la perpétuité des privilèges de la Compagnie des Indes et lui enjoignant l'obligation de rembourser les 600 millions de billets. Le régent exila le parlement à Pontoise (21 juillet 1720) ; ce corps passa son temps d'exil (il ne revint qu'en décembre) d'une manière peu digne de la place importante qu'il occupait dans l'État, et surtout de sa position à la tête de la magistrature française.

Un arrêt du Conseil d'État du même jour (21 juillet), à défaut de l'enregistrement du dernier édit, en ordonna l'exécution.

L'édit de juillet avait laissé à la Compagnie le choix des moyens pour opérer le retrait de 600 millions de billets. Un arrêté du 31 juillet l'autorise à mettre à cet effet 50 000 actions à 9 000 livres, payables en billets ; un second arrêt, du 14 août, permit l'émission de 20 000 autres actions au même taux. Ces moyens semblent avoir eu peu de succès. Le public devenait apathique à force de secousses et d'émotions.

À partir de cette époque, Law semble avoir plutôt assisté que participé aux actes relatifs au système. En effet, chaque arrêt enlève une assise importante à l'édifice financier de cet aventureux novateur. Aussi est-ce pour la forme et à titre honorifique que l'arrêt du Conseil du 29 août, qui instituait Gouverneur perpétuel de la Compagnie des Indes le duc d'Orléans (le Régent) Protecteur, nomma Law Directeur général de la Compagnie des Indes et de la Banque, et rapporteur des affaires de cette Compagnie au conseil des directeurs.

Le 15 août, on fixe comme terme à l'acceptation forcée de billets dans la circulation privée, le 1er octobre 1720 pour les billets de 10 000 et de 1 000, et le 1er mai 1721 pour ceux de 100 et de 10 livres. Les billets de 10 000 et de 1 000 livres peuvent être remplacés par la Banque par des billets de 100 et de 10 livres. Passé le 1er octobre, les billets de 10 000 et de 1 000 qui ne seront pas présentés pour être convertis en rentes ou en actions ou déposés en comptes courants, seront de fait réputés actions rentières (obligations) de la Compagnie des Indes, et jouiront, à ce titre, de 2 % d'intérêt annuel payables tous les six mois, à partir du 1ᵉʳ juillet 1720 ; le roi répondait du service (intérêt et remboursement) de ces actions rentières.

Le 15 septembre on ne peut plus contraindre (excepté pour les contrats ou engagements antérieurs à cette date) à accepter des billets de 10 000 et de 1 000 que pour moitié de la somme totale à payer. Pareilles dispositions pour les billets de 100, 50 et 10 livres, sauf pour les paiements de 20 livres ou au-dessous, où on peut exiger le paiement de la totalité en espèces. Ces derniers billets sont reçus comme paiement, sans obligation d'une proportion en espèces, en acquisition des rentes sur les aides et gabelles, tant perpétuelles que viagères, créées par édit de juin et août 1720, et aussi de rentes créées sur les Recettes générales (montant à 8 000 000 de livres, émises au denier 50) dont la création fut autorisée par édit d'août 1720, et dont nous n'avons pas encore parlé.

Les comptes courants institués par l'arrêt du 13 juillet sont, à la volonté du titulaire, remboursés en billets de 10 000, ou 1 000, ou réduits au quart de leur valeur. Pareillement on pourra se faire rembourser les fonds déposés en comptes courants (arrêt du 13 juillet) en actions remplies (c'est-à-dire sur lesquelles le versement de 3 000 livres appelé par l'arrêt du 3 juin aura été fait) sur le pied de 2 000 livres, ou verser les mêmes actions toujours en compte courant au même prix.

Enfin, le nombre des actions, fixé à 200 000 par l'arrêt du 3 juin, est porté à 250 000 par l'émission de 50 000 actions (divisibles en 500 000 dixièmes) offertes, à 800 livres le dixième, aux porteurs : 1° de billets de banque de 100, 50 et 10 livres ; 2° de souscriptions d'actions (arrêts des 31 juillet et 14 août) émises à 9 000 livres, reçues (nous ignorons l'importance des versements effectués) sur le pied de 1 000 livres, – à moins que les souscripteurs préférassent ne pas faire leur versement, – ou au denier 50 (sur le pied probablement de 36 livres de revenu annuel) aux titulaires de comptes courants (arrêt du 13 juillet).

On peut juger, par tous ces détails fastidieux, du désordre dans lequel on était, et du désordre plus grand encore dans lequel on se plongeait dans l'espérance d'en sortir.

Vain espoir ! La banqueroute était déjà partiellement entamée, l'arrêt du 21 mai l'avait commencée, l'arrêt du 10 octobre la confirma de la manière la plus authentique.

Le préambule de cet arrêt établit que les émissions de billets de banque montent à 2 746 400 000 liv.[60] ; que les billets rentrés et brûlés à l'Hôtel-de-

Ville atteignent 707 327 460 liv. ; que le Trésor en possède qui lui sont rentrés pour acquisitions de rentes viagères et perpétuelles pour plus de 530 millions ; que ceux déposés en comptes courants (arrêt du 13 juillet) dépassent 200 millions ; enfin, qu'il y a pour 90 millions dans les différentes caisses de la Compagnie des Indes, de la Banque, des hôtels des monnaies, soit, en tout, environ 1 527 400 000 livres, ce qui réduit la somme en circulation vers 1 219 000 000 ; qu'il pourra rentrer 400 millions de billets pour le capital des 8 millions de rentes créées sur les recettes générales par l'édit d'août, 100 millions pour le capital des 4 millions de rentes viagères créées par édit d'août également, 400 millions contre les dixièmes d'actions émis par arrêt du 25 septembre ; que le solde (de 300 à 325 millions) sera, en raison de l'arrêt du 15 août, converti en actions rentières ; que les billets de 100, 50 et 10 livres, – les seuls qui circulent encore, ceux de 10 000 et 1 000 n'ayant plus cours forcé depuis le 1er octobre, sont tombés dans un tel état de discrédit, qu'ils n'ont plus de valeur comme espèces et qu'on ne les considère que par rapport aux emplois qu'on en peut faire ; en sorte que le peu de paiements qui se fait encore avec lesdits billets ne sert qu'à empêcher la circulation de l'argent et à soutenir le haut prix des denrées et marchandises, et à introduire ou à perpétuer une infinité d'abus dans le commerce, qui ne peuvent cesser que par le rétablissement des paiements en espèces. En conséquence de tous ces faits, les billets de banque de 100, 50 et 10 livres n'auront plus cours forcé à partir du 15 novembre, c'est-à-dire qu'ils sont démonétisés. On se rappelle que l'arrêt du 15 août leur accordait jusqu'au 1er mai 1721. De cette sorte, la circulation en espèces sonnantes se trouvait légalement rétablie dans son droit exclusif de servir à l'échange de toutes autres valeurs.

Le lendemain (11 octobre) nouvel arrêt qui prescrit, à partir du 21 courant, le paiement en espèces, et non en billets de banque, des arrérages des rentes sur l'Hôtel-de-Ville.

Le 24 octobre, enfin, les hôtels des monnaies ne reçoivent plus de billets de banque.

Le même jour, pour arrêter les réaliseurs et contrecarrer leur manière d'agir, on ne trouva pas mieux que de former une espèce de syndicat forcé. Tous les actionnaires durent déposer leurs titres à la Compagnie pour les uns, déclarés actionnaires de bonne foi, les reprendre à partir du 15 novembre, timbrés d'un second sceau de la Compagnie, et les autres inscrits sur une liste (vraie liste de suspects) dressée en conseil, ne les avoir à leur disposition qu'au bout de trois ans. Bien entendu, ces derniers devaient toucher le revenu attribué aux actions pendant ces trois années ; mais le côté original de cette mesure, digne de 1793, fut que non seulement on dressa cette liste, mais que l'on fixa le nombre d'actions que les titulaires devaient avoir, et que, en conséquence, ces derniers (n'eussent-ils d'ailleurs jamais possédé une seule action de la Compagnie des Indes) devaient apporter à la caisse de la Compagnie le nombre d'actions pour lequel ils étaient taxés. La Compagnie eut la gracieuseté d'offrir de leur en céder (s'ils en manquaient) au prix de 13 500 livres, payables en billets de banque. Est-il nécessaire d'ajouter que tous les suspects qui avaient quelque protecteur ou ami à la cour parvinrent à obtenir leur radiation.

Ce dépôt devait se faire dans la huitaine (à partir du 4 octobre), mais des prorogations successives portèrent aux dates du 23 novembre pour Paris, et 20 décembre pour la province, le délai extrême pour ce dépôt. Le 2 décembre, un arrêt du conseil prononce la nullité des actions non frappées du second sceau en conséquence des arrêts précités.

En vertu des arrêts des 27 octobre et 17 novembre 1720, les directeurs de la Compagnie des Indes empruntaient pour venir en aide à la Compagnie la somme de 15 millions, en s'engageant solidairement. Le 17 novembre ils empruntent aux actionnaires la somme de 22 500 000 francs à raison de 150 livres par action, payable deux tiers en argent et l'autre tiers en billets de banque ; seulement les actions qui firent cette avance furent revêtues d'un troisième sceau ; celles qui n'avaient pas ce timbre furent frappées de nullité. Tous ces prêts furent contractés au taux de 4 % l'an[61].

Enfin, le 5 janvier 1821, les monnaies et les fermes furent retirées à la Compagnie des Indes. Mais Law avait quitté la France quand cet arrêt fut rendu.

Nous avons vu que, depuis le mois d'août, cet imprudent utopiste avait plutôt assisté que participé aux mesures qui démolissaient son édifice financier. Aussi ferme contre le malheur qu'insensible à l'ivresse du bonheur, il voyait d'un œil étonné, mais non effrayé, l'animadversion générale dont il était l'objet. Loin de fuir les regards de la foule, il semblait la délier par son attitude méprisante, par son flegme imperturbable. Aussi de nombreuses injures lui étaient-elles souvent adressées. Mais, plein d'illusions quant à ses idées économiques, fort de sa conviction de n'avoir voulu que faire le bien, se trouvant innocent vis-à-vis de sa conscience du mal qui résultait de l'application de ses idées, il repoussait ces plates et lâches vengeances à force d'énergie morale et en faisait ainsi retomber l'effet sur leurs auteurs. Il n'avait pas reparu à la Banque depuis le 12 novembre, jour où les épithètes de voleur et de fripon lui furent jetées à la face. Le 12 décembre il eut le courage de paraître à l'Opéra. Des outrages l'y accueillirent également. Il comprit que devant une telle exaspération, ce serait de la témérité de ne pas déserter la France. Après avoir pris congé du régent, à qui il donna, dit-on, dans une dernière entrevue, des conseils sur la direction des finances[62], il partit le 13 décembre pour sa terre de Guermande. Il n'emportait pour toute fortune que 5 millions en billets de banque sans valeur, deux bagues et 800 louis dans lesquels un hasard le fit rentrer. Cette dernière somme le surprit agréablement, car, a-t-il dit plus tard, il n'avait pas une valeur de dix pistoles dans sa maison. Là il attendit quelques jours le résultat des évènements. Mais bientôt (le 21 décembre) le régent lui envoya de l'argent et un passeport. Il ne prit que ce dernier et se dirigea vers la frontière. À Valenciennes, son passeport ne l'empêcha pas d'être arrêté par le fils de d'Argenson, intendant de Maubeuge, qui ne le relâcha que sur les ordres réitérés venant de la cour.

Ce départ resta inconnu pendant quelques jours, et quand on l'apprit, on ne le crut pas d'abord. Enfin, quand on ne put plus en douter, on s'arrêta à l'idée qu'il reviendrait relever son système, et il ne fallut rien moins que la mort du duc d'Orléans (2 décembre 1723) pour détruire complètement les illusions des derniers mississipiens.

Tout ce qui touche à un esprit aussi distingué (malgré ses erreurs et leurs désastreuses conséquences, on ne peut refuser cette justice à l'auteur du système) est digne d'intérêt surtout quand cela peut contribuer à mieux faire connaître l'homme.

Les 5 millions en billets qu'il emporta ne lui eussent été que de peu d'utilité en France ; et ils ne lui servirent naturellement à rien à l'étranger. Les 800 louis et doux bagues d'une valeur de 10 000 écus chacune, composèrent donc, à son départ, la seule fortune de l'homme qui était arrivé en France avec un million et demi de fortune ; et encore envoya-t-il l'une de ces bagues en cadeau à Mme de Prie, la maîtresse du duc de Bourbon, pour la remercier d'avoir aidé sa retraite en lui envoyant sa voiture à ses armes.

Après avoir dirigé la fortune financière de la France, Law dédaigna de se mettre à la tête des finances de la Russie, malgré les offres que lui fit le czar Pierre-le-Grand. Cependant la liquidation de ses affaires en France se faisait avec la dernière iniquité ; il ne lui restait rien de son immense fortune. Sa femme fut obligée de chercher un asile dans une auberge ; son frère fut dépouillé et mis en prison. Le régent, quand le ressentiment général fut un peu apaisé, fit à sa femme une pension et fit sortir son frère de prison. Mais lui, resta à voyager en dehors de France dans un état peu prospère. Après avoir parcouru la Belgique, l'Italie, l'Allemagne, l'Angleterre, il se fixa à

Venise, où il mourut en 1729 presque dans l'indigence, mettant de temps en temps sa bague en gage pour vivre. Il faut dire qu'il n'abandonna pas ses habitudes de jeu, et que ce fut même de 1721 à sa mort sa principale ressource. Ainsi finit celui qui faillit fonder dans notre pays, quatre-vingts ans avant la Banque de France, une institution dont les résultats sur le commerce eussent été incalculables, et qui aurait peut-être prévenu la Révolution sans nous priver de ses conquêtes politiques et sociales.

43É. Levasseur, p. 195.

44C'était, à vrai dire, une opération à prime dont 1 000 livres. La Compagnie vendait à 11 000/1 000 des actions à une échéance de six mois. Les titres qui représentèrent ces contrats, et qui furent au porteur, s'appelèrent polices de la Compagnie des Indes.

45Quand, à la fin de l'année, Law, fuyant la France, s'arrêta quelques jours à Bruxelles, il apprit que la fabrication des billets faux avait acquis dans cette ville un développement considérable, et que le chiffre des fabrications avait atteint 50 millions

46Cette réduction avait été précédée, comme on a déjà vu, de bien des variations dans le taux nominal des monnaies ; l'édit de mai 1718 avait fixé à 60 livres le prix du marc pour les monnaies d'argent, prix antérieurement fixé à 40 livres. Le 15 juillet 1719, on le fixait à 56 livres 6/11, le 23 septembre à 55, le 3 décembre à 53, et le 1er janvier 1720 à 51 2/3 ; le 22 janvier on le ramène brusquement à 60 livres pour le faire retomber le 18 février suivant à 56 6/11. Nous verrons plus loin que ces mutations ont été loin de s'arrêter là. Des variations proportionnelles avaient lieu pour l'or, dont le rapport, poids pour poids, avec l'argent, continuait d'être un marc d'or pour quinze marcs d'argent. Law se servait de cette arme funeste pour empêcher ceux qui seraient tentés de se faire rembourser leurs billets, d'y trouver un avantage, les mutations n'atteignant pas ces derniers.

47Cet arrêt fut rendu dans le but de favoriser l'opération relatée plus haut. La Compagnie délivrant des actions à prime, les particuliers lui faisaient concurrence ; pour détruire cette concurrence, elle se fit adjuger le monopole de cette sorte de transactions. Cette mesure semble avoir eu un effet directement opposé à celui que se proposait le créateur du système. En effet, l'acheteur à prime est d'autant plus tenté de vendre ferme sur sa prime, pour profiter de l'éventualité de la baisse, qu'il est d'ailleurs peu confiant dans la hausse, car sans cela il aurait acheté ferme. Les actions étaient, à cette époque, vers 10 000 livres ; c'était donc, pour les acheteurs de primes, soit que, simples acheteurs à prime, ils se soient mis à la hausse, soit que vendeurs de ferme sur prime ils aient pris position à la baisse, un risque total de 1 000 livres par action ; risque peu important si on se reporte aux variations du cours des actions à cette époque, et à la durée (six mois) du contrat. L'opération à la baisse se trouvait donc, en ce cas, singulièrement favorisée par la mesure prise par la Compagnie des Indes.

Notons néanmoins que rien ne nous prouve que l'on fit alors facilement des marchés fermes, il semblerait même qu'ils étaient peu usités, et que le terme n'était appliqué qu'à l'opération à prime. Cela expliquerait pourquoi Law, qui, certes, avait foi dans son système et dans la hausse des actions, acheta, en mai 1719, des actions à prime au lieu de contracter ferme ; il semble qu'il n'y avait pas, à vrai dire, de marché à terme pour les opérations fermes, et qu'il y en avait, au contraire, un relativement très actif pour les opérations à prime.

48L'arrêt du 27 août 1719 avait fixé au 1er janvier 1770 l'époque de l'expiration de tous les privilèges accordés à la Compagnie et par conséquent de la Compagnie elle-même.

Nous verrons plus loin que l'édit de juillet 1720, confirmé par arrêt du conseil du 21 du même mois, rendit la Compagnie perpétuelle.

49Cette démonétisation se fit graduellement ; un arrêt du 5 mars 1720 avait remonté le prix du marc de 56 livres 6/11 livres à 80 ; on le fit baisser de 5 livres chaque mois de 70 livres, 1er avril 1720, à 27 livres, décembre 1720 ; le 1er septembre la baisse avait, exceptionnellement, été de 8 livres. À partir du 1er août pour les monnaies d'argent, et du 1er mai pour les monnaies d'or, les hôtels des monnaies furent seuls à recevoir, à ces taux respectifs, les pièces de monnaie. La circulation publique n'eut plus lieu que de gré à gré, à l'exception des pièces de 1 livre, qui restèrent dans la circulation pour les besoins du petit commerce. À partir de janvier 1721, les hôtels des monnaies eux-mêmes ne furent plus tenus de recevoir, à quelque taux que ce soit, les pièces de monnaie, soit d'or, soit d'argent.

50Déjà les arrêts des 18 et 27 février 1720 avaient encouragé la dénonciation en lui affectant pour récompense une portion, et mieux, dans certains cas, la totalité de la chose saisie (arrêt du 27 février). Des dispositions si immorales portèrent leurs fruits. Duhautchamp relate cette monstruosité d'un fils dénonçant son père. Les auteurs de cette législation reculèrent, à leur honneur, devant une pareille conséquence, et la dénonciation fut, cette fois, repoussée.

51La nature elle-même s'ajouta à tous ces faits pour précipiter la chute des actions. La peste de Marseille, apportée de Syrie le 14 juin 1720, fit, en peu de temps, des ravages épouvantables. Ce mal, dont l'importation était due à l'inertie des intendants, et qui sévit, plus ou moins cruellement il est vrai, pendant une année entière, sur cette infortunée cité, enleva cent mille personnes de tout âge et de tout sexe. Diverses personnes, les échevins Estelle, Moustier, Audimar et Diendé, le gouverneur marquis de Pilles, le chevalier Rose, l'évêque Belzunce, neveu du duc de Lauzun, deux médecins, les sieurs Gayon, enfin trois médecins de Montpellier, Chicoyneau, Deidier et Verri, contribuèrent, par leur sublime dévouement, à diminuer les horreurs du fléau. Le nom seul de Belzunce a survécu ; les autres noms méritent cependant d'être conservés pour la postérité, comme ils furent bénis par leurs contemporains.

52 Cette fonction le rattachait bien de nouveau au système, mais par des liens secondaires, la Compagnie des Indes ne cessant pas de conserver la gestion de la Banque royale.

53 Ce retour fut la cause de la mort de d'Argenson. Ce magistrat avait l'un des départements des finances institués après la disgrâce momentanée de Law. On l'accusait d'être l'auteur réel, par perfidie contre Law, du décret du 21 mai. Lorsqu'on lui reprit les sceaux, le 7 juin 1720, il se retira des affaires et mourut de la jaunisse le 8 avril 1721. Ses obsèques furent troublées par la populace, qui conservait le souvenir des maux causés par l'arrêt du 21 mai. Le chevalier d'Aguesseau, exilé comme parlementaire dans sa terre de Fresnes, lui succéda aux sceaux sur la demande de Law lui-même, qui sollicita son rappel.

Voir, sur d'Argenson, les Portraits historiques, de M. Pierre Clément. L'un d'eux est consacré à tracer la vie de cet homme courageux et persévérant, mais aux moyens mesquins, au caractère envieux et à l'humeur chagrine.

54 Ce sont les 100 000 que la Compagnie dut acheter du roi au prix de 9 000 livres, en vertu de l'arrêt du 27 février 1720. Cette partie de l'arrêt en question ne fut pas exécutée.

55 Ce versement devait avoir lieu sur le pied de 500 livres par mois pendant six mois.

56 En conséquence, 3 actions au dividende de 200 livres donnaient droit à 2 actions au dividende de 360 livres.

57 Tours, Rouen, Caen, Lyon, Poitiers, La Rochelle, Limoges, Bordeaux, Bayonne, Toulouse, Montpellier, Riom, Dijon, Perpignan, Orléans, Reims, Nantes, Troyes, Amiens, Bourges, Grenoble, Aix, Rennes, Metz, Strasbourg, Lille, Besançon et Pau.

Nous avons vu plus haut que la Banque avait déjà ouvert des comptes courants aux négociants et particuliers. Ce qui paraît distinguer les anciens comptes courants des nouveaux, c'est que les titulaires de ceux-ci semblaient former un syndicat et s'engager à n'admettre que le billet et non plus les espèces dans leurs rapports avec la Banque. À l'origine de la Banque toute liberté était laissée aux particuliers qui déposaient leurs fonds dans la caisse de cet établissement.

58 « Le premier président De Mesme, ayant eu occasion de sortir un instant, apprit ce qui se passait sur l'autre rive de la Seine. Il rentra en toute hâte, et prenant une pose théâtrale au milieu du Sénat assemblé, il s'écria :

Messieurs ! Messieurs ! Bonne nouvelle !
Le carrosse de Law est réduit en cannelle !

Cet impromptu eut de la célébrité ; il est vrai que le premier président était membre de l'Académie française. » (André Cochut. Law, son système et son époque, p. 138.)

59 L'irritation égara certains esprits, et des vers, soit sous forme de chansons, soit sous celle d'épigrammes, furent affichés à la porte de la chambre même du Régent.

Indigné, celui-ci s'écria devant quelques familiers : « Je donnerais 100 000 écus pour en connaître l'auteur. » Le lendemain, la même porte recevait l'affiche suivante :

> Tu promets beaucoup, Régent ;
> Est-ce en papier, est-ce en argent ?

La rumeur publique attribue ces vers à un nommé Vergier, ancien ami du bonhomme Lafontaine. Il était alors âgé de 63 ans. Il fut trouvé assassiné. Ses héritiers voulurent faire des recherches, mais la chose en resta là… par ordre supérieur… « Un peu plus tard (avril 1722), ajoute Buvat, à qui ces détails sont empruntés, un nommé Sandieu, premier commis du trésorier des guerres, nouvelliste, fut trouvé dans la rivière percé de deux coups de poignard. Il avait mal parlé du gouvernement. »

Fondées ou non, ces inculpations dénotaient l'état des esprits, et dans le peuple on ne parlait de rien moins que de pendre Law et même, ajoutent quelques-uns, le Régent :

> Français, la bravoure vous manque ;
> Vous êtes pleins d'égarement :
> Pendre Law avec le Régent,
> Et vous emparer de la Banque,
> C'est l'affaire d'un moment.

Cette affiche, que l'on lut un matin de juillet 1720 sur les murs de la rue Vivienne, versifie la conversation de bien des porteurs de billets. D'ailleurs, on s'attendait à un dénouement dramatique, et, à la Bourse de Londres, des paris avaient, selon le caractère anglais, été engagés sur la fin tragique de l'auteur du système.

60 Ce chiffre était faux ; un état (inédit jusqu'à ce jour) du caissier même de la Banque (Bourgeois) en fixe le total à 3 070 750 000 livres, comme on a vu plus haut, page 16.

61 Les 150 livres appelées le 17 novembre furent réduites à 105, et le délai de ce versement fut, bien en vain, prorogé jusqu'au 1er février suivant et au-delà. Il était trop tard ; l'arrêt de visa allait paraître.

62 « Le Prince doit donner le crédit et non le recevoir, » lui aurait-il dit dans cette entrevue. Ainsi, au moment suprême où il fuyait un pays qui le maudissait, méconnaissant ses intentions et ne voyant que les résultats immédiats de ses actes, il donnait encore à l'État, en matière de crédit, une attribution que la science économique lui refuse. Ce mot résume sa doctrine et donne la clef de ses erreurs et de tout le système.

VI
– Liquidation du système

Le 26 janvier 1721[63] parut enfin l'arrêt qui ordonnait la mesure que l'on désigne sous le nom de visa ; elle consistait à inventorier les propriétés de toute nature de tous ceux qui, de près ou de loin, avaient touché aux valeurs du système, à remonter à la source de cette possession, et à classer ces propriétés d'après les faits de cette enquête multiple. Comme toutes les mesures précédentes du même genre, ce fut la spoliation organisée par la loi, le vol en un mot, fait avec ordre ou plutôt, ce qui est pis, subordonné aux protections et à la faveur. Mais n'anticipons pas.

La mesure du 24 octobre 1720, qui ordonna de faire viser les actions possédées ou non possédées par des actionnaires désignés sur des listes dressées d'office en dehors de leurs déclarations, était un avant-coureur du visa, un visa partiel. L'importance des opérations résultant du système fit concevoir une mesure plus radicale et naturellement plus violente ; l'idéal de ceux qui la conçurent de bonne foi était, dans un désastre aussi grand que la chute du système, de délimiter la part du feu et de faire supporter cette part à ceux qui, par l'agiotage, avaient réalisé, en peu de temps, une fortune colossale. Retourner vers le passé avec méthode et d'une manière générale, était en tout temps, mais surtout à une époque de corruption de mœurs, de luxe effréné, d'iniquités sociales, de faveurs injustifiables comme fut la Régence, impossible sans iniquité flagrante, sans violence, même en se plaçant au point de vue de l'époque, même en regardant comme immorales et non fondées en droit les fortunes des mississipiens.

L'opération du visa fut confiée à Pâris-Duverney, qui en passa pour l'inventeur ; c'était le plus capable des quatre frères Pâris dont nous avons précédemment parlé au sujet des fermes. On se rappelle qu'ayant obtenu le bail des Fermes générales, à l'origine du système, ils avaient constitué pour son exploitation une compagnie par actions, rivale, au point de vue financier, de la Compagnie d'Occident, et à laquelle l'opinion publique donna le nom d'Anti-système. Par un acte brutal, ce bail leur fut retiré pour être transféré, à de meilleures conditions, il est vrai, pour le Trésor, à la Compagnie d'Occident. On comprend que, pour bien des raisons, ils étaient ennemis du système et de son auteur. Aussi leur opposition constante les avait fait exiler, au lieu de leur naissance, en Dauphiné, dans les derniers moments du séjour de Law en France. Le départ de ce dernier leur laissa le champ libre, et leur incontestable intelligence les fit choisir pour l'opération, aussi extraordinaire par son importance que le Système lui-même, dont il nous reste à nous occuper pour achever l'histoire de la création de Law.

Le projet de visa était-il tout entier, avec ses développements complots, dans les idées de Pâris-Duverney dès le commencement de 1721 ? Il serait difficile de le savoir ; mais, en fait, son principe posé, les conséquences n'en surgirent que petit à petit et de manière à ne faire tomber que successivement les espérances des mississipiens. L'arrêt du 26 janvier ordonne de représenter devant les commissaires d'un conseil nommé par le roi, « tous les contrats de rentes, tant perpétuelles que viagères, constituées sur l'Hôtel-de-Ville de Paris, ensemble les quittances des rentes provinciales, même les récépissés qui avaient été délivrés, tant par les gardes du Trésor royal que par les receveurs des tailles, pour toutes les rentes dont les quittances de finances ne sont pas encore expédiées, toutes les actions et dixièmes d'actions de la Compagnie des Indes, même les états ou reconnaissances de celles des dites actions qui ont été déposées ou retenues à ladite Compagnie ; tous les certificats pour les comptes en banque qui sont inscrits sur les livres ; toutes les actions rentières et dixièmes desdites actions, contrats de rentes viagères assignées sur la même Compagnie, ensemble tous les billets de la Banque royale. » Le but accusé par le préambule de l'arrêt était d'examiner l'origine et la cause de ces différentes espèces de biens ou autres effets de pareille nature et se mettre par là en état de rendre une justice exacte à tous les sujets du Roi, de secourir même, par la bonté du Roi, ceux qui en seront jugés dignes par la situation de leur fortune, encore plus par la considération de leur bonne foi, et de prendre par cette vérification générale, la voie la plus convenable à son équité et en même temps la plus propre à rappeler la confiance et à rétablir le crédit. Nous ne relèverons pas toutes les monstruosités de cette partie du préambule comme logique et comme morale ; le lecteur l'a fait avant nous. Nous nous contenterons de dire que, en ce qui s'est ultérieurement passé, la feinte commisération supposée au roi mineur pour les sujets maltraités de la fortune fut une inique fourberie, un piège aussi peu digne de la majesté royale qu'éloigné des principes de la morale.

Un délai de deux mois, prorogé plus tard jusqu'au 30 juin, était accordé aux porteurs de tous ces titres pour les déposer au visa. Cependant les titres déposés du 1er au 15 juillet seraient encore reçus, mais réduits d'un tiers, et ceux déposés du 16 au 31 juillet des deux tiers. Passé ce dernier délai, délai fatal, aucun droit d'aucune espèce n'était attribué aux titres non déposés. Ce qu'il y eut de plus redoutable dans cet arrêt, fut la nécessité de déclarer, en déposant la valeur, à quel titre on la possédait et quelles autres valeurs on avait fourni en échange.

Les porteurs, se basant sur le précédent visa et les évènements qui le suivirent, se hâtaient peu de déposer les papiers constituant tout ou partie de leur fortune ; ils se rappelaient que le système avait débuté par absorber au pair les effets déclarés nuls faute de visa par la déclaration du 7 décembre 1715, et ils redoutaient des réductions, si ce n'est les confiscations dont l'avenir se montrait gros pour eux.

Cependant, cette fois, l'arrêt du 26 janvier et ceux qui le suivirent dans le même sens furent assez rigoureusement exécutés.

Les commissaires du visa, nommés le 30 janvier, s'installèrent au Louvre dans les appartements d'Anne d'Autriche et réunirent une légion de commis grassement payés qui se mirent à l'œuvre avec une ardeur à la hauteur de l'étendue du travail.

L'apparition de l'arrêt du 26 janvier fut un coup de foudre pour les détenteurs de titres de papiers. On parlait bien du projet, mais ils n'y pouvaient croire, et on vit des porteurs de billets de banque refuser de les céder à 80 % de perte. L'arrêt qui dépossédait la Compagnie des Indes de l'administration des monnaies et des fermes (5 janvier) avait bien indiqué un changement d'esprit dans la direction des finances et fait tomber les billets à 10 % et les actions à 200 livres ; or, pour ces dernières, n'oublions pas qu'elles avaient fait 18 000 livres avant l'arrêt du 3 juin 1720, qui avait enjoint d'en nourrir deux avec une troisième, ce qui, en réalité, faisait pour les acquéreurs à 18 000, 27 000 livres : de 27 000 livres à 200, quelle chute ! Mais ce n'était rien encore. L'apparition de l'arrêt du visa les fit tomber à 45 livres et fit même reculer à 30 celles qui n'avaient qu'un timbre. Enfin, D'Éon de Beaumont, qui écrivait en 1758, assure, sur la foi d'un contemporain, que deux actions furent cédées sur le pied de 6 livres chaque ; 27 000 livres et 6 livres, voilà donc les deux points extrêmes auxquels arrivèrent en hausse et en baisse les actions de la Compagnie des Indes fondée par Law, dont la valeur au pair répondait à 750 livres.

On comprend facilement combien une chute pareille dut fournir d'aliment à la spéculation ; quel appât qu'une baisse semblable pour ceux qui ne désespéraient pas encore du système !

Mais avant d'entrer davantage dans les opérations du visa, occupons-nous de la Compagnie des Indes, contre laquelle les auteurs du visa ne manquèrent pas de sévir. Lui retirer les monnaies et les fermes, c'était presque lui rendre service dans les conjonctures où elle se trouvait ; aussi ne se borna-t-on pas là. Un arrêt, du 26 janvier également vint décréter que, la Banque ayant été réunie à la Compagnie des Indes, le roi la chargeait du compte de tous les billets de banque qui avaient été fabriqués[64] ; que toutes les négociations qui avaient été faites, même avant l'arrêt du 5 mars 1720 (arrêt de réduction du nombre des actions des 624 000 à 200 000, et de conversion réciproque des billets et des actions sur la base de 9 000 livres l'action) seraient pour le compte de la Compagnie et à ses risques ; enfin, le roi ordonnait que les directeurs de cette Compagnie eussent à remettre incessamment un état au vrai (définitif) signé d'eux, et certifié véritable, de tous les effets appartenant à la Compagnie des Indes.

Déclarer la Banque réunie à la Compagnie par l'arrêt du 24 février 1720 était affirmer une erreur ; car, comme nous l'avons vu précédemment, la Compagnie des Indes n'était chargée que de l'administration de la Banque ; de là découle nécessairement la non validité du surplus de l'arrêt ; comment rendre la Compagnie responsable d'actes en dehors de sa volonté, et dont le profit, d'ailleurs, ne pouvait lui incomber ? Malgré une protestation énergique, l'arrêt du 26 janvier fut confirmé par une décision du 7 avril, et, à cette dernière date, un nouvel arrêt commit MM. Trudaine, Fagon, Ferrand et Machault, ennemis déclarés du système, pour dresser procès-verbal et inventaire des registres, papiers et effets de la Société, Banque comprise : c'était mettre sous séquestre tout l'actif de la Compagnie. Les termes de ce dernier arrêt étaient, en outre, fort peu rassurants. On y parlait éventuellement de l'établissement d'une nouvelle compagnie dans la forme jugée la plus convenable. L'avenir nous montrera ce qu'il fallait penser de ces mots ; mais pour le public actionnaire il y avait là un inconnu redoutable.

Mais laissons là, pour nous occuper du visa, la Compagnie des Indes, à laquelle nous reviendrons tout à l'heure.

Le travail des bureaux se faisait activement, quoique le public montrât beaucoup de répugnance à apporter ses titres, quelque avilie qu'en fût la valeur. D'ailleurs, malgré les prohibitions de l'autorité, malgré le guet à cheval qui courait sur tous ceux qu'il voyait sortir, un portefeuille à la main ou sous le bras, des cafés et autres établissements publics avoisinant la Banque et des anciens lieux de réunion des agioteurs ; malgré les espions, qui sollicitaient des délits pour en profiter par leur délation, nonobstant toutes ces difficultés, des négociations avaient lieu, et les actions que nous avons vu tomber à 6 livres étaient même remontées à 200 livres, en espèces, bien entendu ; au même moment, les billets que nous avons vu s'escompter à 90 % ne perdaient plus que 80 %.

Les négociations continuant malgré l'expiration du délai fatal, le Conseil d'État rendit, le 10 août, un nouvel arrêt confirmant les précédents, annulant tous titres de papier non présentés, et défendant, sous peine de 3 000 livres d'amende, de vendre, acheter, faire vendre, faire acheter ou même simplement exposer des titres ainsi annulés.

Cela ne suffisait pas encore. Les hommes nouveaux, comme on appelait ceux qui devaient toute leur fortune au système, les hommes nouveaux pouvaient échapper au visa en faisant le sacrifice de leurs titres et papiers, que bon nombre, par parenthèse, avaient vendus avant ou depuis le visa, en prévision de l'avenir, et conservant leurs immeubles ou leurs espèces d'or et d'argent ; en faisant le mort, ils sauvegardaient une bonne partie de leur avoir. Il fallait les atteindre à tout prix.

C'est ce à quoi tendit l'arrêt du 14 septembre, qui ordonna à tous les notaires et tabellions de fournir, dans un mois, des extraits de tous les contrats tant d'acquisition que de constitution et autres actes translatifs de propriété ou constitutifs de créances, ou qui portaient quittances et décharges, passés depuis le 1er juillet 1720, à l'exception néanmoins des contrats de mariage, testaments, inventaires, partages, avis de parents et autres énoncés dans l'arrêt[65].

Une mesure aussi vaste, aussi détaillée, ne s'était jamais vue, et, il faut l'avouer, les moyens pour agir contre les hommes nouveaux, les conceptions imaginées pour arriver à détruire, au profit de l'État, les fortunes colossales enfantées par le système, étaient aussi extraordinaires que le système lui-même, tant sous le rapport de l'étendue des capitaux en jeu que de l'irrégularité des procédés mis en œuvre. Le visa fut digne du système ; l'âme de ce dernier fut de procréer des richesses par le crédit, l'esprit du second fut de faire retour à ce qui existait avant le système, comme si ce dernier n'avait pas vu le jour.

Nous n'avons pas besoin de dire combien fut terrible l'effet produit par cet arrêt. Ces immeubles, ces contrats hypothécaires, ces rentes particulières, que l'on se flattait de voir échapper au visa, y rentraient en dépit des propriétaires ou ayants droit. Le lecteur croira peut-être que c'en était fait des mississipiens, des hommes nouveaux, et que toute leur fortune dut y passer ; il se tromperait. Les espèces d'or et d'argent échappèrent aux frères Pâris ; ici s'arrêta leur pouvoir, pouvoir immense, d'ailleurs ; les métaux précieux et effets mobiliers exceptés, un inventaire de l'actif de tous les citoyens fut dressé, et cet actif réparti par arrêt selon leur bon plaisir. Ajoutons que, cependant, cette colossale entreprise se fit avec un ordre merveilleux ; pour la comptabilité, le célèbre lyonnais Barrême, dont nous avons eu déjà occasion de parler plus haut, présida aux travaux ; quant à l'esprit général en vertu duquel tout le mécanisme du visa marcha avec un ensemble et une suite merveilleuse, il faut en rapporter le mérite aux frères Pâris, à Pâris-Duverney surtout, le plus remarquable des quatre, et nous sommes contraints d'avouer que le système rencontra en lui un ennemi digne de Law.

Malgré la fermeture définitive des registres le 31 août, malgré l'amende de 3 000 livres infligée aux négociateurs de papiers annulés, ces derniers, par un mystère qui n'a pas été assez expliqué, valaient plus depuis le 1ᵉʳ septembre que précédemment.

En outre, beaucoup de réaliseurs prévoyants, possédant des espèces d'or et d'argent, les firent, pour plus de sûreté, passer à l'étranger au moyen de subterfuges plus ou moins bien imaginés ; eux-mêmes ne tardèrent pas à les rejoindre, et c'est ainsi que nos voisins du Nord et de l'Est profitèrent de la violence des actes du pouvoir pour s'enrichir de capitaux qui, pour être alors sous la forme de métaux précieux, n'avaient pas moins leur utilité. Enfin, certains parvinrent par des moyens de corruption à éliminer, des actes envoyés par les notaires, ceux qui les concernaient.

Si quelques enrichis de fraîche date arrivèrent à soustraire, d'une manière ou de l'autre, leurs biens aux investigations des commissaires du visa, par compensation d'autres, ruinés depuis, ou ne possédant que du papier, se virent l'objet de poursuites rigoureuses résultant de l'application du visa.

En effet, hasard ou prévoyance, beaucoup de Mississippiens firent faire leurs opérations, emprunts à la Banque, conversions ou souscriptions de titres, etc., par des tiers, généralement les intermédiaires favorisés de leurs ordres. Des agents de change furent dans ce cas, et les commissaires du visa, voyant à côté des noms de ces mandataires de sommes en titres ou espèces ne manquèrent pas de les coucher sur les listes des Mississippiens, tout comme s'ils avaient agi pour leur compte personnel. Comment, en effet, démêler la vérité, l'intérêt personnel s'opposant à ce qu'elle fût complètement connue ? Aussi, au lieu d'hommes nouveaux enrichis par le système et offrant une surface, le conseil n'eut souvent devant lui que de pauvres diables offrant l'application la plus exacte du proverbe « Où il n'y a rien, le Roi perd ses droits. »

Malgré toutes ces difficultés, toutes ces imperfections, l'opération du visa marchait ; le 26 janvier il avait été décidé ; les registres de dépôts de titres mobiliers étaient fermés depuis le 31 juillet, délai fatal. Le 14 septembre, les notaires avaient été sommés de concourir à cette opération par le dépôt de pièces utiles ; le 23 novembre, enfin, les bases sur lesquelles on établit la reconnaissance des titres de papier furent promulguées.

La masse des titres présentés au visa fut divisée en deux parts : les actions non rentières de la Compagnie des Indes, – et toutes les autres valeurs faisant précédemment titre, soit contre l'État, soit contre la Banque, soit même contre la Compagnie des Indes. Cette dernière catégorie arrive au chiffre de 2 222 557 491 livres, et 125 024 actions furent l'importance de la première[66].

Le visa réduisit les 2 222 597 491 livres d'effets de la première sorte à 1 700 733 294 livres, et les 125 024 actions de la Compagnie des Indes à 55 734 2/3 7/10. Mais en déduisant les récépissés de dépôt non présentés lors du retrait des pièces visées, savoir : 39 074 940 livres pour la première catégorie et 253 actions pour la seconde, on arrive à 1 661 658 354 livres, et 55 481, 2/3 7/10 actions engageant, soit le Roi, soit la Compagnie. Sur cette somme, près de 450 millions de livres résultant de 251 590 parties de 500 livres ou d'une action et au-dessous ne subirent aucune réduction.

Le chiffre de 1 661 658 354 livres n'est pas rigoureusement celui dont l'État resta débiteur ; ni 55 481 2/3 7/10 le nombre d'actions ayant droit à l'actif de la Compagnie des Indes et aux bénéfices résultant de ses opérations. Il faut à la première somme ajouter 14 843 477 pour les dépôts des consignations et des saisies réelles qui, ayant été portées au Trésor royal en billets visés, avaient été converties en récépissés pour être placées en rentes, et du résultat retrancher 62 590 350 livres pour les certificats de liquidation qui restèrent dans le public et furent annulés faute d'avoir été placés dans les débouchements dont nous parlerons plus loin ; on arrive ainsi à 1 613 911 481 livres, qui est la somme définitive. De la seconde il faut retrancher 165 actions 2/3 et 1/10 restées dans le public et annulées faute d'avoir été présentées, après le visa, à l'échange que fit la Compagnie de nouveaux titres contre les anciens ; de la sorte, le nombre d'actions avec lequel la Compagnie dut compter fut réduit à 55 316 et 6/10.

Tels sont les résultats en chiffres de la réduction opérée par le visa. Cette réduction fut loin d'être proportionnelle ; nous avons déjà vu que 251 590 parties représentant au maximum 500 livres ou une action furent intégralement admises et qu'elles montaient à un capital d'environ 450 millions. Le restant fut inégalement apprécié.

La totalité des 2 222 597 491 livres fut répartie en cinq classes, avec de nombreuses divisions et subdivisions (quarante en tout) ; cette répartition eut lieu en raison de l'origine déclarée ou supposée des titres présentés, et la réduction s'opéra, pour chaque origine, en vertu de la nature du titre présenté. À cet effet, on distribua ainsi ces derniers :

Rentes perpétuelles sur l'Hôtel de ville ;

Rentes viagères sur l'Hôtel de ville ;

Rentes provinciales sur les tailles ;

Billets de banque de 10 000 liv. et au-dessus ;

– Billets de banque de 6 000 à 10 000 livres ;

– Billets de banque de 2 000 à 6 000 livres ;

– Billets de banque de 500 à 2 000 livres ;

– Billets de banque de 500 liv. et au-dessous ;

Rentes viagères sur la Compagnie des Indes ;

Certificats pour écritures en banque (comptes courants) ;

Actions rentières (obligations) de la Compagnie des Indes ;

Coupures de 1 action et au-dessous de la Compagnie des Indes ;

Coupures de 1 à 2 actions de la Compagnie des Indes ;

Coupures de 2 à 3 actions de la Compagnie des Indes ;

Coupures de 3 actions et au-dessus de la Compagnie des Indes.

Ainsi, chacune des quarante subdivisions des cinq classes résultant de l'origine de la possession donna lieu à quinze cas possibles de répartition selon la nature du titre possédé ; cela eût fait 600 proportions de réduction sans les chiffres identiques, qui, par leur nombre considérable, réduisaient à quinze taux différents seulement les proportions diverses de réduction appliquées pour chaque dossier à chaque cas séparé. Les chiffres extrêmes de ces quinze taux étaient l'admission intégrale et l'annulation totale du titre. Le premier taux s'appliqua, comme nous l'avons dit, aux petits détenteurs ; en outre, on l'étendit aux porteurs de rentes sur la ville et sur les tailles compris dans les deux premières classes et partie de la quatrième. La cinquième classe fut la plus maltraitée ; on y relégua les effets et actions dont les porteurs n'avaient pas déclaré l'origine ou qu'ils avaient déclarés provenant de profits par eux faits sur le papier et les actions trouvées sous scellés ; à part ces dernières, auxquelles on appliqua la proportion la plus favorable, toutes les autres parties de cette classe furent réduites des dix-neuf vingtièmes : cinq pour cent, voilà ce que la justice distributive du visa reconnu aux porteurs de bonne foi qui, ayant fait un bénéfice par la spéculation, étaient loyalement venus remettre leurs titres entre les mains des commissaires du visa : et encore il fallait que ce bénéfice ne fût pas représenté par des actions, car ces derniers titres, constatés en leurs mains, étaient frappés de nullité absolue par l'arrêt de répartition. Les déposants de bonne foi étaient-ils donc condamnés à payer pour ceux qui avaient convertis leur papier en propriétés, en contrats particuliers ? C'est ce que le public put croire pendant quelque temps encore ; mais tout esprit perspicace dut penser que la persécution financière n'était pas finie, puisqu'on avait requis des notaires et tabellions des pièces dont on n'avait tiré qu'un parti fort limité jusqu'alors.

Un an après que l'arrêt qui ordonnait aux notaires et tabellions d'envoyer à la commission du visa les extraits d'actes, de contrats, etc., déposés dans leurs études, parut un autre arrêt destiné à compléter l'édifice des frères Pâris et à utiliser les pièces déposées l'année précédente. Le 15 septembre 1722, le conseil d'État ordonna à titre de supplément de capitation extraordinaire la levée d'une taxe sur les propriétés immobilières possédées par les Hommes nouveaux. Cette taxe que l'on put payer en certificats de liquidation, produisit, 187 893 661 livres, résultant de quatre classes d'imposés. La première s'appliqua à 46 personnes, dont 9 reconnues comme prête-noms ou mandataires, et 37 possédant de 15 à 80 millions de fortune ; la seconde était de 91 noms ; la troisième de 39 et la quatrième de 79. Voici par classe, la somme produite par la taxe :

1re classe	46 noms	117,650,211 livres	
2e —	91 —	58,642,576	—
3e —	39 —	7,109,336	—
4e —	79 —	4,491,538	—
Totaux..	255 noms	187,893.661 livres	

Des faveurs, nous dirions des passe-droits, si la mesure dont nous parlons n'était pas une vraie spoliation faite sous le couvert de la loi, diminuèrent ce total et amenèrent la radiation de quelques noms.

Nous n'entrerons pas davantage dans des détails qui, pour nous, n'ont plus l'intérêt qu'ils avaient en 1721 pour des hommes nouveaux les Mississippiens, objets de l'animadversion trop accentuée des frères Pâris. Contentons-nous de dire que le visa coûta en frais administratifs 9 045 874 livres, ce qui constitua pour la nation une perte réelle à ajouter à celles précédemment faites par un entraînement, aussi exagéré dans un sens qu'il l'avait été dans l'autre, de l'esprit qui dirigeait les finances publiques et qui réagissait sur les affaires particulières.

Nous n'examinerons pas avec Dutot et son contradicteur Pâris-Duverney, si l'État gagna ou perdit à cette vaste, mais terrible opération ; le pays y perdit, c'est là un fait incontestable et c'est le principal pour nous, c'est même, à nos yeux, le seul point intéressant. Il y perdit au point de vue de la morale ; il y perdit au point de vue de la richesse sociale. Le sens moral fut un peu plus émoussé après qu'avant toutes ces violences, toutes ces iniquités légales ; la richesse du pays s'amoindrit, car le crédit, fleur virginale, était ébranlé ; il l'était pour l'État vis-à-vis du public ; il l'était pour les particuliers entre eux. Aurait-on pu faire mieux que le visa, admis la situation faite par le Système et le départ de Law ? Nous n'en doutons pas[67]. Une liquidation de gré à gré, de la Banque et de la Compagnie de Indes vis-à-vis des tiers créanciers, un sacrifice volontaire de ces derniers, une reconnaissance par l'État, pour les titres garantis par lui, du chiffre que cette convention eût fixé, tout cela, malgré les difficultés que l'on eût éprouvées, les lenteurs que l'on eût essuyées, eût mieux valu que cette exécution en partie double, faite avec ordre et discipline, mais sans pitié pour les cris des ayants droit, les étouffant à coups d'arrêts, les comprimant à coups de plat de sabre.

Après avoir fixé le sort de chaque détenteur de papier, ou mieux de chaque titre, et établi que, à part les actions de la Compagnie des Indes, tous les autres titres seraient créances du Roi, il fallut offrir à ces titres un emploi, un débouchement, établir les conditions de leur existence, celles en vertu desquelles le roi entendait satisfaire à ces créances, intérêt et capital. Un premier arrêt, celui du 13 janvier 1722, autorisa le public créancier à échanger ses certificats de liquidation contre ce qui restait à remplir des quatre millions de rentes viagères sur les aides et gabelles créées au denier 25, soit une livre de rente pour 25 de capital, par édit d'août 1720.

À ce moment, un second arrêt, 19 mars, décida la création d'une institution dite Caisse des remboursements pour servir de centre aux différents fonds destinés à payer les arrérages ou le principal de la dette de l'État ; le Roi se réservait de pourvoir au mode de remboursement par un règlement qui ne fut, croyons-nous, jamais établi. Cette caisse, qui est le premier essai en France d'une caisse d'amortissement, devait recevoir, aux termes d'un autre arrêt du 22 mars suivant, le montant de certains droits que nous avons lieu de croire peu productifs. En tout cas, tout nous fait présumer que cet essai en resta là et que, soit faute d'expérience, soit besoin d'argent, soit incurie, les arrêts des 19 et 22 mars ne furent jamais mis à exécution.

On revint donc au mode de débouchement dont l'arrêt précité du 13 janvier avait offert l'exemple, et une seconde décision du pouvoir, ordre du régent du 15 mais 1722, réitéré le 5 août suivant, admit les reconnaissances de liquidation à remplir la réduction des capitaux de rentes ; une troisième, édit de novembre, les admit à être reçues en acquisition de rentes viagères sur la ville au denier 25, jusqu'à concurrence de 100 millions de capital ; une quatrième, édit de juillet 1723, à être reçues en acquisition de rentes viagères sur les tailles au denier 25, et toujours pour un capital de 100 millions ; enfin, une cinquième, janvier 1724, à doubler cette création. Dans l'intervalle, on les avait admises à divers autres emplois : paiements d'offices municipaux (édit d'août 1722), paiements de surenchères de domaines engagés (arrêt du 3 octobre 1723), paiement du reste des taxes de la chambre de justice de 1716 (arrêt du 19 octobre 1722), acquisitions de lettres de maîtrises d'arts et métiers (novembre 1722) ; enfin, par deux arrêts des 21 juillet et 12 août 1723, il fut ordonné que les officiers dans les hôtels des monnaies et les changeurs établis dans les villes et bourgs où il n'y aurait pas d'hôtels de monnaies, recevraient un huitième en certificats de liquidation et sept huitièmes en matières d'or et d'argent, pour l'exécution de la refonte des monnaies décidée par édit de septembre 1720.

Revenons à la Compagnie des Indes. On a vu que, dans l'opération du visa, les frères Pâris n'avaient laissé à la charge de la Compagnie que des actions, et encore en nombre fort réduit. Tous les autres papiers, billets de banque et actions rentières compris, devenaient, sous bénéfice de réduction, créances du Roi, c'est-à-dire de l'État. Il restait à fixer les conditions de cette Société. Après s'être montré fort mal disposé à l'égard de son mode d'existence, avoir même fait craindre pour sa durée, le pouvoir se radoucit, limita les actes de persécution aux individus et rétablit l'institution commerciale que Law n'aurait plus reconnue s'il était revenu en France, tant on l'avait transformée, sur des bases possibles, même relativement fructueuses. Mais résumons en chiffres ces dispositions nouvelles.

Parlons d'abord de la fixation du nombre des actions. L'arrêt du 23 novembre 1721 les réduisait à 50 000. Reconnaissant l'insuffisance de ce chiffre, on le remonta, par arrêt du 22 mars 1723, à 56 000, dont, en réalité, il resta à la souche 683 actions 4/10 provenant, soit de l'absence d'ayants droit, 264 actions 13 3/10, soit de l'annulation des certificats non retirés ou non présentés, 418 actions 2/3 1/10. Il y eut donc en circulation 55 316 actions et 6/10, auxquelles fut attribuée la possession intégrale de l'actif de la Compagnie des Indes.

Quant au capital possédé par cette Compagnie, il fut reconstitué de la manière que nous allons indiquer. Nous ne parlerons pas de l'édit de juin 1725, portant confirmation des privilèges de la Compagnie, il en sera question autre part, quand nous reprendrons son histoire pour la continuer jusqu'à sa liquidation, en 1769 ; mais de l'édit du même mois pour la décharge et libération de la Compagnie des Indes. En vertu de cette décision, qui reconnaît que la Compagnie avait perdu 1 470 millions effectifs, par les opérations émanées du pur mouvement du roi, ou plutôt du régent, principalement par l'achat ou conversion d'actions en billets de banque, le roi accordait à la Compagnie le bénéfice des réductions arrêtées par le conseil sur tous les effets mobiliers qui avaient été rapportés aux caisses du visa et remis aux préposés de la Compagnie, plus 583 millions en ordonnances sur le Trésor royal, moyennant quoi tout le passif était éteint, et la Compagnie obtenait décharge de toutes les opérations de la Banque, et principalement de tous les billets de banque ainsi que de tous les effets faisant titre contre elle et retirés ou annulés par le visa.

Grâce à ces dispositions, la réconciliation de la Compagnie avec le roi fut complète, et elle n'eut qu'à gagner par la suite à cette bonne entente. C'est à cette sorte de reconstitution que faisait allusion, par anticipation, l'arrêt de séquestre du 7 avril 1721, lorsque dans son préambule il parlait de l'établissement d'une nouvelle Compagnie ; le public alors ne le comprenait pas ainsi.

Le 6 novembre 1722, on procède solennellement au brûlement de tous les papiers résultant du visa, bordereaux, registres, dossiers, etc. Ce fut la dernière opération des cinquante commissaires chargés, par l'arrêt du 7 décembre 1721, de procéder à la répartition et à la fixation des créances sur l'État et des parties prenantes au dividende de la Compagnie des Indes. Ce brûlement s'opéra dans la cour de l'hôtel de Nevers actuellement la Bibliothèque nationale. On y construisit une cage enfer de forme cubique, ayant des barreaux d'un pouce d'épaisseur, dans laquelle on entassa tous les papiers à détruire ; le feu dura plusieurs jours[68]. Deux ans auparavant, que de richesses circulaient dans ce palais, que de spéculateurs traversaient à pas pressés cette même cour, où, ce jour-là, on s'efforçait d'effacer toutes traces du système, tout signe représentatif de la richesse que Law avait cru créer !

Vaines tentatives ! l'homme ne peut revenir sur les faits accomplis ; il peut tâcher par des équivalents de réparer l'effet de ses fautes ; mais reconstituer ce qui existait, ce que l'on a renversé, faire que tout soit identiquement comme si ce bouleversement n'avait pas eu lieu, c'est de la présomption, de la folie.

Dans le domaine des idées, des mœurs financières, par exemple, quelle transformation par l'arrivée de Law au pouvoir ! Le titre au porteur est créé, il circule, et d'autant plus facilement qu'il est anonyme ; cependant ce titre représente de la richesse ; de la richesse circulant comme l'or et l'argent ! Nous qui sommes habitués à cet état de choses, cela nous paraît naturel, on ne peut vivre sans cela. Mais reportons-nous au temps de Law, voyons, d'après l'esprit de la magistrature de nos jours, voyons ce que devait être l'esprit des administrateurs de cette époque, ce que devait être l'ignorance du public, et affirmons maintenant comme démontré que la vulgarisation des titres au porteur faite par Law fut, à elle seule, une vraie révolution. De là date réellement l'accroissement, presque la naissance de la richesse mobilière en France.

Comme suite des titres au porteur, nous voyons l'expansion des spéculations rapides à terme ou au comptant, l'habitude des opérations de crédit, l'élargissement des idées en matières de finance. « À cette époque, dit Mercier dans son tableau de Paris, tombèrent une foule d'idées rétrécies ; tout fut assujetti à un calcul nouveau. »

L'effet des idées de Law fut immense ; certes, ces opérations produisirent un grand trouble dans la répartition des richesses sous Louis XV ; il y eut, par suite, une grande déperdition, mais ce sont là des malheurs individuels, des pertes locales, des misères temporaires ; ce qui resta, encore une fois, ce fut l'influence que la richesse mobilière commença à exercer dans notre pays.

Nous ne traiterons pas le côté politique de la question, bien que l'on puisse voir en Law un de ceux qui, comme Turgot plus tard, prévoyaient la nécessité de la liberté politique et de l'égalité de droits ; mais, en se restreignant au côté économique de la question, on voit poindre, dès cette époque, la reconnaissance des droits du travail ; les bases du crédit, bien que l'on abuse de ce ressort, sont posées ; la société par actions se popularise ; elle s'améliorera certes, mais elle existe, non plus chez quelques gros particuliers, mais au sein des masses. On saisit dès ce moment, les fausses opérations de Law donnant, à cet égard, une leçon un peu chère, la différence entre les titres à conditions fixes (fonds publics et obligations, appelées à cette époque actions rentières), et ceux à conditions variables (actions de société). L'éducation du peuple est utile ; elle permet aux gouvernements de rester fructueusement dans les limites du droit ; on pourra craindre encore que l'État ne fasse banqueroute, mais ce ne sera plus (à une seule exception près, l'abbé Terray), ce ne sera plus un expédient financier, comme sous Louis XIV ; ce sera une triste nécessité.

Quant à la pratique des opérations de spéculation, les Français, jusqu'alors si arriérés en matière de bourse, surent, en peu de temps, conquérir, sous un aussi habile général que Law, leur grade ès agiotage, et les Hollandais comme les Anglais trouvèrent bientôt leurs maîtres, là où ils n'avaient, peu de temps auparavant, que des leçons à donner.

Les mœurs financières subirent, il est vrai, durant le séjour de Law en France, une modification profonde qui ne s'effaça qu'avec le temps. Avec cette mobilité qui est spéciale au caractère français, le culte des intérêts matériels (pour employer une expression de nos jours) prédomina de la manière la plus positive ; la fortune fut un but que l'on tenta d'atteindre par tous les moyens, fort souvent sans égards pour le devoir, la délicatesse ou l'honneur ; gagner promptement et éblouir autrui par son luxe, par son faste, était l'ambition de chacun : peu y résistèrent. Dans tous les rangs, dans toutes les conditions, le branle était donné ; à la cour, les princes du sang, oublieux de leur nom, de leur dignité, se laissèrent aller, un seul peut-être excepté, le duc du Maine, à fléchir le genou devant le veau d'or. Le duc de Bourbon, plus tard premier ministre, et son frère, le comte de Charolais, arrière-petits-fils du grand Condé, le prince de Conti, petit-neveu du héros, le comte de Toulouse, fils légitimé de Louis XIV, tous ces seigneurs de sang royal abaissèrent leur orgueil devant l'Écossais, que le régent traita d'ami même après sa chute (disons-le à sa décharge) ; les noms les plus illustres de la noblesse française figurent sur la liste des mississipiens enrichis ; non de ceux qui durent rapporter, – ils surent se faire exempter du visa et de la capitation extraordinaire, – mais de ceux sur qui tombèrent les grâces financières de l'auteur du système. Les femmes elles-mêmes, qui, en France, sont reines dans quelques conditions qu'elles soient nées, renversant les rôles, firent leur cour au flegmatique Law ; et ce ne furent pas de simples bourgeoises qui agirent ainsi, mais bien les dames de la cour les plus haut titrées comme les maîtresses en nom de la plus haute noblesse.

Le clergé qui, plus que tout autre ordre, avait pour devoir de donner l'exemple et d'être le refuge des sentiments désintéressés et élevés, fit comme tout le monde, et à un bal que donna la fille de Law, enfant de cinq à six ans, toute la haute société, noblesse, magistrature, armée, finances, fut témoin des hommages adressés par le nonce lui-même à la petite reine et du gracieux baiser qu'il lui donna. Or, cette petite fille était enfant naturel, Law ne s'étant jamais marié avec celle qu'il présenta comme sa femme légitime, et que l'on admit comme telle, quoique l'on sût fort bien le contraire.

Comment s'étonner, après cela, de l'enthousiasme que Law excitait dans la plus haute bourgeoisie et même chez les plus petits capitalistes ! D'ailleurs, en dehors de l'enthousiasme, il y avait la cupidité hautement surexcitée. Comment résister, dans un siècle si peu scrupuleux, à l'appât de fortunes colossales faites en peu de temps ? Doux à trois millions n'étaient rien ; dix à vingt peu de choses, quarante à cinquante commençaient à compter ; on vit des fortunes de 60 et même de 80 millions, et c'est en moins de deux ans qu'elles se firent ; il est vrai qu'elles s'évanouirent généralement aussi promptement.

Quelques réaliseurs, cependant, eurent l'adresse de sortir de France avec leur capital en or, et, de la sorte, se mirent à l'abri des opérations qui suivirent la chute du système ; mais ce fut l'exception, et la généralité, déviée par ses habitudes de luxe, de plaisirs, des conditions normales de la vie ordinaire, termina dans la misère une vie décolorée. Le clergé et la noblesse y perdirent le sens moral et l'honneur, et peu de caractères furent assez énergiquement trempés pour résister et conserver les traditions des temps passés et le dépôt sacré des lois de la morale. Comment s'étonner, d'ailleurs, avec la succession des mesures violentes et iniques que notre devoir, quelque dégoût que cela nous ait causé, nous a contraint d'énumérer, comment nous étonner d'un renversement de sens moral, si regrettable pour ceux qui envisagent le beau moral comme le premier bien auquel une nation peut et doit aspirer.

Soyons juste envers cette grande figure qui ne nous apparaît qu'à travers les écrits d'auteurs, en général légers et frivoles, ou ceux de panégyristes peu initiés aux lois de la science économique. La liberté du commerce par l'abaissement des barrières douanières à l'intérieur d'abord, à l'extérieur plus tard, l'unité de l'impôt, sa répartition proportionnelle entre toutes les individualités, la création du crédit public par l'uniformité du titre ; la fondation des banques d'escompte et de circulation en France, la perception des bienfaits de la mobilisation de la richesse, la création d'un ministère unique pour les finances du pays (ce fut la Compagnie des Indes qui en fit l'office), toutes ces idées et bien d'autres qui sont appliquées de nos jours, ou même que le progrès n'a pas encore réhabilitées, toutes ces idées se trouvent plus ou moins dans les actes et les paroles du remarquable financier. Oublions un instant les malheurs individuels que ses erreurs causèrent à cette époque, rappelons-nous seulement la lucidité merveilleuse de ses idées au milieu des flatteries dont l'entourèrent l'enthousiasme et la cupidité, la foi qu'il eut dans son système, foi qui fut cause, quand il quitta la France, qu'il tomba presque dans la misère par son imprévoyance de l'avenir, et étonnons-nous que notre siècle, qui a profité d'une grande partie des idées fécondes de ce grand financier, sans en avoir supporté les charges, soit aussi ingrat envers lui ; étonnons-nous que son nom ne rappelle que ruine et jamais bienfaits, que fautes et nullement progrès ; et qu'enfin dans ce Paris, qui fut témoin des actes de cette singulière époque, qui ne fut certes pas sans grandeur, son nom ne se trouve nulle part, son buste en aucun lieu ; à peine si son portrait figure à Versailles, et encore n'est-ce qu'à titre de curiosité historique, et non pour l'étendue de ses idées, l'importance de ses conceptions et la hardiesse avec laquelle il les sut mettre à exécution.

[63] Le billet de banque perdait, à ce moment, 90 %, et l'action ne valait plus que 200 livres espèces.

64C'est-à-dire de répondre de leur paiement.

65Déjà on avait, d'après les livres de la Compagnie des Indes et de la Banque, relevé l'état des emprunteurs sur dépôts d'actions pour établir la situation des déposants ; mais ceci était plutôt en faveur de ces derniers.

66Le 10 août, le nombre des dossiers de dépôt atteignait déjà 477 680, savoir : 107 936 pour Paris et 369 744 pour la province. Plus tard, le chiffre total des déclarations ou dépôts fut définitivement arrêté à 511 009.

Voici, par nature de dépôts, le détail des effets présentés :

Rentes perpétuelles...............	867.668.185 livres.
— provinciales.	32.499.270 —
— viagères sur la ville........	84.267.283 —
— — sur la Cie des Indes.	86.364.600 —
Billets de Banque.................	28.381 800 —
Actions intéressées (évaluation).....	820.214.100 —
Comptes en banque...............	253.938.309 —
Actions rentières.................	60.423.172 —
Total pour Paris........	2.233.786.719 livres.
Province (en bloc).......	826.687.722 —
Total général.. ..	3.060.474.441 livres.

67Forbonnais qui, en matière de finances, a droit de compter pour la netteté de ses exposés, la lucidité de ses raisonnements et la profondeur de ses jugements, est aussi de cet avis : « On pouvait recourir à des expédients moins violents et moins funestes par les traces qu'ils laissent dans la mémoire des hommes. Il ne s'agissait plus d'emprunts ou de traités usuraires faits par l'État, de doubles emplois dans les comptes de finances, d'imputer les intérêts excessifs sur les capitaux ; enfin le motif n'était plus à la suite d'une longue guerre qui avait jeté l'État dans un épuisement total, de composer d'une partie de la dette pour assurer l'autre. »

68On comprendra sans doute qu'une mesure de la nature du visa ait donné lieu à des actes de corruption et à des méfaits. Aussi nous surprendrons, sans doute, peu le lecteur, en lui apprenant que des détournements considérables firent condamner deux commissaires du conseil à avoir la tête tranchée, et les commis, leurs complices, à être pendus. Le roi commua la peine des uns et des autres après que restitution fut faite du produit des vols, celle des premiers en un exil et celle des autres en un bannissement.

La caisse d'escompte et les assignats

La liquidation de la Banque royale fondée par Law avait fait rentrer le public dans le droit imprescriptible d'émettre des billets de banque, et chacun put en créer sans opposition ; mais le souvenir du système était trop vif pour que l'on pût prendre confiance dans des papiers de cette nature, et, en fait, personne, individu ou compagnie, n'avait encore fait usage de cette faculté, quand parut un arrêté du Conseil d'État, daté du 1er janvier 1767, autorisant, sous le nom de Caisse d'escompte, une banque de circulation et d'escompte. On évita de lui donner le nom de Banque à cause de l'impopularité attachée à cette dénomination depuis le renversement du Système. Le capital de cette institution fut fixé à 60 millions, divisés en 60 000 actions de 1 000 livres, dont 40 000 seulement furent mises à la disposition du public ; le roi se réservait l'autre tiers. La durée de la société était limitée à dix années. Dans ses opérations était comprise l'obligation de faire l'avance de toutes les sommes assignées sur les revenus du Roi, sous la condition que ces assignations n'excéderaient jamais un an. Le taux d'intérêt de ces avances fut fixé à 4 % en temps de paix, et 5 % en temps de guerre, plus 2 % tenant lieu de toute indemnité, indépendamment des frais de voiture sur les rescriptions ; en un mot, cet établissement était destiné à faire l'office de Banquier de la cour. Le monopole de faire fabriquer des monnaies nationales en versant aux hôtels des monnaies des pièces étrangères lui était également attribué. Cette Compagnie n'entra pas, à vrai dire, en exercice ; elle languit deux années, et le 21 mars 1769 un arrêt du conseil la supprima.

Sous l'abbé Terray, une nouvelle Société fut projetée sans que ce trop célèbre contrôleur général pût se décider à l'approuver.

En 1776, un Suisse nommé Penchaud et un Écossais nommé Clouard, se concertèrent avec Turgot, alors à la tête des finances du pays, et jetèrent les bases d'une banque d'escompte et de circulation dont les statuts furent approuvés par un arrêt du Conseil d'État, en date du 24 mars 1776. C'est cette institution qui, sous le nom de Caisse d'Escompte (les mêmes motifs que ceux énoncés précédemment l'empêchant de s'appeler banque), fut le second établissement constitué en France pour l'émission de billets payables au porteur et à vue.

La forme légale donnée à cette Compagnie fut celle de société en commandite, la raison sociale étant Besnard et Ce.

Elle avait pour objet d'escompter des lettres de change et autres effets de commerce à un taux d'intérêt qui ne pouvait, dans aucun cas, excéder 4 %, de faire le commerce des matières d'or et d'argent, de se charger en recettes et dépenses des deniers, caisses et paiements des particuliers qui le désireraient, sans pouvoir exiger d'eux aucune rétribution, commission ou retenue quelconques et sous quelque dénomination que ce fût. La Caisse d'escompte ne pouvait, dans aucun cas, sous aucun prétexte, emprunter à intérêt ni contracter aucun engagement qui ne fût à vue ; elle s'interdisait tout envoi de marchandises, expéditions maritimes, assurances et commerce quelconque, hors celui précédemment énoncé. On se rappelle que la Banque générale de Law était, à peu près, soumise aux mêmes exceptions et interdictions.

Son capital fut arrêté à 15 millions de livres, divisé en 5 000 actions de 3 000 livres chacune. Sur ces 15 millions, 5 furent, dès les débuts, consacrés aux opérations de la Caisse d'escompte ; les dix autres devaient être prêtés à l'État. Mais cette dernière clause fut annulée peu de temps après (22 septembre 1776), et le Trésor remboursa à la Caisse d'escompte les sommes déjà versées par elle. Le capital fut alors réduit à 12 millions, formé de 4 000 actions de 3 000 livres, dont 2 500 émises dès 1776 et 1 500 en avril 1778 seulement. Le capital d'opérations fut donc de 5 millions du 1er juin au 22 septembre 1776, 7 millions 1/2 de cette dernière date au 16 avril 1778, et ensuite 12 millions jusqu'en 1783, comme nous verrons plus tard.

Un conseil d'administration composé de sept actionnaires, élu en assemblée générale, et participant aux bénéfices de la Caisse d'escompte, la régissait dans les termes ou limites de ses statuts. Remarquons cette bizarrerie : une Société en commandite gérée par des administrateurs irresponsables, le gérant légal répondant, lui seul, d'actes auxquels il ne coopère pas. À cette époque, l'esprit public, encore peu initié à la pratique et à l'usage des valeurs mobilières, ne comprenait pas bien la raison ni l'importance de la responsabilité des actes de gestion, et tolérait facilement cette fraude, en usage alors, de mettre un individu de peu de surface, un homme de paille, à la place de gérant responsable, les hommes importants par le talent ou les capitaux n'occupant que des postes sans responsabilité.

Les comptes s'arrêtaient semestriellement les 30 juin et 31 décembre, et les assemblées générales d'actionnaires chargées de les recevoir et d'en contrôler les résultats avaient lieu en janvier et en juillet.

Les statuts ne faisaient aucune mention de l'émission de billets payables au porteur et à vue, et tout porte à croire que le discrédit de ces sortes d'effets depuis la chute du Système ôtait toute crainte de concurrence, et ne faisait pas sentir la nécessité, aux termes des principes de l'époque (comme de la nôtre, hélas !), d'un monopole ; le droit commun continuait d'exister.

Remarquons que l'administration de la Caisse d'escompte était à la nomination des actionnaires, sans que l'autorité supérieure eût à s'immiscer dans l'exercice de ce droit.

Ces deux points constituent avec la Banque de France une différence essentielle dont la pensée n'échappera pas au lecteur. Aussi verrons-nous la Caisse d'escompte prospérer tant que l'État ne la contraindra pas à le secourir dans ses moments de détresse financière.

Les six premières années de l'existence de la Caisse d'escompte (1776 à 1782) furent assez calmes et prospères ; elles s'écoulèrent d'une manière normale, et il suffit pour s'en convaincre de jeter les yeux sur le tableau de ses opérations à cette époque[1]. On y verra le développement régulier de ses opérations ; l'importance de ses escomptes annuels a décuplé ; sa circulation et ses comptes courants réunis sont représentés, en dehors des effets en portefeuille, par une encaisse légèrement inférieure au tiers de leur total. Les répartitions aux actions se sont progressivement accrues, sans toutefois trop peser sur le commerce ; le taux de l'escompte, ne le perdons pas de vue, ne dépassant pas 4 %[2]. En temps de guerre seulement il peut être porté à 4 1/2 % (arrêt du Conseil du 7 mars 1779). D'ailleurs, n'étant pas favorisée d'un monopole (si faveur il y a), la Caisse d'escompte n'exclut pas la concurrence. Assurément voilà un établissement utile, et que l'on peut proposer comme un type, sinon parfait, néanmoins avantageux à imiter. Pourquoi, à partir de 1783, cessa-t-il de présenter ces conditions favorables ? C'est ce que nous allons voir.

D'Ormesson, contrôleur général dans un moment de pénurie, ne trouva rien de mieux que de demander 6 millions à la Caisse d'escompte, qui eut la faiblesse de les lui prêter. Pour ne pas perdre d'intérêt, cette dernière poussa à l'augmentation de sa circulation en billets, et se garda, de concert avec le contrôleur général, de rien dire de cette opération. Des indiscrétions la révélèrent avec cette exagération qui naît du défaut de publicité ; le public s'inquiète, et vient demander aux guichets soit le remboursement de ses billets, soit le règlement de ses comptes courants ; le numéraire s'écoule[3], et la Caisse d'escompte est contrainte, en septembre 1783, de suspendre le remboursement à vue de ses billets, ce à quoi l'autorise un arrêt du conseil du 27 septembre, qui lui permet de ne les rembourser qu'en effets de commerce bonifiés de l'escompte pour le nombre de jours restant à courir. Les billets obtinrent la triste faveur du cours forcé, et leur remboursement en espèces fut reculé au 1er janvier 1784. À ce moment, l'encaisse n'atteignait pas le septième de la circulation, sans parler des comptes courants. Les effets malheureux de cette première atteinte au crédit de la Caisse d'escompte furent rapidement conjurés par les premiers actes financiers de M. de Calonne. Ce nouveau ministre fit connaître au public la situation solide de la Caisse d'escompte, et lui remboursa les 6 millions empruntés, cause de toute cette émotion. Ces mesures sages permirent à cet établissement de crédit de reconquérir dans l'opinion publique son ancienne place, et de renoncer à la faculté de surséance du remboursement de ses billets. Un arrêt du conseil du 23 novembre révoqua celui du 27 septembre, de sorte que l'état de suspension de la Caisse d'escompte ne dura pas deux mois. Le public l'oublia bien facilement, et, ce qu'il y a de plus regrettable, de Calonne ne profita pas de cette leçon donnée à son prédécesseur.

Quelques mesures furent, en outre, prises pour donner plus de solidité à cette Compagnie. Le capital fut d'abord augmenté de 3 millions, au moyen de l'émission de 1 000 actions nouvelles. Ensuite l'importance de l'émission de billets, ajoutée à celle des comptes courants, ne dut pas excéder trois à quatre fois le montant de l'encaisse métallique. Puis, on institua une réserve formée de la moitié des bénéfices nets excédant les intérêts à 5 % par an du capital des actions ; cette réserve fut destinée à parfaire ces intérêts, quand les bénéfices nets de l'exercice ne permettraient pas de les servir aux actions. Chaque fois que la réserve atteindrait 3 millions 1/2, 2 millions 1/2 en seraient distraits pour augmenter le capital social. Cette capitalisation de bénéfices était sans retour, même dans le cas où l'insuffisance des revenus annuels ne permettrait pas de satisfaire aux intérêts statutaires des actions. Il fut enfin interdit à cette institution d'escompter des effets de commerce revêtus de moins de trois signatures, ou à plus de quatre-vingt-dix jours d'échéance.

Les quatre années suivantes s'écoulèrent assez paisiblement ; cependant, ce que les rapports ne disent pas, c'est que, depuis 1778, l'esprit de l'administration de la Caisse d'escompte éprouva une modification sensible ; elle favorisa moins le commerce que la Banque, par le choix du papier accepté, et se mêla même plus directement qu'elle n'eût dû le faire, bien que ne sortant pas de la lettre de ses statuts, aux opérations de la Bourse, qui, à partir de 1785, furent très actives, sinon fiévreuses. Ajoutons que l'influence de M. de Calonne, dans cette funeste tendance, ne fut pas sans importance, et nous verrons où la conduisit, dans le courant de 1787, cette politique financière.

Si, en attendant, on jette les yeux sur le tableau de ses opérations, donné plus haut, on se convaincra que le public avait complètement oublié la suspension de 1783. La circulation touchait 100 millions.

La Banque de France, elle aussi, mit dix années, 1800 à 1810, à atteindre ce chiffre pour sa circulation ; mais, ne l'oublions pas, elle avait, en 1810, un capital de 90 millions et escomptait annuellement au commerce pour 715 millions de lettres de change. Or, la Caisse d'escompte, au capital restreint de 15 millions, n'escomptait pas moins de 400 millions d'effets par an. On peut donc dire que, de 1776 à 1786, la Caisse d'escompte vit sa circulation s'augmenter beaucoup plus rapidement, eu égard à ses ressources et ses opérations, que la Banque de France, de 1800 à 1810. C'était un danger ; l'avenir le prouva bien.

Cette faveur suggéra à de Calonne une pensée malheureuse : celle de faire tourner au profit de l'État le crédit de la Caisse d'escompte. Il projeta d'augmenter son capital social, d'étendre le cercle étroit de sa clientèle, et, là était l'important pour le ministre, de l'astreindre au dépôt d'un cautionnement dans les caisses du Trésor. Ce qui fut proposé, fut fait. Le capital de 15 millions fut porté à 100 ; on créa à cet effet 25 000 actions au capital nominal de 4 000 livres ; 5 000 furent échangées, titre pour titre, contre les 5 000 anciennes sans nouveau versement (on se rappelle qu'elles n'étaient qu'au capital de 3 000 livres) ; 10 000 furent attribuées aux porteurs de ces 5 000, sur la base de deux nouvelles pour une ancienne et au pied de 3 400 livres chacune ; les 10 000 autres furent offertes au public, qui les souscrivit, au pied de 4 000 livres chacune.

De la sorte, la Caisse d'escompte reçut, du fait des nouvelles actions, 80 millions qu'elle employa : 10 millions à augmenter son fonds de caisse et 70 millions en un prêt à l'État (sous couleur de cautionnement), à l'intérêt fixe de 5 % par an, payable de 6 mois en 6 mois, à partir du 1er janvier 1787. À dater du 1er juillet de la même année, on put escompter des effets jusqu'à 180 jours, six mois de terme ; le taux de l'escompte était fixé à 4 % pour les effets jusqu'à 60 jours ; 4 1/2 % pour ceux de 61 à 120 jours, et 5 % pour ceux de 121 à 180 jours de durée. Le nombre des administrateurs, de 13 (1778), fut porté à 18 ; enfin un privilège exclusif de 30 ans fut accordé à cet établissement ; on se rappelle que, jusqu'alors, aucune mesure de ce genre ne mettait la Caisse d'escompte à l'abri de la concurrence, au point de vue de l'émission des billets. Voilà donc la Société en commandite Besnard et Ce devenue, de par la loi, banque unique et privilégiée. La conséquence du cautionnement de 70 millions versé dans les caisses du Trésor, fut la suppression de la réserve.

Cette modification essentielle des bases constitutives de cette institution de crédit fit illusion au public ; actionnaires ou non, on souscrivit rapidement les actions offertes par la Caisse d'escompte ; le cours monta à 12 440 livres par 4 000 nominal, et le 18 juin 1787, les 70 millions furent versés dans les mains du contrôleur général, qui n'était plus de Calonne, ni même Bourvard de Fourqueux, son successeur, mais bien Laurent de Villedeuil, serviteur obéissant de Loménie de Brienne, chef du Conseil royal des finances.

Cependant, en août 1787, sans aucune raison apparente et au milieu de l'affermissement du crédit de la Caisse d'escompte, les porteurs de billets se présentèrent en foule aux guichets de cet établissement, et, en peu de jours, 33 millions sortirent, de la sorte, des caisses de cette institution. Cependant la situation de la caisse était bonne, le portefeuille garni d'excellents effets remboursables à court terme et, sans les 70 millions prêtés au Trésor, la Caisse d'escompte était entièrement en mesure de faire face à toutes les difficultés du moment.

L'administration de cet établissement le comprit et elle alla visiter Loménie de Brienne, qu'elle trouva en train de rédiger un arrêt de suspension du remboursement des billets analogue à celui de 1783. Les directeurs de la Caisse d'escompte tinrent, en cette occasion, une conduite digne d'éloges. Ils parlèrent avec fermeté au chef du Conseil des finances, ne consentant à la suspension du remboursement des billets qu'après liquidation totale du prêt de 70 millions, prêt consenti à titre de cautionnement, et en cette qualité seulement ; Loménie de Brienne céda ; les espèces passèrent des mains du trésorier de l'État à celles du caissier de la Caisse d'escompte, et le 28 août, le remboursement, retardé par des procédés dilatoires, mais non suspendu, fut repris avec toute l'activité que pouvaient désirer ceux qui se présentaient. La crise passa promptement, la confiance, ébranlée sans cause, revint rapidement, et le crédit de la Caisse d'escompte brilla d'un nouvel éclat.

Cela ne devait pas durer. Un Trésor obéré, besogneux, est un mauvais dépositaire. On ne le vit que trop lorsque fut rendu l'arrêt du 16 août 1788, qui autorisait les caisses du Trésor à payer aux créanciers de l'administration des finances deux cinquièmes en numéraire, et les trois autres en billets à intérêt. La Caisse d'escompte fut bien, il est vrai, le 18 août, exceptée de cette déplorable décision, quant à ce qui concernait son cautionnement ; mais, le même jour, un arrêt du conseil, auquel l'administration de la Caisse d'escompte fut tout à fait étrangère, dont elle n'eut même connaissance que lorsqu'elle le vit apposé sur sa porte, un arrêt du conseil autorisait cet établissement à rembourser ses billets en effets de son portefeuille. C'était intéresser la Caisse d'escompte à la suspension de ses paiements. L'effet de cette mesure sur le public fut des plus regrettables.

L'arrêt de suspension facultative du remboursement des billets, l'arrêt de surséance, comme on l'appelait, était plutôt dans l'intérêt du Trésor que dans celui de la Caisse d'escompte ; le premier autorisait la seconde à user de la faculté d'atermoiement, afin de pouvoir lui-même se servir de ce procédé vis-à-vis de sa créancière.

La Caisse d'escompte s'attacha néanmoins, il faut lui rendre cette justice, à ne pas se servir d'une faculté qu'elle n'avait d'ailleurs point sollicitée ; mais elle luttait héroïquement contre une difficulté insurmontable. Le Trésor ne l'accablait de ses faveurs aux dépens du public (privilège de trente ans, arrêt de surséance) que pour la faire servir à ses besoins. Le second ministère de Necker débuta par la demande d'un prêt secret de 15 millions sur valeurs du Trésor royal ; ce prêt fut renouvelé à son échéance, et bientôt d'autres secours du même genre vinrent s'ajouter à son chiffre. Ainsi, en janvier 1789, la Caisse d'escompte prête à l'État, par un vote d'enthousiasme, il est vrai, 25 millions au moyen d'un appel de 1 000 livres par action ; en avril suivant. 10 millions ; en mai et septembre, 12 millions à chaque fois ; puis, régulièrement, six millions par mois. Toutes ces opérations, à l'exception du prêt de 25 millions, étaient secrètes ; à peine si, les États généraux réunis, quelques députés favorables au gouvernement en eurent connaissance.

Cette situation ne pouvait se maintenir[4] : le secret ne devait pas tarder à être divulgué ; déjà Mirabeau, l'ardent ennemi de la Caisse d'escompte, Mirabeau s'en doutait ; il fallait donner à cet état de choses une forme légale et, s'il se pouvait, rassurante. C'est ce que tenta Necker en déposant sur la tribune, le 16 novembre 1789, un projet de banque nationale émettant, sous la garantie de l'État, 240 millions de billets, et prêtant au Trésor ces 240 millions, de telle façon que la nation ne garantirait que le remboursement de sa dette.

Le capital devait être porté à 150 millions. Attaqué avec fougue par Mirabeau, défendu avec calme par Dupont (de Nemours)[5], ce projet passa dans ses principales dispositions. La Caisse d'escompte continua à être créancière de l'État pour les 70 millions primitifs déjà versés sous prétexte de cautionnement ; en outre, on lui délivra 170 millions d'assignats (bons du Trésor portant intérêt ; ne pas confondre avec le papier-monnaie qui lui succéda), contre lesquels elle versa au Trésor une pareille somme en billets, sous déduction des avances (90 millions) faites au Gouvernement depuis le second semestre 1788 ; enfin elle augmenta de moitié le nombre de ses actions en délivrant par chaque action ancienne une demi-action nouvelle contre un versement de 1 600 livres. Quoique les actions anciennes fussent au versement total de 4 000 livres (les 1 000 livres supplémentaires appelées en janvier 1789 étaient représentées par une reconnaissance spéciale, distincte des titres d'actions), et les nouvelles de 3 200 livres seulement, néanmoins les unes et les autres eurent identiquement les mêmes droits au dividende semestriel.

La dette de l'État, 240 millions, fut établie de la manière suivante :

Les 70 millions versés en juin 1788 devaient porter intérêt à 5 % ; 3 % par an étaient, en outre, destinés à amortir en vingt ans le capital de cette créance.

Les 170 autres millions étaient représentés par des assignats (assignations sur le Trésor), portant 5 % d'intérêt[6], et remboursables : 30 millions en 1790, sur le pied de 5 millions par mois, à partir du 1er juillet 1790, et le reste à raison de 10 millions par mois durant les quinze mois suivants.

Un nouveau décret du 21 décembre 1789 recula jusqu'en 1791 les premiers remboursements à faire. En attendant, les billets de la Caisse d'escompte avaient cours forcé.

Cependant, remarquons que la Caisse d'escompte n'usa pas constamment du droit que lui conférait l'arrêt de surséance. Jusqu'au 28 novembre 1789, à peine si elle avait mis en œuvre les petits expédients au moyen desquels les banques de circulation cherchent, dans les moments difficiles, à épuiser légalement la patience des porteurs de billets. À partir du 28 novembre, les besoins de numéraire devenant plus intenses, le nombre des porteurs à rembourser fut limité à 300 par jour, et encore fallut-il se munir d'une autorisation du lieutenant du maire, désignant le jour où la Caisse d'escompte était tenue de payer. Le public n'obtint plus que 60 à 80 permissions par jour. Néanmoins, toute tendue qu'était la situation, la Caisse d'escompte luttait, on le voit, contre l'application absolue de ses droits.

Cependant, en dépit de la nouvelle constitution de la Caisse d'escompte, qui semblait devoir supprimer la voie des prêts au Trésor, ces dernières opérations continuèrent. Le 19 février 1791, Montesquiou, au nom du comité des finances, énumérait ainsi les avances de la Caisse d'escompte au Trésor :

Fin 1789 et 1er trimestre 1790	170 millions.
Avril	20 —
Mai	22 —
Juin	45 —
Juillet	48 —
Août	40 —
Septembre	40 —
Octobre (jusqu'au 29)	15 —
Total	400 millions.

On le voit, la Caisse d'escompte était devenue un rouage (et quel rouage !) de l'administration des finances. Elle ne tarda pas à être mise de côté ; la caisse de l'extraordinaire était investie du droit de battre monnaie ; elle émettait des assignats sans intérêt, les vrais assignats cette fois, payables en biens nationaux : à quoi bon, dès lors, les billets de la Caisse d'escompte ? Quant au numéraire, il se faisait de plus en plus rare, et un besoin urgent s'en faisait d'autant plus sentir que les opérations de crédit, qui pouvaient le suppléer, devenaient de plus en plus difficiles ; mais la Caisse d'escompte, comme institution commerciale, était, à cette époque, trop effacée pour que l'on pût établir une relation entre cet état de choses et ses opérations. Cette situation était tout entière due aux finances publiques, et c'est là qu'il faut en chercher le dénouement.

Nous venons de parler, pour la première fois, des assignats-papier-monnaie. La loi du 21 décembre 1789 fut la première qui autorisa la création d'assignats jouissant, à cette époque, d'un intérêt de 5 %, capitalisé jour par jour, jusqu'à la fin de l'année où la Caisse de l'extraordinaire devait les rembourser. Ce remboursement, que la Caisse de l'extraordinaire garantissait, était appuyé sur la vente des immeubles appartenant naguère à la couronne[7] et au clergé, immeubles récemment devenus domaines ou biens nationaux. Les assignats pouvaient, au besoin, dans l'esprit de leurs créateurs, servir d'instrument de circulation ; premier pas vers le papier-monnaie. Cependant, en réalité, ce n'étaient encore que des bons du Trésor avec hypothèque spéciale. Il en fut créé par cette loi pour 400 millions[8], remboursables : 120 en 1791, 100 en 1792, 80 en 1793, 80 en 1794, et 20 en 1795.

Le décret du 16 avril 1790 leur donna cours forcé, et réduisit à partir du 15 avril, à 3 % l'intérêt qui leur était affecté. Peu de chose (cours forcé à part) les sépare encore du papier-monnaie ; le décret du 29 septembre supprima les derniers liens qui les rattachaient à la classe des effets publics, en arrêtant qu'ils ne porteraient plus intérêt. C'est à partir du

16 octobre 1790 que cette dernière mesure fut applicable ; c'est à cette date que l'on peut dire que l'assignat, le véritable assignat, fut réellement créé.

Les 400 millions d'assignats, dont la création avait été autorisée par la loi du 21 décembre 1789, étaient représentés[9] par des coupures de 1 000, 300 et 200 livres. Une seconde émission, autorisée par la loi précitée du 29 septembre, montant à 800 millions, donna lieu à la fabrication de coupures de 50 livres. La loi du 19 juin 1791 autorisa une troisième émission ; celle du 29 septembre suivant, une quatrième... la planche est créée, elle fonctionne, elle ne s'arrêtera plus que devant l'anéantissement complet de la valeur du papier-monnaie[10].

Au fur et à mesure de ces émissions, il fallut abaisser la quotité des coupures minima. Ainsi, la loi du 23 décembre 1791 décida la création d'assignats de 20 sous ; mais les coupures définitives d'assignats ne purent, de suite, être livrées au public. Les billets de la caisse d'escompte servirent d'abord provisoirement de titres d'assignats (ils étaient de 1 000, 600, 300 et 200 livres): puis on délivra des promesses d'assignats de 10 000, 1 000, 300 et 200 livres, en même temps que des coupures de 15 livres, 4 livres 10 sous et 3 livres.

Ce n'est qu'à partir du 10 août 1790 que les assignats définitifs parurent dans la circulation. Les coupures des assignats définitifs, dits plus tard royaux, c'est-à-dire créés avant le 10 août 1792, et portant l'effigie royale, varièrent de 2 000 à 5 livres ; celles des assignats définitifs, dits républicains, c'est-à-dire créés à partir du 10 août 1799, furent, les plus grosses, de 10 000 livres, les plus petites de 10 sous. Cette multiplicité, cette variété de titres qui, à une certaine époque, circulèrent presque en même temps, invitèrent les faussaires français ou étrangers (on sait que les gouvernements hostiles à la France employèrent cette arme de guerre assez peu loyale que le premier empire ne dédaigna, il faut bien s'en souvenir, de mettre en usage) à se mettre à l'œuvre, et dès le mois de juillet 1791, on signala de faux assignats de 2 000 livres[11].

Au moment de la séparation de l'Assemblée constituante (30 septembre 1791) la masse des assignats en circulation atteignait près de 1 200 millions ; le décret du 1er novembre 1791 permettait de la porter à 1 400 ; celui du 17 décembre à 1 000, celui du 14 avril 1792 à 1 650, du 30 avril à 1 700, du 13 juin à 1 800, du 31 juillet à 2 milliards, du 24 octobre à 2 milliards 400 millions ; enfin, celui du 1er février 1793 à 3 milliards 100 millions.

Le décret du 1ᵉʳ février 1793 est le dernier de cette nature, c'est-à-dire assignant une limite maximum à l'émission des assignats ; depuis cette époque, on s'abstint de décret pour dépasser largement le dernier chiffre fixé ; on ne voulut pas effrayer le public par un acte officiel attestant l'étendue de la dette nationale de cette nature.

Cependant, il ne faut pas croire que l'administration ne voyait pas où l'entraînait la pente sur laquelle elle s'engageait. Dès le 31 juillet 1792 les décrets d'émission d'assignats continrent presque tous cette phrase :

« L'Assemblée nationale (ou la Convention nationale) charge les comités des finances de lui présenter incessamment un emploi propre à diminuer cette circulation. » Mais, pour cela, il fallait réformer tout le système économique, et, en attendant, les besoins financiers étaient pressants, et la planche toute gravée ne demandait qu'à être mise en mouvement. Comment résister ?

Ne se sentant pas assez fort, on transigea : on chercha à augmenter l'importance du gage ; il se composait d'abord des propriétés disponibles de la couronne et de celles du clergé ; on y joignit bientôt celles des émigrés, et le restant des immeubles appartenant jadis à la royauté renversée ; chaque proscription, chaque condamnation à mort vint augmenter l'importance de ce gage, et l'on battit monnaie, selon l'énergique expression de l'époque, avec la guillotine.

Ainsi, en avril 1792, l'Assemblée législative évaluait[12] le gage des assignats à 2 milliards 1/2 ; il y avait alors 16 à 1 700 millions de papier-monnaie en circulation. En février 1793, ce gage montait à 3 milliards 170 millions pour 3 milliards 100 millions d'assignats ; il est vrai que, à la même époque, on annonçait la possibilité d'augmenter ce gage de plus de 4 milliards 1/2, ce qui l'eût porté, en réalité, à 7 ou 8 milliards ; toutes ces évaluations un peu hypothétiques, car le prix est le résultat de l'offre et de la demande, et s'il y avait offre, on trouvait difficilement et rarement demande, toutes ces évaluations, disons-nous, n'empêchaient pas l'assignat de baisser[13].

On eut alors recours à des moyens plus directs. Primitivement, on crut pouvoir conserver parallèlement dans la circulation le papier et le métal, sans que ce dernier nuisît au premier, pourvu, pensa-t-on, que l'émission du papier n'excédât pas les limites de la prudence. Cette erreur économique fit autoriser, dès le commencement, l'échange libre des assignats et des espèces métalliques. Ainsi, le décret des 17-20 mai 1791 enjoignait aux agents administratifs et municipaux de protéger d'une manière efficace « et par tous les moyens que la loi a mis en leur pouvoir » toutes les espèces de commerce, échange et circulation, et notamment la vente ou échange des assignats contre le numéraire d'or et d'argent, dont la libre circulation est déclarée essentielle à la prospérité de l'Empire. On revint bientôt à un régime qui, à défaut d'autres mérites, avait celui d'être la conséquence logique de la faute commise primitivement, en émettant du papier-monnaie. L'article 1er du décret du 11 avril 1793 défendait la vente du numéraire de la République dans toute l'étendue du territoire français ou de celui occupé par les armées françaises, sous peine de six années de fer contre les délinquants, vendeurs comme acheteurs. Les traitements, solde de troupes, etc., les marchés avec l'administration publique devant, par décret du 8 avril précédent, se régler en assignats, le décret du 11 avril introduisit la même règle entre particuliers.

Mais tout ceci ne concerne que le rapport entre les assignats et la monnaie métallique. Le décret du 1er août 1793 compléta ces mesures en décidant que tout banquier convaincu d'avoir refusé en paiement des assignats-monnaie, de les avoir donnés ou reçus à une perte quelconque, serait condamné, pour la première fois, à une amende de 3 000 livres et six mois de détention, et, en cas de récidive, à 6 000 livres d'amende et vingt années de fer. Le décret du 5 septembre alla plus loin : celui qui, par ses discours, discréditait les assignats, était puni, et le dénonciateur récompensé. Enfin, pour couronner le tout, le décret du 10 mai 1794 simplifiait, dans les causes concernant les assignats, les formes judiciaires, en les rendant plus révolutionnaires, comme on disait alors ; on sait jusqu'où allait cette simplification prétendue. Voilà où on en était arrivé avec le régime du papier-monnaie introduit par le décret du 29 septembre 1790.

Mais retournons à la Caisse d'escompte, que nous avons vue rentrer dans la classe des entreprises commerciales, après avoir été élevée au rang, qu'elle ne sollicitait guère, d'établissement privilégié, d'institution d'État.

Elle fut autorisée, le 8 mai 1790, à rembourser ses billets en assignats, jusqu'à concurrence de 12 millions ; cet essai timide de retrait des billets de la Caisse d'escompte fut, le 10 août 1791, remplacé par un échange sans limites ; dès lors, la Caisse d'escompte n'eut plus de motifs de laisser timidement entrouvert son guichet de remboursements. Cependant, la quantité d'assignats fabriqués ne fut pas telle, dès cette époque, que la Caisse d'escompte n'eût pas de raisons, en octobre suivant, d'émettre de nouveaux billets. Après être devenue un bureau d'émission pour compte du gouvernement, la Caisse d'escompte, grâce aux assignats avec lesquels le Trésor lui remboursait sa dette, et qu'elle était à son tour autorisée à donner en paiements de ses billets, semblait appelée à redevenir une banque commerciale de circulation et d'escompte. Mais, malheureusement pour elle, les évènements se précipitaient ; la fin de la monarchie approchait ; le désordre dans les finances s'augmentait ; le trouble dans les esprits faisait prévoir à ceux, et le nombre en était rare, qui ne se laissaient pas aller aux illusions ou aux entraînements d'enthousiasme du public, un cataclysme politique et social. On comprend que le moment était peu favorable à une reconstitution administrative de la Caisse d'escompte.

D'ailleurs, la Convention fut peu favorable au crédit et à ses développements ; elle ne voyait dans l'industrie de banque que fraude, dans l'émission d'un papier autre que celui de l'État, qu'illusions dangereuses ; et puis, l'assignat n'admettait pas de concurrent dans l'esprit de ses continuateurs, si ce n'est de ses créateurs. Actions, titres de créances au porteur, billets à vue, tout cela devait disparaître pour ne plus laisser que l'assignat et l'inscription sur le grand-livre. C'est dans cet esprit que la loi du 17 août 1792 avait proscrit les titres au porteur et les billets de banque à vue. Une banque, même une simple banque d'escompte, était-elle possible, sous un pouvoir aussi despotique que le gouvernement révolutionnaire, aussi absolu que la Convention, imbu d'idées économiques aussi fatales à toutes les transactions basées sur le crédit, que le fut la République de 1793 ?

On ne s'étonnera plus qu'un décret du 24 août 1793 ait ordonné la suppression de la Caisse d'escompte, sans qu'aucune plainte ait été formulée contre elle, sans même que son inutilité, à plus forte raison sa naissance, ait été démontrée sous quelque point de vue que ce fût.

Du rapport de son liquidateur Laffon-Ladébat, il résulte que, en dix-sept années, elle a escompté, à un intérêt modique, 4 à 5 %, pour 4 261 144 500 livres d'effets de commerce ; que ses comptes courants se sont élevés jusqu'à 28 millions, et les dépôts à elle confiés jusqu'à 45 ; que ses bénéfices nets lui ont permis de répartir, en moyenne, à ses actionnaires, près de 7 % (6,8 %) par an ; que ses dépenses, actes de bienfaisance compris, n'ont pas excédé 10 % de ses bénéfices ; qu'avec un capital effectif de moins de 10 millions, elle a pu maintenir en circulation jusqu'à 120 millions de billets au porteur et à vue[14]. Elle a, en outre, aidé maintes fois le gouvernement qui, il est vrai, lui a payé, à ce sujet, des commissions et intérêts au moyen desquels elle a pu porter parfois jusqu'à 13 à 15 % les répartitions annuelles aux actions ; ajoutons que toutes les avances faites à l'État lui ont été remboursées, en assignats ou en rentes avouons-le, mais en valeurs qui, après tout, lui ont servi à rembourser à son tour ses créanciers, de sorte que, tout compte fait, elle n'a rien perdu sous ce rapport.

Aussi les actionnaires ont-ils touché, si l'on compte au pair les assignats ou la rente, environ 5 518 411 livres de plus qu'ils n'avaient versé en espèces. Si, au contraire, on tient compte de la dépréciation de l'assignat ou des inscriptions de rentes au moment des répartitions de dividende, de liquidation, aux actions (33 millions et demi), si l'on en défalque la plus-value ci-dessus (5 millions et demi), et si l'on y joint près de 57 millions que les actionnaires perdirent à la réduction arbitraire des deux tiers en l'an VI, étant détenteurs de rentes perpétuelles ou viagères, on arrive à une perte finale de 85 millions sur un capital de 112 fixé en 1792, soit de plus des trois quarts. Cependant, soyons justes, les fautes qui conduisirent la Caisse d'escompte à cette situation sont du domaine à peu près exclusif de l'administration des finances, et presque pas de celui de la gérance, qui, au contraire, a assez rigoureusement obéi aux préceptes qui doivent régir ces sortes d'établissements.

Ajoutons qu'un bilan, dressé chaque jour après la clôture des caisses, présentant la situation de l'établissement, attestait l'ordre et la régularité de la comptabilité. Il est certain pour nous que, malgré les secours incessants qu'en dépit de toute prudence, qu'au mépris de tout principe, les ministres des finances de 1786 à 1791 réclamèrent, exigèrent, pourrions-nous dire, de cette institution, elle aurait pu survivre à la chute de la monarchie, et remplir l'office de banque de circulation, d'escompte et de dépôt, si, les comptes avec les tiers étant réglés, la république avait obéi aux principes de sens commun, en limitant son action à la protection des individus, au respect de la propriété. Le décret brutal de la Convention et le régime financier et commercial de la France à cette époque, sont seuls causes de la chute définitive de cette importante et féconde institution.

Revenons maintenant aux assignats que nous avons laissés protégés par un cortège de lois barbares accusant l'impossibilité économique de l'existence prolongée de tout papier-monnaie.

Tout se touche, tout s'enchaîne en matière économique ; le papier-monnaie et les mesures destinées à le maintenir nécessitèrent successivement (du 4 mai au 5 octobre 1793) l'établissement du maximum, la suppression des sociétés par actions, l'institution violente du grand-livre de la dette publique, l'emprunt forcé enfin. Que résulta-t-il de ce système économique ? L'émission continue des assignats et la baisse constante de ce papier ; la cessation volontaire du commerce chez un grand nombre de négociants en gros ou de commerçants en détail ; la stagnation des affaires industrielles et commerciales ; enfin, la disette, pour ne pas dire la famine, par suite de l'opposition de fait du paysan aux décrets qui lui ordonnaient d'apporter ses denrées ou ses bestiaux sur le marché, et de les vendre contre des assignats, au taux fixé par le maximum. Il fallut en arriver à mettre la ville de Paris à la ration de viande : « La commission des subsistances fixe la consommation journalière à 75 bœufs, 150 quintaux de veau et de mouton, et 200 cochons. »

Telle était la triste situation de la France à l'intérieur, au 9 thermidor (27 juillet 1794), quand le renversement du terrorisme dans ses représentants principaux vint donner à des idées plus saines la chance de reprendre le dessus.

Les lois sur le maximum et la réquisition furent abolies le 24 décembre 1794 ; le 3 janvier 1795, on leva le séquestre des biens nationaux appartenant aux nationaux de pays en guerre avec la France. Enfin, la circulation du numéraire à l'intérieur, prohibée par le décret du 11 avril 1793, redevint libre en vertu de la loi du 25 avril 1795.

Restaient les assignats, plaie d'autant plus redoutable qu'elle s'agrandissait chaque jour en étendue par l'importance des émissions, en profondeur par la baisse de ce papier-monnaie. On peut voir, par les tableaux précédemment donnés, que 100 livres assignats, qui valaient encore le tiers de leur taux nominal en juillet 1794, n'en représentaient plus que 18 % en janvier 1795, et à peine 3 % six mois après. Aussi les émissions devenaient-elles d'autant plus importantes que le signe baissait de valeur. En mars 1795, on agita pour savoir quel moyen employer afin de retirer les assignats et de diminuer l'importance de la masse en circulation. On proposa une loterie, une tontine, une banque territoriale ; puis, après avoir reconnu l'inefficacité de ces divers moyens, on ne fit rien.

Cependant, la disette, après un hiver des plus rigoureux, faisait sentir ses ravages, surtout dans les grandes villes, difficilement approvisionnées dans ces temps d'agitation et d'inquiétude. On mit l'habitant de Paris à la ration d'une livre de pain par tête ; les ouvriers obtinrent une livre et demie[15] ! Nous avons vu que, l'année précédente, on l'avait mis à la ration pour la viande.

En mai 1795, on reprit la question des assignats. Il s'agissait, comme toujours, de vendre les biens nationaux avec faculté de paiement en assignats. Un député, Bourdon (de l'Oise), peu versé d'ailleurs en finances, et même d'une intelligence médiocre, proposa cependant une idée qui, exécutée, aurait grandement changé la position de la question. C'était de vendre directement, et sans enchères, les biens nationaux à trois fois leur valeur en 1700, payables en assignats au pair. À ce moment, l'assignat ne valait que 6 % ; cela faisait donc, pour l'acquéreur, un prix réel équivalant au cinquième de celui de 1790 ; quant à l'État, s'il perdait d'une part les quatre cinquièmes, il acceptait de l'autre, pour le tiers de sa valeur nominale, un papier qui entravait le commerce et les finances publiques. Il y avait donc bénéfice réel dans ce sacrifice. Restait à savoir si le public concourrait à cette mesure. Or ce projet, converti en loi les 31 mai et 3 juin (1795), était à peine connu du public que les soumissions abondaient déjà de toutes parts. « Pour certains biens, on vit jusqu'à plusieurs centaines de soumissions ; à Charenton, il en fut fait 300 pour un domaine provenant des pères de la Merci ; il en fut fait jusqu'à 500 pour un autre. On encombrait les hôtels des districts. De simples commis, des gens sans fortune, mais dans les mains desquels se trouvaient momentanément des sommes en assignats, couraient soumissionner les biens. Comme ils n'étaient tenus de payer sur-le-champ qu'un sixième, et le reste dans plusieurs mois, ils achetaient, avec des sommes minimes, des biens considérables, pour les revendre avec bénéfice à ceux qui s'étaient moins hâtés. Grâce à cet empressement, des domaines que les administrateurs ne savaient pas être devenus propriétés nationales, étaient signalés comme tels »[16].

L'idée de Bourdon (de l'Oise) réussissait ; on allait retirer la presque totalité des assignats en cours, 12 milliards ; la circulation monétaire redevenait libre, et le commerce intérieur et surtout extérieur, n'étant plus gêné par un papier-monnaie déprécié, allait probablement reprendre son cours interrompu. Mais la Convention rouvrit la discussion sur ce sujet, et, malgré les bonnes raisons données par Bourdon et par Balland, elle décida, avec Rewbell, que les lois des 31 mai et 3 juin seraient rappelées.

Alors, que faire ? On proposa et on adopta une échelle de dépréciation des assignats basée sur la quantité en circulation. Partant de 2 milliards, chiffre auquel l'assignat était au pair, on décida que de 500 en 500 millions en plus dans la circulation, la somme à payer en assignats serait augmentée du quart. Ainsi, à 4 milliards il faudrait doubler la somme en assignats ; autrement dit, l'assignat ne serait reçu que pour moitié de sa valeur ; à 8 milliards pour le quart, et ainsi de suite. C'était une banqueroute, et une banqueroute pire, à tous égards, que celle que l'on eût faite en adoptant le projet de Bourdon. D'ailleurs, elle ne liquidait rien, puisqu'on ne retirait pas le papier-monnaie, et qu'on ne brisait pas même la planche aux assignats ; on ne faisait guère que consacrer les faits accomplis. Mais ce qu'il y eut de pire, ce fut que l'on n'appliqua pas cette échelle à toutes les transactions ; il y eut des exceptions que nous ne citerons pas, cela n'offrant que peu d'intérêt (loi du 21 juin 1795).

À l'avènement du Directoire (26 octobre 1795), il y avait pour 20 milliards, somme nominale, d'assignats en circulation. Nous avons vu que la Convention avait repoussé le seul moyen de combler, tant bien que mal, ce gouffre béant et menaçant. Le Directoire, avec tous les soucis, il est vrai, d'une nouvelle organisation, ne sut pas prendre de mesure énergique, et, pendant un an encore, ce papier-monnaie continua de croître en quantité et de diminuer en valeur. Enfin, en septembre 1796 il atteignait la somme étourdissante de 45 milliards. Mais remarquons, avec Ramel, que le chiffre de 45 milliards, en raison des assignats qui restèrent dans les mains des comptables du Trésor, au moment de leur chute, est exagéré. « Je crois, a dit ce ministre, que la circulation n'a jamais excédé 30 milliards. » C'est déjà une belle somme ; mais il est juste de dire que la majeure partie fut émise au-dessous de la valeur nominale, et même, en dernier lieu, à l'époque où on en exagérait le plus l'émission, à un taux très bas[17].

On serait porté à croire qu'une chute aussi éclatante que celle des assignats devait décourager toute tentative du même genre. Il n'en est rien cependant. L'assignat venait de tomber ; au lieu de chercher sérieusement à ramener le numéraire, le gouvernement commit la faute de créer 2 milliards 400 millions de mandats territoriaux, nom nouveau qui ne donna le change à personne ; créés le 18 mars 1796, ils finirent avec l'année ; ils débutèrent par 18 francs en espèces pour 100 francs en mandats et tombèrent en août à 1 fr. 84 c. ; ils se relevèrent un peu le mois suivant, pour tomber définitivement en décembre, avant même que l'on ait eu le temps de convertir les promesses de mandats en titres définitifs.

Cette tentative fut la dernière ; il est d'ailleurs probable que toute autre eût avorté dès l'origine. On revint au numéraire, que l'on n'aurait jamais dû quitter, et assignats et mandats ne furent plus que des titres de créances sur l'État, auxquels on n'accorda que des compensations à vrai dire illusoires.

Telle fut la grande et coûteuse expérience que l'on ne saurait trop opposer à ceux qui rêvent encore une circulation monétaire purement de papier et non protégée par la liberté de crédit. D'abord une banque de circulation, rendant au public des services sérieux, se trouve renversée par suite des convoitises d'un gouvernement besogneux dirigé par des ministres ignorants et peu scrupuleux. Ensuite on recommence la fameuse tentative de Law : absorber au profit de l'État l'instrument de circulation, puis, gêné par la concurrence irrésistible du métal, proscrire les espèces monétaires ; enfin essayer, pour la seconde fois dans le courant du siècle, de leur substituer une circulation ne reposant que sur le papier.

Nous allons entrer dans une période qui, économiquement parlant, sera plus calme. On voudra modérer dans l'application un principe vicieux en théorie. Imputant aux excès commis les deux chutes éclatantes de la Banque royale et de la Caisse d'escompte, des papiers émis par Law et des assignats, on se promettra de ne plus aller si loin et d'obtenir ainsi tous les avantages sans éprouver aucun des inconvénients. Utopie ! on ne transige pas plus avec les lois qui régissent l'univers moral qu'avec celles qui règlent l'univers physique. La vérité est une, et si l'on n'arrive pas à un cataclysme financier comme au début et à la fin du XVIIIe siècle, on languira au sein d'une atmosphère délétère, sans se rendre bien compte d'où provient le malaise que l'on éprouve, la lourdeur qui engourdit toutes les transactions et prive la richesse de ce développement rapide que d'autres pays doivent à la liberté, particulièrement à celle des institutions de crédit.

[1] Voici, une fois pour toutes, le tableau des opérations de la Caisse d'escompte, de sa fondation à sa suppression :

Exer- cices.	Sommes escomptées annuellement.	SITUATION AU 31 DECEMBRE des comptes suivants.			Répartitions aux actionnaires.	Exer- cices.
		Circulation.	Comptes-cour.	Encaisse.		
	millions.	millions.	millions.	millions.	0/0	
1777	20.»	0.3	0.5	0.5	5 1/6	1777
1778	58.»	3.8	3.4	2.4	5 1/3	1778
1779	81.1	5.3	4.3	1.6	5 5/6	1779
1780	94.»	13.4	2.8	5.3	6 2/3	1780
1781	151.5	20.6	4.5	6.9	7 1/6	1781
1782	204.1	27.»	6.3	10.6	8	1782
1783	259.9	21.1	8.3	22.2	4 1/5*	1783
1784	242.1	69.4	6.5	37.6	9 1/3	1784
1785	341.2	73.3	7.2	28.2	13 1/3	1785
1786	394.6	99.2	11.1	41.3	15 1/3	1786
1787	493.6	88.9	7.2	47.1	12 1/3	1787
1788	483.9	72.8	6.»	31.3	7 1/2	1788
1789	503.3	128.8	8.7	5.2	5 3/8	1789
1790	248.3	102.3	3.8	6.1	4.713	1790
1791	238.3	23.7	7.5	19.2	5.356	1791
1792	328.7	8.8	18.3	38.8	5.932	1792
1793	58.5	2.»	19.5	24.9	2.240	1793

* Le second semestre de 1783 ne donna lieu à aucun dividende. A ce sujet, signalons l'arrêt du 16 janvier 1785, qui ordonne que le dividende ne pourra être pris que sur les bénéfices faits et réalisés dans le courant du semestre, c'est-à-dire sous déduction du réescompte des effets en portefeuille.

2 Que le lecteur n'induise pas de cette phrase que nous pensons utile d'enchaîner invariablement le taux d'escompte dans des limites légales ou réglementaires. Le prix des services d'une banque est soumis, comme la rémunération de tout travail ou la valeur de toute marchandise, aux fluctuations nécessaires, inévitables, résultant de la loi de l'offre et de la demande. Hors de là, il n'y a qu'utopie.

3 Il tomba un moment à 138 000 livres ; la Caisse d'escompte possédait bien des piastres pour un capital de 4 millions de livres ; mais les lenteurs de l'hôtel des monnaies de Paris ne lui donnaient, sur cette somme, de disponible, chaque jour, que 100 000 livres, et le public était pressant. Ce fut à cette époque que la mode adopta des chapeaux dits à la Caisse d'escompte, parce qu'ils n'avaient pas de fond.

4 L'arrêt de surséance du 18 août 1788 avait bien été prorogé une première fois, le 29 décembre suivant, et une seconde le 14 juin 1789 ; mais cet

expédient ne pouvait suffire surtout avec un pouvoir nouveau, l'Assemblée nationale, qui entendait tout savoir pour tout pouvoir.

5Remarquons que ces deux orateurs n'eurent garde de se rencontrer dans leur argumentation, par suite des voies différentes qu'ils suivirent. Mirabeau attaqua la théorie du privilège d'une banque d'émission, et Dupont de Nemours défendit la conduite particulière de la Caisse d'escompte. Ils avaient tous les deux raison, l'un de vouloir la liberté des institutions de crédit, l'autre de montrer que la situation perplexe de la Caisse d'escompte était due aux besoins incessants de l'État, et que celui-ci aurait mauvaise grâce de ne pas reconnaître les services de l'instrument dont il usait et abusait.

6En fait, les assignats versés à la Caisse d'escompte ne portèrent que 3 % d'intérêt, comme ceux qui étaient aux mains des particuliers.

7Le roi avait été invité à choisir parmi les biens appartenant à la couronne ceux qu'il entendait garder pour sa liste civile. Louis XVI, qui ne recula jamais devant les économies ou sacrifices personnels quand il s'agissait du pays, s'y prêta de bonne grâce.

8Ce fut sur ces 400 millions que furent pris les 170 qui furent remis à la Caisse d'escompte, comme on a dit plus haut.

9La loi du 21 décembre 1789 avait fixé la coupure à 10 000 livres. La loi du 16 avril suivant l'établit comme nous l'indiquons ici.

10Voici sur les émissions des assignats et mandats, des chiffres qui permettront de saisir l'étendue de cette douloureuse expérience financière :

Époques	Durée de la période.	Quantités émises durant la période.	Quantité totale en circulation.
1 juin 1791...	2 a. 5 m.	912.000.000	912.000.000
1 oct. — ...	» 4 »	239.500.000	1.151.500.000
22 sept. 1792...	1 a. »	820.500.000	1.972.000.000
1 janv. 1793...	» 3 »	853.906.618	2.825.906.618
1 août — ...	» 7 »	949.939.435	3.775.846.053
1 mai 1794...	» 9 »	2.115.633.148	5.891.479.201
1 juill. — ...	» 2 »	190.572.599	6.082.051.800
1 oct. — ...	» 3 »	536.245.370	6.618.297.170
1 janv. 1795...	» 3 »	610.521.893	7.228.819.063
1 avril — ...	» 3 »	1.098.126.618	8.326.945.681
1 juill. — ...	» 3 »	4.011.198.180	12.338.143.861
1 oct. — ...	» 3 »	5.541.194.037	17.879.337.898
1 janv. 1796...	» 3 »	9.685.899.498	27.565.237.396
1 avril — ...	» 3 »	9.106.524.366	36.671.761.762
1 juill. — ...	» 3 »	2 163.012.176*	34.508.749.586
7 sept. — ...	» 2 »	11.070.060.454	45.578.810.040

* Retirés et annulés, ou non émis.

Les sommes des quantités émises durant chaque période sont indiquées, déduction faite de tous ceux retirés de la circulation et annulés. Néanmoins, les assignats en caisse ou entre les mains des comptables pour les besoins du service, qui montèrent souvent à des sommes considérables, sont considérés comme étant en circulation, et figurent dans les sommes ci-dessus.

11 Il se fonda, à cette époque, un établissement qui sous, le nom de Bureau de contrôle pour les assignats nationaux, se proposait de distinguer les vrais assignats des faux, de revêtir les premiers, moyennant une rétribution légère, d'un timbre constatant qu'il leur était passé sous les yeux. De cette façon, les assignats timbrés acquirent une plus grande valeur que ceux non revêtus de cette marque distinctive. Cette ingénieuse et utile idée, appliquée par deux individus du nom de J.-A. Dutruy et J.-M. Le Leu, fut interdite, en juin 1792, probablement comme blessant l'égalité.

12 Il ne sera pas hors de propos de connaître le procédé d'évaluation qui fut usité pour la fixation de l'importance de la valeur des biens nationaux. Le revenu multiplié par le denier 25, soit au rapport uniforme de 4 %, fut le point de départ ; mais il n'y eut de biens dont le revenu fût évalué que pour un peu plus de la moitié ; le restant fut fixé au moyen d'une simple règle de trois, procédé sujet, comme on sait, à beaucoup d'erreurs. Cependant remarquons que l'opération originaire, en avril 1792, fut faite contradictoirement, ce qui éloigne un peu les chances d'erreurs ; mais il n'en fut pas de même pour les biens ajoutés depuis à cette liste primitive, dont la

valeur n'atteignait que 2 milliards 400 millions.

[13] Voici les cours moyens mensuels des assignats et mandats de leur création à leur démonétisation.

	ASSIGNATS.						MANDATS.	
	1789	1790	1791	1792	1793	1794	1795	1796	1796
Janvier...	....	96 »	91 »	72 »	51 »	40 »	18 »	» 46	....
Février...	....	95 »	91 »	61 »	52 »	41 »	17 »	» 35	....
Mars.....	....	94 »	90 »	59 »	51 »	36 »	13 28	» 36	17 45
Avril.....	....	94 »	89 »	68 »	43 »	36 »	10 71	....	16 91
Mai......	....	94 »	85 »	58 »	52 »	34 »	6 52	....	11 09
Juin......	....	95 »	85 »	57 »	36 »	30 »	3 38	....	7 04
Juillet....	....	95 »	87 »	61 »	23 »	34 »	3 09	....	5 57
Août......	98 »	92 »	79 »	61 »	22 »	31 »	2 72	....	1 84
Septembre.	98 »	91 »	82 »	72 »	27 »	28 »	2 08	....	4 57
Octobre...	97 »	91 »	84 »	71 »	28 »	28 »	1 36	....	4 18
Novembre.	96 »	90 »	82 »	73 »	33 »	24 »	» 77	....	3 30
Décembre.	95 »	92 »	77 »	72 »	48 »	20 »	» 52	....	2 49

Ces cours sont établis de la manière suivante : 100 livres papier-monnaie valaient les quantités suivantes en monnaies métalliques aux différentes dates ci-dessus.

Les cours des assignats ont cessé d'être fixés à partir du 17 mai 1796 ; les mandats territoriaux, dont le cours a commencé à être rétabli le 21 mars 1796, ne figurent plus sur la cote à partir du 25 décembre de la même année.

[14] La totalité des émissions de billets de la Caisse d'escompte a atteint 529 129 560 livres, tous retirés de la circulation, à quelques-uns près, qui ne se sont jamais présentés, et du non remboursement desquels le Trésor a bénéficié, avec assez peu de justice d'ailleurs, la Caisse d'escompte ayant remboursé pour plus de 1 million et demi de billets faux à des porteurs de bonne foi. La masse des billets émis par la Caisse d'escompte se divise en deux époques : l'une, dont l'émission totale atteint 423 029 560 livres, et l'autre qui monte à 106 100 000 livres. Cette dernière émission eut lieu en 1791 et 1792, et les billets qui la représentaient reçurent le nom de billets nouveaux.

[15] Thiers, Révolution française, 13e édit., t. VII, p. 79.

[16] Thiers, Révolution française, 13e édit., t. VII, p. 243. La qualité médiocre des acheteurs eût infailliblement amené une crise sur les terrains ; mais cette crise valait mieux que celle sous laquelle gémissaient les affaires depuis nombre d'années. En outre, elle eût réveillé l'esprit d'entreprise, et, avec la liberté des transactions, la prospérité fût revenue plus tôt, et eût peut-être

étouffé la guerre sous la pression des intérêts mercantiles. Qui sait les conséquences qui en auraient pu résulter ?

17Si, en effet, on se reporte d'une part au tableau des émissions successives d'assignats (voir page 79 en note), et que, d'autre part, prenant pour base le cours des assignats tel que nous le fournit la note de la page 81, on les rapproche, période par période, des émissions susdites, on arrive à ce résultat que les 36 671 761 762 livres d'assignats créées au 1er avril 1796 n'ont représenté pour le Trésor, au maximum, que 4 342 360 903 livres ; nous disons, au maximum, car lorsqu'un gouvernement paye en papier-monnaie, tout lui coûte nécessairement beaucoup plus cher.

Maintenant, du 1er avril 1796 au 7 septembre de la même année, il a encore été émis (solde) 8 907 048 278 livres d'assignats ; mais ces assignats n'ont dû être émis au plus qu'au dernier cours coté. Par contre, nous avons vu que, suivant Ramel, un tiers des assignats créés était encore, lors de la chute de ce papier-monnaie, aux mains des comptables du Trésor. On ne peut donc être taxé d'exagération en disant que la somme que le public a déboursée, sous quelque forme que ce soit, pour la masse des assignats lancés par le Gouvernement dans la circulation, est plutôt inférieure que supérieure à 4 milliards. C'est beaucoup trop, certainement ; cependant, nous sommes loin, convenons-en, du chiffre nominal de 45 milliards.

Histoire de la banque de France et des autres institutions de crédit de la France depuis la chute des assignats

Nous venons de voir deux établissements de circulation, la Banque royale de Law et la Caisse d'escompte, contraints de s'arrêter, soit par les fautes de leurs administrateurs, soit par suite d'évènements politiques ou financiers. Cependant chacun d'eux aurait pu, en modifiant ses errements, en s'isolant de l'État, en revenant à son institution première, en obéissant enfin au principe qui avait motivé sa création, chacun d'eux aurait pu continuer à vivre et rendre au commerce, à l'industrie, à l'agriculture, à la finance, les services qu'il est de son essence de leur offrir. Il n'en fut malheureusement pas ainsi, et, pour la seconde fois après l'entrée en liquidation de la dernière des deux banques précitées, il y eut forcément lacune dans l'histoire des institutions d'émission de notre pays.

Cette fois cependant la lacune fut moins longue. La faculté d'émission de billets au porteur et à vue était retombée dans le domaine commun et, comme avant 1776, chacun pouvait user de ce droit, pourvu, cependant, que le public fût disposé, à son tour, à lui accorder sa confiance. Les documents, hélas ! peu nombreux, parvenus à notre connaissance, nous signalent, antérieurement à 1800, plusieurs établissements émettant des billets circulants.

1796. – Le plus ancien est la Caisse des comptes courants, dont le siège était à Paris, place des Victoires (ancien hôtel Massiac), et dont la constitution remontait au 11 messidor an IV (29 juin 1796). Son capital de 5 millions était divisé en 1 000 actions de 5 000 fr. chacune. Elle escomptait à 6 % des effets d'une échéance maximum de quatre-vingt-dix jours, revêtus d'au moins trois signatures. Sa circulation, y compris les billets figurant dans sa caisse, montait à 20 millions en coupures de 500 et 1 000 francs. Augustin Monneron, puis Garat en furent successivement directeurs ; le conseil d'administration se composait principalement de banquiers, parmi lesquels quelques-uns ayant appartenu à la Caisse d'escompte et apportant ainsi, à la nouvelle banque, d'utiles traditions d'ordre et d'expérience des affaires.

Elle eut cependant des moments difficiles. Un voleur lui enleva une fois 2 millions 1/2. C'était en brumaire an VI (novembre 1797). Les porteurs de billets prirent peur et affluèrent aux guichets ; mais les principaux actionnaires se déclarant publiquement solidaires des pertes que cette institution de crédit pouvait faire subir au public, la panique cessa et d'autant plus volontiers que la situation de la Caisse des comptes courants était bonne, d'ailleurs, son actif dépassant sensiblement son passif[1].

1797. – Vint ensuite la Caisse d'escompte du commerce qui « avait plus pour but de procurer à ses actionnaires et aux marchands des facilités pour leur commerce que de chercher des bénéfices dans les opérations qui s'y faisaient[2]. » C'est cet objet que réalisent en Belgique, en Hollande, dans le Wurtemberg, etc., les Unions de crédit. Son capital nominal était de 24 millions représenté par 2 400 actions de 10 000 francs ; en réalité, on n'avait versé que 6 millions, les 18 autres étant garantis par l'engagement signé des actionnaires. Ses bureaux étaient établis à Paris, 5, rue de Ménars, et sa fondation datait du 4 frimaire an VI (24 novembre 1797). Sa circulation, comme pour la Caisse des comptes courants, atteignait 20 millions. Elle composait son conseil d'administration de marchands de spécialités diverses (quincaillerie, soie, peaux, draps, tabletterie, mercerie, épicerie, etc.) et le renouvelait souvent. Son directeur fut d'abord Ch.-Fr. Maillot, puis J.-Th. Nicolas. Comme l'institution précédente, elle eut ses jours néfastes. En messidor an X (juillet 1802), un de ses directeurs Poulard lui vola près de 800 000 fr. Là-dessus panique. Cependant elle fut de courte durée, car les billets ne perdirent pas. La Banque de France l'aida un peu, assure Dupont de Nemours ; elle ne pensait pas encore à se faire banque unique.

1800. – Le Comptoir commercial, plus connu sous le nom de Caisse Jabach, du nom du célèbre collectionneur dont l'hôtel, situé au coin des rues Saint-Martin et Neuve-Saint-Merry servait de siège à ses opérations, datait de l'an IX (1800-1), et avait pour directeurs Ferdinand Jacquemart et Doulcet d'Égligny. Il faisait l'escompte du papier sur Paris ou les départements et émettait des billets par coupures de 250, de 500 et de 1 000 francs[3].

Il y avait encore à Paris la Factorerie et quelques autres petits établissements d'émission sur lesquels les renseignements nous manquent, mais tous moins importants, certainement, que les trois banques dont nous venons de parler.

En province nous trouvons à Rouen une banque d'émission escomptant, sous le titre de Société générale du commerce de Rouen, dès le 5 floréal an VI (20 avril 1798), des effets revêtus de deux signatures au moins et pouvant aller jusqu'à 180 jours de durée, recevant en dépôt des sommes de 250 francs et au-dessus, payant un intérêt aux déposants à terme et mettant en circulation des billets de 100, 250, 500 et 1 000 francs. Un ancien sous-gouverneur de la Banque de France, esprit très libéral d'ailleurs en matière de crédit, M. Gautier (Des banques et des institutions de crédit en Amérique et en Europe, 1839) nous apprend, sans préciser l'importance du capital, de l'encaisse, du portefeuille ou des dépôts, que la circulation de cette banque ne dépassait pas 200 000 francs. Elle escompta, dès 1798, pour 4 millions de francs d'effets de commerce, et les années suivantes 8, 11, 19 et même 21 millions. Nous verrons plus tard (1808) cette institution, qui rendit des services sérieux à la ville de Rouen, cesser ses opérations, lors de l'établissement d'un comptoir de la Banque de France dans la vieille cité normande.

Telle était la situation des choses, en matière de billets circulants, quand le projet de la fondation d'une banque d'escompte et de circulation, basée sur un capital de 30 millions, fut concerté entre les membres du Gouvernement[4] et quelques capitalistes. La difficulté, pour l'époque, de réunir un capital aussi important que celui de la banque projetée fit sentir de suite la nécessité impérieuse de s'adjoindre un des établissements d'émission du moment, et une fusion fut négociée entre la Banque de France, en voie de formation, et la Caisse des comptes courants en activité déjà depuis quatre ans. Le 18 janvier 1800, l'assemblée générale des actionnaires de la Caisse des comptes courants prononça la dissolution de cette Société, et le 13 février suivant les actionnaires fondateurs et adhérents de la nouvelle institution se réunirent pour convenir de la rédaction des statuts.

Le capital fut divisé en 30 000 actions nominatives de 1 000 fr. chacune[5]. L'escompte, les recouvrements, l'ouverture de comptes courants, l'émission de billets au porteur et à vue, ainsi que la création d'une Caisse de placements et d'épargnes, payant un intérêt à ses déposants[6], telles étaient, avec le commerce des matières d'or et d'argent, les opérations stipulées dans ces statuts, les premiers de la Banque de France. Un conseil de régence de quinze membres administrait la banque ; un comité de trois régents la dirigeait ; un conseil de trois censeurs en surveillait et contrôlait les opérations. Régents et censeurs étaient à la nomination des actionnaires. Enfin une assemblée générale, composée, comme de nos jours, des deux cents plus forts actionnaires, représentait l'universalité des commanditaires. Cinq actions y donnaient voix délibérative, et on avait autant de voix que de fois cinq actions, sans pouvoir dépasser le maximum de quatre voix.

Ainsi constituée, la Banque de France commença ses opérations publiques le 20 février 1800. Ses régents et censeurs furent pris parmi les notabilités de la haute banque, entre autres parmi les administrateurs de la Caisse des comptes courants.

Un arrêté des consuls, en date du 28 nivôse an VIII (18 janvier 1800), le jour même de la dissolution de cette dernière société, autorisait le ministre des finances à passer bail, pour l'établissement de la Banque de France, « de la maison nationale de l'Oratoire et de la ci-devant église qui en fait partie, rues Honoré et de l'Oratoire. » En outre, un second arrêté consulaire, de la même date également, décide : 1° que tous les fonds que recevrait la Caisse d'amortissement seraient versés par elle à la Banque de France ; 2° que la moitié des fonds provenant des cautionnements à fournir par les receveurs généraux des départements serait convertie en actions de la Banque au nom de la Caisse d'amortissement ; 3° que les obligations impayées des receveurs généraux seraient soldées par la Banque de France jusqu'à concurrence, non seulement des fonds figurant au crédit de la Caisse d'amortissement, mais encore du montant des actions souscrites par elle[7].

Notons que, malgré cette sympathie marquée du pouvoir pour la nouvelle institution, ses statuts furent arrêtés sans le concours du Gouvernement, qui ne s'immisça également ni directement, ni indirectement, dans la nomination de ses chefs supérieurs. Aussi la Banque de France, à cette époque, se flattait-elle d'être libre, « … libre par sa création qui n'appartient qu'à des individus, indépendante par ses statuts, affranchie des conditions qu'aurait pu lui imposer un contrat privé avec le gouvernement, ou un acte législatif, elle existe sous la protection des lois générales et par la seule volonté collective de ses actionnaires. Lorsqu'elle traite avec le gouvernement, ses transactions prennent le caractère qu'elles doivent avoir avec un gouvernement libre : elle ne négocie avec lui que lorsqu'elle rencontre ses convenances et le complément de ses sûretés ; enfin elle est absolument hors de lui[8]. » Cette prodigalité d'affirmation sur sa liberté aurait lieu de nous étonner ; nous pourrions nous demander pourquoi, si la liberté absolue des institutions de crédit existait, il était tellement nécessaire d'afficher son libre arbitre, comme si la règle antérieure avait été le monopole ou les mesures restrictives. Cela ne voudrait-il pas dire, au contraire, que l'ancienne Caisse des comptes courants transformée en Banque de France comprenait les difficultés de sa situation, sentait qu'elle faisait à ses rivales, grâce à l'appui et à la commandite du gouvernement, une concurrence de mauvais aloi et cherchait à dissimuler au public le préjudice que cet état de choses lui causait, au grand avantage d'elle-même ? Cependant nous ne nous arrêterons pas à cette supposition ; nous laisserons la Banque de France se vanter de sa liberté et la proclamer sur tous les tons.

Mais hélas, cette heureuse liberté dont elle est si fière, elle ne la conservera pas longtemps ; elle tend trop à l'unité et à l'absorption des autres établissements d'émission pour ne pas être amenée, comme compensation, à en faire le sacrifice. Déjà pour avoir une souscription gouvernementale de 5 millions[9], ainsi que des dépôts de fonds administratifs, déjà elle s'est engagée à payer, non seulement le montant des fonds en dépôt, mais au-delà et jusqu'à concurrence de ces cinq millions commanditaires. Fatale mesure, qui l'entraîne, quoi qu'elle dise, à raisonner le crédit de l'État avec d'autres arguments que celui des particuliers. Tout gouvernement est pour une banque de circulation un client trop redoutable, surtout quand ce gouvernement réside tout entier dans l'homme de génie le plus despotique des temps modernes.

Le 6 mars 1800, le Gouvernement consulaire fait verser à la Banque de France les fonds déposés à la Caisse des réserves de la Loterie nationale ; le 6 avril, la Banque se charge du recouvrement de la Loterie dans les départements (ce service lui sera retiré en thermidor an XIII) ; le 11 août, enfin, elle prend en main le service en numéraire des rentes et pensions du Gouvernement français, acceptant en paiement des obligations du Trésor public à des échéances en dehors de l'ordinaire. (Ce service est retourné en l'an XII au Trésor public.)

1803. – Elle touche enfin au moment où elle va devenir Banque unique. Nous allons voir à quelles complaisances cela l'entraîna et quelles en furent les suites.

C'est du premier Consul, c'est la Banque qui l'affirme, que vint l'initiative ; il était trop partisan de la centralisation pour ne pas la faire pénétrer dans les institutions de crédit ; d'ailleurs, le rôle économique du billet de banque, peu connu, même de nos jours, du public, l'était encore moins à cette époque ; ce fut néanmoins avec joie que la régence de la Banque reçut, en nivôse an XI, communication des vœux du chef de l'État en faveur de l'unification du billet de banque.

La loi du 24 germinal an XI (14 avril 1803), édition corrigée des statuts de l'an VIII, fut alors promulguée. La Banque de France y est investie pour quinze années à partir du 1er vendémiaire an XII (24 septembre 1803) du privilège exclusif d'émettre des billets de banque. Nulle banque départementale ne peut exister sans l'autorisation du gouvernement. Le capital de la Banque est porté à 45 millions par la création de 15 000 actions nouvelles. La moindre coupure des billets de banque sera 500 francs pour la Banque de France et 250 francs pour les banques départementales. La qualité d'actionnaire, qui donnait anciennement des droits particuliers à l'escompte, cessera d'avoir cette faculté[10]. Le dividende annuel ne pourra excéder 6 %, non compris les produits de la réserve, convertie en rentes sur l'État, qui pourront être répartis additionnellement au dividende de 6 %. Sept régents, sur quinze, et les trois censeurs seront pris parmi les manufacturiers, fabricants ou commerçants actionnaires de la Banque. Enfin, tout membre de l'assemblée aura une voix au moins, mais n'en pourra désormais avoir qu'une, quel que soit d'ailleurs le nombre des actions possédées par lui.

Tels sont les principaux changements apportés aux statuts de l'an VIII par la loi de l'an XI.

La Caisse d'escompte du commerce, le Comptoir commercial, la Factorerie et quelques autres établissements d'émission, contraints par cette loi de retirer leurs billets, s'entendirent avec la Banque. La première échangea, en rechignant[11], la majeure partie de ses actions contre des actions nouvelles de la Banque[12]. Le second se reconstitua d'abord sous une forme analogue au Comptoir national d'escompte de Paris de 1848, c'est-à-dire faisant office d'intermédiaire entre le public et la Banque de France ; puis, en 1808, il quitta son titre de Comptoir commercial et rentra, vis-à-vis de la Banque, dans la catégorie de toutes les autres maisons de banque, sans distinction spéciale, ni faveur particulière. Le sort des autres établissements nous est inconnu.

La banque de France était enfin au comble de ses vœux ; elle seule (Dieu sait à quel prix !) avait le droit exclusif d'émettre des billets de banque ; ses rivales, grâce à son associé, l'État, succombaient sous le coup de la force brutale. Voyons les suites de ce régime centralisateur.

Ce passage de la diversité à l'unité de billets s'opéra au milieu d'une crise intense, avant-coureur de celle dont nous allons enfin parler. Mais force nous est d'entrer dans quelques développements pour en bien mieux faire saisir les causes réelles.

Les escomptes annuels de l'an VIII à l'an XIII avaient crû très rapidement ; durant le deuxième semestre de l'an VIII, on n'avait escompté que pour 112 millions ; en l'an IX, le chiffre de 205 millions n'avait pas été sensiblement dépassé, mais les quatre exercices suivants avaient successivement fourni les sommes respectives de 443, 511, 503 et 631 millions ; nous supposerons, faute de pièces probantes, que ces escomptes sont entièrement dus au commerce[13] ; mais un état fourni par l'administration de la Banque reproduit, d'autre part, les avances annuelles faites au Trésor public, et nous y voyons, pour les six exercices désignés ci-dessus, la somme totale de 722 millions, soit presque le tiers du montant des sommes escomptées au commerce dans la même période. Or, à cette époque, le numéraire en caisse ne dépassa jamais 25 millions et tomba quelquefois au-dessous de 5 ; les comptes courants variaient entre 23 et 6 millions. Quant à la circulation, elle touchait à 80 millions.

1805. – Ce ne sont là, néanmoins, quelque éloquents qu'ils soient, que des chiffres généraux. Une vaste opération[14] à laquelle se laissa aller le Trésor public et dans laquelle la Banque de France, dans sa sujétion au gouvernement, se trouva fatalement englobée, faillit la renverser vers la fin de 1805. Nous voulons parler de la Compagnie des négociants réunis. La Banque de France s'était imprudemment laissée aller, croyant rendre service au Trésor, à escompter des sommes considérables d'effets de ces négociants, pendant que ceux-ci disposaient des fonds qui devaient servir à rembourser les obligations des receveurs-généraux dont la Banque avait une forte partie en portefeuille. Contre ces effets, la Banque avait remis des billets de banque, et il en était résulté une exagération de la circulation en billets, exagération relativement aux besoins et habitudes du public qui n'absorbait, à cette époque, qu'une quantité de billets beaucoup moindre que l'importance de ceux alors en circulation. Le trop plein des billets émis revint naturellement aux guichets se faire rembourser, et l'encombrement qui en résulta embarrassa fort le Conseil général de la Banque de France.

Le portefeuille montant vers 100 millions ne possédait qu'un cinquième en effets réels de commerce. La Banque en était arrivée à n'avoir qu'une encaisse d'à peine 2 millions contre 70 millions de billets de banque en circulation et 20 millions de comptes courants créditeurs.

Dans son extrême détresse, elle s'adressa au ministre du Trésor, le marquis de Barbé-Marbois, qui, à son tour, dévoila au conseil des ministres les difficultés de cette position. Dans cette situation critique (les billets perdaient 10 à 15 %), le conseil des ministres[15], au sein duquel on appela M. Mollien, qui fut d'ailleurs, il faut le dire, opposant à la délibération prise, s'assembla et autorisa la Banque de France à ne rembourser, à partir du 6 octobre 1805, que 600 000 fr. de billets par jour ; « elle ne s'occupa pas de faire acheter au dehors des matières d'or et d'argent, quoique ce fût là une des conditions, une des charges de son privilège, à la vérité mal exprimée dans ses statuts ; mais elle demanda aux banquiers des départements de lui envoyer des espèces en échange de la remise qu'elle leur faisait d'effets sur leurs places[16]. » Par ce procédé elle alimenta ses caisses d'espèces suffisamment pour satisfaire à ses besoins journaliers, qu'elle amoindrit encore par de petits expédients tels que ceux de compter lentement les espèces, de ne payer qu'un billet par personne, de donner, aux termes de l'arrêté du 14 nivôse an IV (4 janvier 1796), un quarantième de la somme en billon (25 francs par 1 000 francs), etc., etc. Elle aida ainsi la Compagnie des négociants réunis à sortir d'embarras jusqu'au retour de l'Empereur. Cela coûta peu à la Banque de France ; ce fut le commerce qui supporta en réalité les conséquences de toutes les difficultés nées de l'imprévoyance du ministre du Trésor et des opérations extra-réglementaires de la Banque de

France. De nombreuses faillites attestèrent l'étendue de la crise qui surgit à ce propos. Récamier, régent de la Banque, jouissant d'une double réputation de probité et de capacité, fut, entre autres, contraint d'arrêter ses affaires.

La difficulté dans laquelle se trouvait la Banque de France résultait bien plus de l'exagération de sa circulation que des inquiétudes que sa position pouvait faire naître. Aussi, dès qu'elle eut retiré assez de billets pour revenir à la somme suffisante aux besoins du public, la crise cessa pour elle. Quant à l'effet de la victoire d'Austerlitz (2 décembre 1805), il fut réel, mais sur le public commerçant et non sur les porteurs de billets qui, encore une fois, avaient confiance, mais ne pouvaient se passer, pour leurs opérations de détail, du numéraire qu'ils demandaient. La tenue du cours des actions est une preuve frappante de ce que nous avançons. Le plus bas cours de 1804 avait été de 1 050 fr. ; le cours minimum de 1806 fut 1 072 fr. 50, tandis que celui de 1805 fut 1 150 fr., prix supérieur aux deux cours minima précités[17].

1806. – La mesure anormale prise par la Banque de France, pour éviter la suspension absolue de paiements de ses billets, put cesser le 25 janvier 1806. Mais on peut voir, par cet incident, sur quelle pente la mettait sa dépendance vis-à-vis du Trésor. Cette leçon ne profita cependant pas, et, au lieu de séparer les intérêts du Trésor de ceux de la Banque de France, au lieu de laisser celle-ci s'occuper exclusivement des affaires commerciales, on ne pensa qu'à lui donner une plus forte constitution[18], c'est-à-dire à la mettre, comme direction, dans les mains de fonctionnaires dépendant du gouvernement. On a vu que, jusqu'alors, la Banque était dirigée par un comité de trois personnes prises au sein du conseil de régence, nommé lui-même par les actionnaires. À ce comité on substitua, par la loi du 2 avril 1806, un gouverneur et deux sous-gouverneurs à la nomination du chef de l'État[19].

Le privilège fut prorogé de 25 ans au-delà des quinze années accordées par la loi de l'an XI. Le capital dut être doublé par l'émission de 45 000 actions nouvelles de 1 000 francs. Le dividende à répartir put dépasser 6 % des deux tiers du bénéfice supplémentaire.

Le conseil de régence, toujours composé de quinze membres, dut comprendre cinq manufacturiers, fabricants ou commerçants, et trois receveurs-généraux.

Telles sont les principales dispositions qui différencient ces statuts des précédents[20].

La Banque, dès ce jour, devenait une institution gouvernementale commanditée par des particuliers. Disons de suite que Mollien, qui se rapprochait, sur beaucoup de points, des doctrines économiques émises dans l'ouvrage d'Adam Smith, fut plus réservé, comme ministre du Trésor, que son prédécesseur Barbé-Marbois, dans ses rapports avec la Banque. Mais il ne fut pas toujours le maître, et l'Empereur qu'aucune considération n'arrêtait quand il s'agissait de soutenir la guerre, ne tenait pas toujours compte des ménagements qu'il eût dus au commerce et à la Banque elle-même »[21].

En outre, le nouveau gouverneur[22] semblait avoir peu étudié ce qui venait de se passer, ou, tout au moins, en avait-il peu profité, car ce qu'il désire pour la Banque, dans son rapport du 13 mai 1806, c'est de devenir une sorte de Banque d'État, concentrant tous les services dont le Trésor se charge, et évitant à ce dernier le maniement de tous fonds et de tout papier. « Dans l'état actuel du commerce, le capital de la Banque (45 millions) serait plus que suffisant si, par un système déjà condamné, elle devait borner ses affaires à l'escompte limité des effets présentés par le commerce. Je dis que ce système étroit est depuis longtemps condamné, puisque la Banque n'a jamais cessé d'appliquer la partie la plus étendue de ses ressources à l'escompte des valeurs négociables, possédées par le Trésor public ; elle n'a point eu à regretter cette extension donnée à ses opérations, sans laquelle ses capitaux seraient resté inactifs. » Après avoir exposé son système de concentration de tous les services financiers dans les bureaux de la Banque : « Loin de nous, continue Crétet, loin de nous ces terreurs, cette exagération de prudence et tous les faux préjugés qui les accompagnent ; la Banque de France sera générale et nationale, etc., etc.[23] »

Le libéral et modéré Mollien se trouvait là, il faut l'avouer, entre Napoléon et Crétet, dans une position singulièrement difficile.

1807. Heureusement cela dura peu ; Crétet appelé au ministère de l'Intérieur, laissa la place de gouverneur au comte Jaubert[24] esprit plus positif.

1808. – La loi du 22 avril 1806 (art. 22), avait décidé que les statuts de la Banque seraient soumis à l'approbation de l'Empereur. En conséquence, un décret impérial du 16 janvier 1808 approuva ces statuts qui contiennent, en plus des articles de la loi de 1806, les principales stipulations qui suivent :

Les actions peuvent, sur déclaration de l'actionnaire, acquérir la qualité d'immeuble ;

Les opérations de la Banque consistent : 1° à escompter à toutes personnes les lettres de change et autres effets de commerce à ordre, à des échéances déterminées, qui ne pourront excéder trois mois[25], et souscrits par des commerçants et autres personnes notoirement solvables ; 2° à se charger pour le compte des particuliers et des établissements publics du recouvrement des effets qui lui sont remis ; 3° à recevoir, en compte courant, les sommes qui lui sont versées par des établissements publics et à payer les dispositions faites sur elle, et les engagements pris à son domicile jusqu'à concurrence des sommes encaissées ; 4° à tenir une caisse de dépôts volontaires[26] pour tous titres, lingots et monnaies d'or et d'argent de toute espèce[27].

L'établissement de comptoirs d'escompte (succursales) dans les départements y est prévu, et nous allons bientôt en voir la mise en application.

La troisième signature des effets de commerce peut être remplacée par un transfert, soit d'actions de la Banque de France, soit de titres de rentes 5 % (valeur nominale).

La Banque peut faire des avances sur effets publics à échéances déterminées.

Le conseil général de la Banque se compose des gouverneur et sous-gouverneurs, des régents et des censeurs[28]. C'est lui fixe le taux de l'escompte et la limite maximum d'échéance des effets à admettre.

Nous venons de voir que la Banque de France était autorisée à établir des comptoirs d'escompte dans les départements. Un décret impérial du 18 mai 1808 arrêta l'organisation de ces comptoirs.

Chaque comptoir sera doté d'un fonds-capital fourni par la Banque ; – leurs opérations sont les mêmes que celles de la Banque ; – le taux d'escompte est provisoirement de 5 % ; il pourra être réduit par le ministre des finances[29] ; – Si le Conseil général de la Banque le juge opportun, ils pourront émettre des billets de 250 fr. et au-dessus ; mais cette permission devra préalablement être approuvée par le Conseil d'État. Ces billets seront remboursables aux caisses des comptoirs. – Les comptoirs seront gérés par un directeur assisté de six à dix administrateurs et surveillé par trois censeurs. Ces derniers seront nommés par le Conseil général de la Banque. Les administrateurs seront choisis par le gouverneur sur des listes présentées, selon les cas, par le Conseil général à Paris, ou des actionnaires résidant au siège du comptoir. Le directeur sera nommé par le gouvernement.

Si le nombre des actions de la Banque de France, inscrites dans un comptoir, représentait la moitié au moins du capital affecté à ce comptoir, les cinquante plus forts actionnaires se réunissaient en assemblée générale pour composer, concurremment avec le Conseil général séant à Paris, une liste de candidats aux places d'administrateurs.

Sous ce régime, trois comptoirs furent fondés à Lyon, Rouen et Lille, par décrets impériaux du 24 juin 1808 pour les deux premiers, et du 29 mai 1810 pour le dernier.

Les opérations des deux premiers comptoirs commencèrent le 10 juin 1809, et celles du dernier le 7 janvier 1811.

Voici l'histoire succincte de ces trois établissements :

À Lyon l'usage commercial était de ne créer d'effets qu'à l'une des quatre échéances suivantes : 1er mars, 1er juin, 1er septembre et 1er décembre et, lorsque l'une de ces échéances arrivait, une chambre de compensation se chargeait, par de simples virements entre tous les commerçants de la ville, d'opérer les paiements les plus considérables, sans avoir besoin de numéraire, si ce n'est pour les soldes. Ce mode était d'un grand secours pour la place[30], mais aucun établissement de crédit ne vint, avant le comptoir de la Banque de France, seconder les efforts de cette ville laborieuse et loyale.

Le capital du comptoir, d'abord de quatre millions, fut bientôt porté à six. Ses opérations, vu les délais d'organisation administrative, ne partent guère, en fait, que du deuxième semestre de 1809. La somme des effets escomptés durant cette demi-année est de 21 ou 29 millions (ces deux chiffres différents se trouvent dans les rapports officiels de la Banque que nous avons sous les yeux). L'année 1810 fournit 57 millions de billets escomptés ; grâce à cette augmentation, les bénéfices du Comptoir, montant à 73 000 fr. pour l'exercice 1809, atteignirent 175 000 fr. en 1810. Le mouvement des caisses, durant cette dernière année, fut de 225 millions, et le montant des effets encaissés au bénéfice des comptes courants de 34 millions.

Le Comptoir de Rouen, au capital de quatre millions, succéda à l'établissement dont nous avons déjà parlé (page 93). Le second semestre de 1809 donne 37 000 fr. de bénéfices nets, et l'année 1810, 98 500 fr. pour 21 millions d'effets escomptés[31], le mouvement des caisses ayant été, en 1810, de 47 millions.

Ces résultats encouragèrent la fondation du Comptoir de Lille, auquel fut affecté un capital de un million.

Ce fut en 1810 que la Banque de France envoya des billets de 250 fr. à ses comptoirs ; par la même circonstance, le taux de l'escompte, auparavant de 5 p. 100, fut abaissé à 4 p. 100, taux de Paris. Lyon reçut trois millions en billets, ce qui porta son capital effectif à neuf millions, et Rouen deux millions, ce qui fit monter son capital à six millions. Lille, lors de son installation, reçut un million en billets, soit, alors, un capital total de deux millions.

La place de Rouen, déjà familiarisée avec les billets de banque par l'établissement de circulation de 1798, rechercha le bénéfice d'une émission de billets ; mais Lyon, qui n'avait jamais eu d'institution d'émission dans ses murs, les Quatre-paiements en tenaient, en partie, lieu, s'habitua difficilement à cet utile instrument d'échange. Cependant, en 1811, la Banque expédiait de nouveau dans cette ville trois autres millions de billets.

Les résultats de l'année 1811 furent moins beaux pour les Comptoirs que les précédents : Lyon ne donne que 40 000 fr. de bénéfice net, Rouen 66 000 fr. ; quant à Lille, elle ne fournit qu'une perte nette de 7 500 francs.

Ceux de l'exercice 1812 offrent peu de variations : – Lyon : effets escomptés, 40 millions ; – effets encaissés pour les comptes courants, 30 millions 1/2 ; – mouvement des caisses, 171 millions 1/2 ; – résultat : bénéfice net, 114 000 fr. – Rouen : effets escomptés, 18 millions 1/2 ; – effets encaissés pour les comptes courants. 1 800 000 fr. ; – mouvement des caisses, 61 millions 1/2 ; – résultat : bénéfice net, 66 000 fr. – Lille : effets escomptés, 10 millions 1/2 ; – effets encaissés pour les comptes courants, 16 millions ; – mouvement des caisses, 57 millions ; – résultat : bénéfice net, 13 000 fr.

En 1813, les résultats en bénéfices nets des Comptoirs forment le total de 357 000 francs. C'est beaucoup plus que les années antérieures semblaient promettre[32].

Nous assisterons plus tard à la liquidation de ces trois Comptoirs ; mais pour le moment, des évènements plus pressants sollicitent l'attention du lecteur.

1810. – Le comte Jaubert, on se le rappelle, avait été nommé en 1807, gouverneur de la Banque de France en remplacement de Crétet. Le taux d'escompte, abaissé récemment de 1 %[33], témoignait plus de l'absence d'affaires que de l'abondance des capitaux. La limite d'échéance maximum avait été relevée de un mois peu de temps auparavant. Grâce à ces facilités, le commerce sembla reprendre un peu d'activité ; la confiance seconda cette amélioration, et le portefeuille, en 1810, atteignit 150 millions ; en cette même année, les opérations d'escompte montèrent à 715 millions[34].

1811. – Cette prospérité devait être fatale à la Banque. Les évènements imposèrent au Trésor des charges énormes ; celui-ci eut recours à la Banque qui, tout d'abord, grâce au retour de confiance du public, eut toute facilité pour accorder, sans trop nuire au commerce, ce qu'on lui demandait. C'est ainsi que, le 2 mai 1811, elle admit à l'escompte 15 millions d'obligations des Droits-réunis (autrement dit l'octroi) ; elle avait alors une encaisse métallique de cent millions contre une circulation à peu près équivalente.

1812. – Le 2 avril de l'année suivante, nouvel escompte de 20 millions des mêmes obligations ; total, 35 millions. Espèces et billets avaient peu varié dans l'intervalle. Depuis plusieurs années, une avance de quarante millions était directement faite au Trésor sur des obligations des receveurs-généraux. Cette dernière opération était renouvelée tous les trois mois.

La Banque de France ne se borna bientôt plus à ces complaisances dangereuses ; son portefeuille se remplit de papier provenant du Trésor et se vida d'une quantité égale d'effets provenant du commerce, et même d'un peu plus, à cause de la diminution de l'encaisse.

Sans revenir sur les conditions de l'escompte, si ce n'est en abaissant d'un mois l'échéance maximum des effets admis, la Banque de France montre, vis-à-vis du public, une sévérité qui fait contraste avec sa manière d'être vis-à-vis du Trésor public.

L'importance du capital de la Banque, au lieu d'être à son avantage, tournait contre elle ; elle ne voulait pas donner moins de 6 % à ses actionnaires ; dès lors elle se trouvait portée à sortir des bornes de la prudence, non dans ses opérations avec le public, mais dans ses transactions avec le Trésor. C'est d'ailleurs, on l'a vu, le motif qui invita le gouvernement à lui imposer ce capital élevé.

Les statuts de l'an XI lui ordonnaient de placer sa réserve en rentes ; le bas prix de nos fonds publics l'y conviait également ; elle ne s'en fit pas faute et employa même ainsi plus que sa réserve ; une fois achetées, on sait qu'elle ne pouvait vendre ces rentes (au moins celles de sa réserve), sans l'autorisation du ministre des finances.

Enfin, elle se détermina à racheter 15 000 de ses propres actions.

Toutes ces opérations puisaient leur raison d'être dans l'exubérance du capital de la Banque de France et dans sa dépendance vis-à-vis de l'État.

Pour rendre moins pénible la lecture de détails, fastidieux par leur nature, nous donnons, de suite, le tableau suivant des opérations et principaux comptes de la Banque de France, année par année, du 20 février 1800 au 31 décembre 1847[35].

Exercices.	Nombre des succurs. en activité. 1	Capital de la Banque. 2 millions.	Variations extrêmes des principaux comptes (Paris).							
			Encaisse		Portefeuille		Circulation		Compt. cour. particuliers	
			max. 3 mill.	min. 4 mill.	max. 5 mill.	min. 6 mill.	max. 7 mill.	min. 8 mill.	max. 9 mill.	min. 10 mill.
An VIII (2e sém.).	»	7.6	11	6	21	5	23	9	6	2
An IX	»	15.0	10	6	34	15	25	17	11	3
An X	»	30.0	15	4	67	28	46	19	17	5
An XI	»	30.0	18	6	72	47	58	39	22	8
An XII	»	45.0	25	5	76	53	70	54	22	9
An XIII	»	45.0	24	1	93	62	79	61	19	7
An XIV-1806	»	90.0	68	1	71	17	80	48	38	6
1807	»	90.0	84	64	71	34	108	75	52	20
1808	»	90.0	80	50	106	67	108	82	61	17
1809	2	90.0	56	34	134	103	103	86	31	17
1810	2	90.0	50	32	149	90	117	90	50	17
1811	3	90.0	124	31	135	10	120	55	58	23
1812	3	90.0	117	29	42	12	134	82	41	15
1813	3	90.0	39	12	58	29	95	50	23	7
1814	3	90.0	81	5	33	2	60	11	56	1
1815	3	90.0	93	19	43	13	71	17	52	11
1816	3	90.0	80	27	79	35	79	56	58	16
1817	3	90.0	94	34	101	66	96	69	68	16
1818	»	90.0	118	34	146	62	126	87	74	28
1819	»	90.0	174	58	119	27	135	80	64	28
1820	»	90.0	218	162	68	26	172	122	78	40
1821	»	90.0	168	143	62	29	195	164	81	47
1822	»	90.0	198	147	73	40	216	166	85	46
1823	»	67.9	204	163	79	29	212	167	111	46
1824	»	67.9	170	128	100	34	252	194	95	41
1825	»	67.9	157	87	140	71	244	180	120	39
1826	»	67.9	119	88	163	97	199	157	72	33
1827	»	67.9	194	120	110	80	203	173	66	36
1828	»	67.9	233	183	102	41	214	180	73	41
1829	»	67.9	206	162	72	51	215	182	63	33
1830	»	67.9	172	104	130	75	239	214	86	39
1831	»	67.9	265	123	85	25	239	201	117	63
1832	»	67.9	282	217	30	19	258	202	87	61
1833	»	67.9	227	133	48	25	229	193	73	38
1834	»	67.9	181	119	55	39	222	192	70	43
1835	»	67.9	203	130	84	62	242	207	77	41
1836	2	67.9	188	89	151	77	231	192	85	47
1837	2	67.9	216	103	166	86	217	190	90	54
1838	4	67.9	298	208	163	92	227	195	76	43
1839	4	67.9	249	203	204	198	213		69	41
1840	6	67.9	243	206	204	130	251	201	90	54
1841	7	67.9	241	169	164	106	240	209	64	36
1842	10	67.9	229	174	130	66	247	215	50	32
1843	10	67.9	247	192	138	82	248	216	55	34
1844	11	67.9	279	234	88		271	233	60	37
1845	11	67.9	279	176	124		289	247	121	45
1846	13	67.9	252	90	152		311	243	108	45
1847	14	67.9	107	58	231	152	288	206	69	37

Exercices.	Mouvement général des caisses. 12 millions.	Escomptes au commerce. 13 millions.	Taux moyens. 14 0/0	Opérations annuelles (Paris). Encaissements (comptant). 15 millions.	Avances aux particul. 16 millions.	Avances au Trésor. 17 millions.	Ensemble. 18 millions.
An VIII (2e sém.).	377	111.8	6 »	20.5	»	22.6	inc.
An IX..........	1.236	205.6	5.85	122.0	»	30.1	inc.
An X...........	2.684	443.5	6 »	233.1	»	87.1	inc.
An XI..........	3.560	510.9	6 »	286.0	»	132.0	inc.
An XII.........	3.650	503.3	6 »	339.9	»	175.7	inc.
An XIII........	4.247	630.9	6 »	317.1	»	274.3	inc.
An XIV-1806....	3.649	320.4	4.60	306.8	»	230.2	inc.
1807...........	3.025	333.3	4.50	466.3	»	27.8	inc.
1808	3.808	557.3	4 »	447.2	3.8*	35.1	inc.
1809	3.943	545.4	4 »	502.1	2.9*	71.4	inc.
1810	4.165	715.0	4 »	491.8	2.6*	49.6	inc.
1811	3.294	391.2	4 »	430.2	1.8*	161.4	inc.
1812	2.838	427.2	4 »	327.5	0.3*	273.4	inc.
1813	3.362	610.4	4 »	246.6	1.7*	343.3	inc.
1814	2.922	84.7	4.75	220.1	1.9*	268.7	inc.
1815	3.312	205.6	5 »	317.8	6.4*	62.5	inc.
1816	4.577	420.0	5 »	393.1	1.3*	178.1	inc.
1817	7.676	547.5	5 »	467.8	2.5	200.4	inc.
1818	9.655	616.0	5 »	542.1	2.5	67.0	822.8
1819	6.706	387.4	5 »	473.4	3.8	216.3	628.8
1820	6.655	253.9	4.70	557.7	64.3*	209.4	inc.
1821	7.597	384.6	4.04	640.4	86.0*	133.2	inc.
1822	8.448	395.2	4 »	677.8	177.7	204.7	806.1
1823	9.425	319.1	4 »	746.4	132.2*	689.7	inc.
1824	13.965	489.3	4 »	748.3	452.5*	320.0	inc.
1825	12.333	638.2	4 »	822.4	493.7	80.0	1.220.0
1826	8.314	688.6	4 »	824.4	163.0	280.7	1.132.3
1827	8.416	566.1	4 »	836.5	42.4*	130.0	inc.
1828	8.754	407.2	4 »	897.3	25.8*	146.2	inc.
1829	8.977	434.3	4 »	843.5	21.0*	261.8	inc.
1830	10.271	617.5	4 »	828.3	84.2*	583.0	inc.
1831	7.221	222.5	4 »	676.4	57.2*	517.4	inc.
1832	6.622	150.7	4 »	720.0	15.6*	109.3	inc.
1833	7.209	240.3	4 »	876.4	78.8*	84.0	inc.
1834	7.695	306.6	4 »	908.6	116.9	74.7	486.0
1835	7.710	443.3	4 »	890.0	76.4	32.7	543.0
1836	8.044	759.3	4 »	888.9	163.0	24.4	939.0
1837	7.653	753.6	4 »	802.2	125.7	2.0	914.2
1838	7.167	801.6	4 »	948.3	63.6	0.6	891.5
1839	7.478	1.047.1	4 .	875.7	229.1	1.4	1.315.6
1840	11.373	928.5	4 .	891.0	204.6	1.2	1.232.0
1841	10.283	885.8	4 .	952.8	119.6	1.9	1.021.8
1842	10.125	944.0	4 .	871.3	79.5	4.2	1.034.9
1843	9.998	771.6	4 .	884.0	53.6	2.0	839.1
1844	11.239	749.4	4 .	1.027.0	55.5	2.4	809.2
1845	15.098	1.003.7	4 .	1.149.6	91.2	1.6	1.101.4
1846	14.868	1.191.1	4 .	1.171.6	95.5	0.2	1.294.2
1847	14.214	1.329.5	4.95	1.122.9	30.0	2.8	1.372.2

Exercices.	Opérations annuelles des succurs. 19 millions.	Total général Paris et succurs. 20 millions.	Résultat des opérations annuelles (Paris et succursales).			Dividendes semestriels.	
			Produit brut. 21 mille fr.	Dépenses administratives. 22 mille fr.	Produit net. 23 mille fr.	1er semestre. 24 francs.	2e semestre. 25 francs.
An VIII (2e sém.).	»	inc.	968	219	749	.	50 .
An IX	»	inc.	1.921	332	1.589	50 .	50 .
An X	»	inc.	3.628	775	2.853	40 .	50 .
An XI	»	inc.	4.499	979	3.520	55 .	58.71
An XII	»	inc.	5.704	1.518	4.186	40 .	40 .
An XIII	»	inc.	6.912	2.959	4.653	35 .	36 .
An XIV-1806	»	inc.	6.605	2.436	4.169	36 .	56 .
1807	»	inc.	5.108	985	4.147	39 .	43 .
1808	»	inc.	6.530	1.126	5.404	38 .	35 .
1809	inc.	inc.	8.277	1.138	7.089	37 .	37 .
1810	inc.	inc.	8.305	1.009	7.296	36 .	38 .
1811	ic.	inc.	7.279	1.015	6.264	35 .	31 .
1812	inc.	inc.	7.702	979	6.723	33.75	36 .
1813	inc.	inc.	8.631	1.010	7.620	39 .	36.50
1814	inc.	inc.	5.913	907	5.006	30 .	30 .
1815	inc.	inc.	6.878	859	5.989	32 .	32 .
1816	inc.	inc.	8.606	861	7.745	36 .	40 .
1817	inc.	inc.	9.986	823	9.164	41.50	46 .
1818	»	822.8	11.696	859	10.837	44.50	55 .
1819	»	628.8	7.185	916	6.969	36 .	30 .
1820	»	inc.	6.643	912	5.731	30 .	34.50
1821	»	inc.	9.591	923	8.668	42.50	41.50
1822	»	806.1	8.079	924	7.155	41 .	32 .
1823	»	inc.	8.228	939	7.289	39.50	42 .
1824	»	inc.	8.440	936	7.504	48 .	44 .
1825	»	1.220.0	8.924	952	7.972	49 .	49 .
1826	»	1.135.3	8.272	970	7.302	48 .	43.50
1827	»	inc.	6.463	941	5.522	39 .	35 .
1828	»	inc.	10.228	951	9.277	34 .	77 .
1829	»	inc.	5.462	952	4.510	30 .	34 .
1830	»	inc.	7.662	1.021	6.641	42 .	43 .
1831	»	inc.	7.285	964	6.321	45 .	36 .
1832	»	inc.	6.169	937	5.232	38 .	33 .
1833	»	inc.	5.610	915	4.695	31 .	35 .
1834	»	486.0	6.385	939	5.446	37 .	43 .
1835	»	543.0	7.699	950	6.749	52 .	46 .
1836	14.2	973.2	8.655	997	7.658	50 .	62 .
1837	25.1	939.3	9.533	974	8.559	60 .	66 .
1838	83.0	974.5	8.830	1.077	7.753	52 .	62 .
1839	138.5	1.434.0	10.955	1.145	9.810	71 .	73 .
1840	179.4	1.461.4	10.589	1.073	9.516	70 .	69 .
1841	191.0	1.212.8	9.726	1.143	8.583	61 .	65 .
1842	233.6	1.268.5	10.444	1.134	9.310	64 .	72 .
1843	213.3	1.082.7	9.481	1.149	8.332	66 .	56 .
1844	321.7	1.130.9	8.431	1.164	7.267	49 .	58 .
1845	397.5	1.498.9	10.273	1.225	9.048	58 .	75 .
1846	432.7	1.726.9	12.069	1.223	10.846	80 .	79 .
1847	481.7	1.833.9	13.235	1.209	12.026	84 .	93 .

1813. – L'année 1813 arrive avec tout son cortège de désastres politiques et militaires. Les opérations avec le Trésor atteignent 343 millions. La Banque n'a plus guère d'affaires qu'avec lui ; le portefeuille tombe à 29 millions ; quant au Trésor, il doit, en dehors des obligations des receveurs-généraux figurant au portefeuille, 54 millions, 40 par lui et 14 par les Droits réunis[36] ; en outre, la Banque a un capital d'environ 35 millions, employé en rentes sur l'État. Sa circulation en billets a certainement diminué ; elle avait atteint 134 millions en 1812 ; en 1813, elle tombe au-dessous de 50 millions. Mais si on la compare à l'encaisse, après y avoir ajouté les sommes en comptes courants appartenant aux particuliers, on reconnaîtra que, pour l'année 1813 surtout, les engagements à vue de la Banque, comparés à ses ressources disponibles, 118 contre 39, si on prend les maxima, et 57 contre 12, si on prend les minima, commencent à sortir de la proportion voulue par l'usage, 3 à 1. Un moyen, pour la Banque, de rétablir l'équilibre, c'est de vendre ses rentes et de dégager du même coup sa réserve ; mais ce moyen, d'une part sera onéreux pour elle à qui son 5 % revient beaucoup plus cher que le cours actuel ; en outre, il fera du tort au marché, ce que le gouvernement ne tolérera pas ; et, comme le consentement de ce dernier est nécessaire pour cette réalisation, le moyen, conseillé par la logique, pratiqué en tout temps chez les peuples où les banques sont libres, le moyen proposé devient impossible.

Cependant la position se tend, le public porteur de billets abonde au bureau des remboursements ; c'est que le sol de la patrie est envahi, et, devant ce fait brutal, la confiance ne tient pas. Durant le mois de décembre 1813, la Banque de France avait remboursé près de 39 millions de billets ; il en restait encore une soixantaine de millions en circulation, et l'encaisse avait déjà diminué d'une manière effrayante.

1814. – Le 18 janvier suivant, au soir, on avait remboursé plus de 21 millions de billets depuis le commencement de l'année ; l'encaisse n'était plus que de 14 354 000 fr. ; le portefeuille contenait bien 31 331 000 fr., rien que d'effets commerciaux ; mais il n'était réalisable qu'à des échéances plus ou moins éloignées, dans un délai maximum de deux mois ; il y avait, d'autre part, encore, en circulation, pour 38 326 500 fr. de billets, et les comptes courants des particuliers figuraient au passif pour un solde de 6 374 000 francs, soit 45 millions d'engagements à vue contre 14 millions d'espèces métalliques en caisse, et un portefeuille d'effets, à échéances diverses, de 31 millions.

Se rappelant ce qui a été fait huit ans auparavant, le Conseil général de la Banque prend la résolution de limiter le remboursement de billets en espèces à 500 000 francs par jour. Cette décision, prise le 18 janvier au soir, ne doit être exécutée que le 20 au matin ; en attendant, le conseil convoque les chefs des cent principales maisons de commerce de Paris à une réunion, où il leur communique sa décision et sa résolution de limiter la circulation à 45 millions pendant le régime provisoire, que les circonstances le forcent de subir. Après discussion, l'assemblée approuve à l'unanimité les résolutions du conseil de la Banque, et offre patriotiquement son appui moral et matériel pour l'exécution de cette mesure.

Il était temps ; dans la seule journée du 19, quatre millions et demi de billets s'échangèrent contre espèces[37].

Cela suffit cependant, parce que, loin de chercher à prolonger cette situation anormale, la Banque procéda à une véritable liquidation. D'abord elle rentra dans les créances gouvernementales qui motivaient sa gêne ; les 14 millions restant dus sur les 35 millions d'obligations des Droits-réunis furent payés par le baron Louis dès les premiers jours de son entrée au ministère ; quant aux 40 millions restants, ils ne furent, il est vrai, soldés que par tiers et à des échéances espacées d'une année à partir de janvier 1816.

Mais la réalisation de son portefeuille, qui tomba à 1 715 000 fr., lui permit de rembourser ses billets. À partir du 14 avril[38], elle n'usa plus de l'expédient limitatif relaté plus haut ; elle crut même de bonne politique de hâter le retrait de ses billets, puis, les joignant à ceux en caisse ou en émission, elle les brûla, ainsi que les instruments qui servaient à les fabriquer. Cette mesure fut prise pour empêcher les ennemis, qui envahissaient notre territoire, de se servir de ces ressources terribles entre leurs mains. On doit penser, tout en tenant compte des évènements politiques, ce que le commerce dut souffrir de ces restrictions de la Banque ; le total des opérations d'escompte de cette funeste année n'atteint pas 85 millions, après avoir été de 400 au minimum durant les six années antérieures. La véritable cause, raison politique à part, de cette situation, apparut enfin aux administrateurs de la Banque.

Délivrés de la sujétion dans laquelle les tenait le gouvernement précédent, et sous la direction de Jacques Laffitte, nommé gouverneur provisoire le 6 avril 1814, ils convoquèrent, le 16 novembre 1814, une assemblée générale d'actionnaires, ayant pour objet de délibérer sur une demande à faire au gouvernement à l'effet de modifier les statuts de cet établissement et de le ramener à son institution primitive, c'est-à-dire que, au lieu que ce fût l'État qui dirigeât et les actionnaires qui surveillassent, de faire l'État simple contrôleur, et l'actionnaire administrateur par voie de délégation. Ce projet, dont les détails n'ont qu'un intérêt historique, diminuait le capital-actions, mettait le gouvernement de la Banque à la nomination des actionnaires, les censeurs à celle du gouvernement, supprimait les comptoirs et convertissait enfin l'institution de banque d'État en banque commerciale, sans cesser pour cela d'être banque de circulation. Il ne demandait pas la suppression du privilège pour Paris, mais laissait volontiers des banques locales se fonder dans les départements à la place des comptoirs. Ce n'était pas absolument parfait, ni entièrement conforme aux principes de la science économique, qui ne peut entendre parler de privilèges ni de monopoles en matière de commerce, même à propos des banques de circulation, mais c'était infiniment meilleur que ce qui existait, et il eût été à souhaiter que ce projet eût été adopté en entier par le gouvernement.

Des raisons diverses, principalement des changements de ministre, empêchèrent ce projet de passer aux Chambres[39], et le 6 avril 1820, la nomination du duc de Gaëte (Gaudin) au poste de gouverneur définitif, enleva tout espoir aux promoteurs de cette salutaire réforme.

Nous verrons néanmoins que, en fait, quelques dispositions du projet, qui ne nécessitaient pas de changements dans la loi pour être mis à exécution, furent appliquées, et qu'ainsi l'énergique et libérale conduite de J. Laffitte ne fut pas sans utilité.

Ainsi, la mesure d'établir des comptoirs en province fut abandonnée, et on s'occupa même sérieusement de liquider ceux existant. La circulation leur avait déjà été retirée, par suite des craintes inspirées par l'invasion. Le comptoir de Lille n'avait jamais été, à vrai dire, en activité : sa liquidation était toute faite. La Banque de France chercha à créer une banque locale à Lyon, et offrit même de prendre un intérêt dans cette affaire. Mais le public commerçant de Lyon se montra si froid que la Banque n'y songea plus, et, en 1815, le comptoir de Lyon avait cessé d'exister.

À Rouen, elle eut plus de succès. Une banque départementale, au capital de un million, y fut fondée, et, grâce à cette institution, cette ville n'a pas cessé, depuis 1798, d'avoir un établissement de circulation[40].

Nous avons vu que la Banque de France avait racheté 15 000 de ses propres actions avant 1814 ; elle en fit de nouveaux achats en 1816, et le nombre total des actions ainsi retirées des mains du public alla à 22 100, ressortant en moyenne au prix de 1 037 francs. Elle en resta là, et, jusqu'en 1848, le capital effectif de la Banque de France se composa de 67 900 actions, soit au pair, un total de 67 900 000 francs.

Si les statuts de la Banque de France ne reçurent aucune modification, il n'en fut heureusement pas de même de l'esprit présidant à sa direction. Ses opérations avec le Trésor furent peu importantes ou n'eurent plus le même caractère ; elle s'occupa davantage du commerce et eut plus de souci, qu'avant 1814, des besoins des négociants. N'oublions pas, cependant, que c'est toujours une banque privilégiée, dirigée par l'État, surveillée seulement par les actionnaires, et, plus d'une fois, hélas ! nous aurons occasion de signaler les funestes effets de cette constitution, en flagrant désaccord avec les principes de la science.

1815-1817. – Les années 1815, 1816 et 1817 furent laborieuses pour le pays. Les besoins du Trésor accablaient la France, qui dut recourir à des ressources extraordinaires pour satisfaire les impérieuses exigences de l'étranger. Juste conséquence de l'esprit de conquête dont le gouvernement précédent avait été possédé à un si haut point ! Les affaires, cependant, malgré ces graves difficultés, reprenaient, grâce à la sécurité inspirée par l'avenir, grâce à la paix générale qui succédait à une guerre européenne. Le gouvernement de la Restauration, éclairé par sa chute en 1815, s'occupait avec sollicitude des améliorations dont le pays avait tant besoin, et, à cet égard, il fut heureux dans le choix de ses ministres des finances. Le baron Louis, Corvetto, le comte Roy, de Villèle, malgré leurs opinions protectionnistes, ont laissé de beaux souvenirs.

1818. – En 1818, le Trésor avait complètement remboursé à la Banque le prêt de 40 millions. Mais il présenta à l'escompte, comme tout particulier d'ailleurs, des effets de commerce ou autres, pour des sommes importantes : en 1816, 97 millions ; en 1817, 118 1/2 ; nous ignorons le montant des sommes présentées en 1818. Aucune condition exceptionnelle ne fut, d'ailleurs, stipulée en sa faveur ; comme tout autre client, il dut s'exécuter à l'échéance, lorsqu'il ne convint pas à la Banque d'opérer un renouvellement.

Une crise commerciale éprouva la Banque et le pays en cette même année ; la conduite de cette institution, en cette circonstance, fut pleine de sagesse. Les sommes, énormes pour l'époque, qu'il fallut tirer du pays, en moins de trois années, pour payer l'étranger, et les émissions extraordinaires de rentes que cette liquidation entraîna, furent les principales causes de cette crise.

En juillet 1818, l'encaisse de la Banque montait à 117 millions. L'Autriche, la Russie, les Deux-Siciles, la Prusse, et surtout la France, faisaient, de toutes parts, appel aux capitaux disponibles ; l'encaisse de la Banque, le 8 octobre, n'était plus que de 59 millions. Le 15 du même mois il continue à baisser, et les escomptes augmentent en raison inverse. La Banque a abaissé de 90 à 60 jours le maximum de durée des effets admis.

Grâce à ce remède, elle peut, sauf la bonté des signatures, ne rien refuser des bordereaux présentés à l'escompte. Cependant les espèces diminuent toujours et, le 29 octobre, elles n'atteignent plus que 37 millions ; les billets en circulation et les comptes courants cumulés montent, au contraire, jusqu'à 165 millions ; les besoins d'escomptes sont toujours aussi urgents. Que fait la Banque ? Elle tranche dans le vif ; elle abaisse de nouveau le maximum d'échéance des effets admis, qui n'est plus que de 45 jours, et, grâce à cette mesure rigoureuse mais salutaire, elle ne refuse, ni au public ni au Trésor, les demandes d'escomptes faites dans les termes réglementaires. Ce résultat, elle l'obtient sans recourir à la suspension, même momentanée, du remboursement des billets, sans augmenter le taux de l'escompte, qui reste invariablement fixé à 5 %[41].

Un moment, au plus bas de la crise, l'encaisse ne montait qu'à 34 millions, quand le passif atteignait 163 ; il fallait du courage pour ne pas s'effrayer et pour renoncer à ce facile moyen d'invoquer du gouvernement l'autorisation, si tentante, de suspendre partiellement, si ce n'est totalement, le paiement des billets de banque.

Rendons hommage, pour cette conduite énergique et pleine de modération et de sens, à la mémoire de l'honnête Jacques Laffitte ; il fut, à cette époque, l'objet de nombreuses attaques dont le temps a enfin fait justice.

On ramena bientôt la limite maximum de l'échéance des effets admis à son taux ordinaire, 90 jours, chiffre maintenu jusqu'en 1855.

Deux nouvelles banques départementales furent fondées en 1818 : l'une à Nantes, l'autre à Bordeaux. Celle de Nantes, établie au capital de 600 000 francs, n'entra en activité qu'à partir du 1er janvier 1822. La Banque de Bordeaux eut des commencements très pénibles ; la circulation des billets s'y établit très difficilement. Son capital primitif était de 3 millions.

Nous reviendrons sur les trois banques départementales de cette époque lorsque la Banque de France établira de nouveau des comptoirs dans les départements, en 1836.

1819. – La surexcitation causée par les évènements financiers de 1818 passa rapidement, mais un véritable abattement succéda à cet état de fièvre[42]. L'escompte, qui avait atteint 616 millions en 1818, ne monte qu'à 387 en 1819 ; le mouvement total des caisses tombe de 9 milliards 655 millions à 6 milliards 706 millions.

Le taux des avances sur lingots et monnaies d'or et d'argent étrangères qui, depuis l'origine de cette nature d'opérations (1818), était le même que celui de l'escompte des effets de commerce, est réduit, à partir de 1819, à 1 %, taux auquel il est encore aujourd'hui.

1820. – L'escompte fut abaissé à 4 %, d'abord (1er juin 1819) pour les effets à 30 jours ou moins, puis (1er février 1820) pour toutes les échéances. Ce taux a subsisté sans interruption jusqu'en 1847.

C'est en 1820 que Jacques Laffitte fut remplacé au gouvernement de la Banque par l'ancien ministre des finances de l'Empire, Gaudin, duc de Gaëte ; Jacques Laffitte avait été le promoteur d'une salutaire réforme dans l'organisation de la Banque ; les actionnaires l'avaient adoptée, et, le 17 janvier 1820, ils émettaient encore à l'unanimité un vœu relatif aux réformes demandées dès 1814. Avec la retraite de Laffitte toute espérance de modification disparut et, depuis, il n'en a plus été question, au sein de la Banque du moins. Rappelons, pour honorer la mémoire de l'homme de bien et d'intelligence, qui fut de 1814 à 1820 le gouverneur de la Banque, que, ayant proposé, en 1814, entre autres réformes, la gratuité des fonctions de gouverneur, il mit de suite en pratique cet article spécial, et, quoique la Banque de France fût toujours sous l'empire de l'ancien régime, il ne voulut pas toucher le traitement auquel il avait des droits incontestables.

Gaudin débuta par une opération depuis longtemps désirée, par la répartition de la réserve. Cette réserve montait, au 31 décembre 1819, à 13 768 527 fr. 96 cent.[43], déduction faite de 3 millions 875 472 fr. 04 cent., pour l'acquisition de l'hôtel de la Banque et de ses dépendances. La loi du 4 juillet 1820 autorisa le gouverneur de la Banque à répartir cette somme ; en conséquence chaque action reçut 202 fr., soit, une somme totale de 13 715 800 fr. qui sortit des caisses de la Banque.

C'est en 1820 que fut fondée, à Paris, la Caisse hypothécaire. Nous parlerons plus tard de cette entreprise, que nous ne mentionnons ici que pour prendre date.

1821-1823. – L'année 1820 fut encore plus faible, comme résultat, que 1819 ; la masse des effets escomptés dans l'année n'est plus que de 254 millions ; mais, en 1821 et principalement en 1822, il y a amélioration notable ; en 1823, rechute probablement due à la guerre d'Espagne ; reprise progressive et dans une plus forte proportion qu'antérieurement, de 1823 à 1826.

1824. – C'est à partir du 15 janvier de cette année que la Banque commença à introduire dans le public jouissant de l'avantage d'un compte courant chez elle, l'usage des mandats de virement (dits mandats rouges, de la couleur du papier qui sert à les fabriquer), qui servent à transporter une somme d'un compte courant à un autre, sans aucune autre formalité qu'un virement d'écriture. De cette manière il y a moins de danger d'erreur, de perte ou de vol, tant pour les déposants que pour la Banque.

C'est pareillement au 29 avril 1824 que remonte la création des récépissés nominatifs à vue.

1827-1828. – L'escompte des effets de commerce diminua dans ces deux années, ce qu'il faut principalement attribuer à l'état de souffrance dans lequel le commerce s'est trouvé durant cette période, en France comme, d'ailleurs, dans les autres parties de l'Europe, suite naturelle de la guerre de l'indépendance de la Grèce ; en 1829 et 1830, l'augmentation reprend son cours.

À partir de 1828, le Trésor cessa de se servir de l'entremise de la Banque pour le paiement des arrérages de ses rentes, comme cela avait lieu depuis 1808, et, depuis cette époque, il accomplit lui-même cette opération.

1830. – Par un traité passé avec l'administration des monnaies, traité qui expira en 1830, la Banque s'était engagée dans une nature d'opérations, consistant à retirer de la circulation les écus de 3 et 6 livres, et à les faire convertir en monnaie nouvelle. Le montant de cette sorte de transactions monta en totalité à 124 millions, ainsi répartis entre les dix années que dura le traité :

	millions.		millions.		millions.
1820-21..	22.2	1824.....	3.8	1827.....	11.3
1822.....	18.8	1825.....	15.9	1828.....	11.2
1823.....	17.5	1826.....	16.9	1829.....	6.9

Dans la même période, les hôtels des monnaies en France ont frappé pour 967 millions d'espèces d'argent ; la Banque est donc entrée pour 1/8e dans ce mouvement.

Les évènements politiques de l'année 1830 amenèrent dans le mouvement commercial une telle perturbation, que l'on crut devoir adopter les mesures exceptionnelles, dont nous allons parler.

Une ordonnance royale du 21 août 1830 nomma une commission spéciale, chargée « d'examiner et de constater la situation commerciale et industrielle du pays, de rechercher les causes des embarras existants sur plusieurs points du royaume, et de proposer les mesures convenables pour rendre aux transactions et à la circulation générale leur régularité habituelle. »

À la suite de cette enquête, le ministre des finances de l'époque, le baron Louis, déposa, le 18 septembre, sur la tribune de la Chambre des députés, un projet de loi tendant à garantir, au nom de l'État, les prêts faits au commerce et à l'industrie jusqu'à concurrence de 60 millions. Le 29 du même mois, la commission chargée d'examiner ce projet, proposa de le rejeter, par l'organe de M. Persil, son rapporteur. Mais à la discussion, qui eut lieu les 6 et 8 octobre, on adopta un amendement de M. Duvergier de Hauranne, qui changeait les deux points capitaux du projet du baron Louis ; d'abord, au lieu de garantir des prêts et avances, l'État prêtait lui-même : par contre, au lieu de 60 millions, on n'en affectait que 30 à cette opération. Cette loi, ainsi modifiée, fut portée le 13 octobre suivant à la Chambre des pairs, où le comte Mollien, l'ancien ministre du Trésor de l'empire, proposa de l'adopter, ce qui fut fait le 16 octobre ; le 17, elle était promulguée, et, le 18, on nomma la commission chargée de présider à la répartition de ces prêts. Ainsi donc, en un mois, jour pour jour, la loi fut présentée, discutée, modifiée et adoptée dans les deux chambres. C'est que, en effet, l'on n'avait pas de temps à perdre ; il y avait déjà près de trois mois que la Révolution avait eu lieu, et le commerce était pressé de sortir de la pénible situation où il se trouvait.

Le plus urgent était de remplacer d'abord les intermédiaires entre le public et la Banque de France, intermédiaires qui manquaient, soit parce qu'ils avaient disparu dans la tourmente commerciale de cette époque, soit parce qu'ils se dérobaient par peur. On eut alors l'idée de consacrer une partie des fonds ci-dessus à la formation d'un Comptoir d'escompte à Paris.

Une ordonnance royale du 26 octobre 1830 autorisa la formation de ce comptoir, avec affectation d'une somme de 1 300 000 francs, à prendre sur celle de 30 millions, mise par la loi du 17 octobre à la disposition du commerce et de l'industrie, pour entreprendre l'escompte des effets, à deux signatures seulement, sur Paris et la province ; un million fut affecté à l'escompte du papier sur Paris et le restant, 300 000 francs, à celui du papier sur la province. L'échéance des effets sur Paris pouvait varier de trois à six mois, tandis que celle des effets sur la province ne pouvait excéder trois mois. Le taux d'escompte était fixé pour les premiers à 4 %, et pour les derniers à 5 %. Un comité de sept membres fut, dès cette époque, institué pour présider aux opérations de ce comptoir ; M. Robert fut nommé, le 10 novembre, agent comptable de cet établissement, dont, comme tel, il dirigea les opérations, et plus tard la liquidation[44].

Le 29 novembre 1830, une nouvelle somme de 400 000 francs fut versée au Comptoir par le Trésor, et le 14 décembre suivant, une dernière somme de 60 000 fr. vint porter à 1 760 000 fr. l'importance du capital mis à sa disposition par son seul et unique commanditaire, le Trésor public.

Du commencement de ses opérations au 31 décembre 1830, le Comptoir escompta 6 354 effets, montant, en somme à 3 065 629 fr. 05 c., et produisant un bénéfice de 23 145 francs.

Comme jusqu'alors le Comptoir n'avait fonctionné qu'avec les fonds du Trésor, cette somme dut être ajoutée à celle avancée par l'État, qui, alors, se trouva monter à 1 783 145 fr., somme représentée, fin 1830, par :

2,365 effets en portefeuille....................	1.193.575 fr. 49
Un solde déposé à la Banque de France........	111.657 15
Et par des effets sur les départements remis au Trésor, et qui diminuèrent d'autant l'importance du capital affecté par ce dernier aux opérations du Comptoir.............................	477.912 36
Somme égale................	1.783.145 00

Telle était la situation du Comptoir, quand une délibération du Conseil municipal de la ville de Paris, du 21 décembre 1830, approuvée par ordonnance royale du 23 du même mois, autorisa cette dernière à donner sa garantie à la Banque de France jusqu'à concurrence de quatre millions, à l'effet de concourir, de concert avec le Trésor, à la continuation et à l'extension des opérations du Comptoir.

Le concours fut limité à six mois, à partir du 1er janvier 1831, puis prorogé à plusieurs reprises ; les conditions furent de ne prendre que du papier sur Paris et de porter l'escompte à 6 %. Le comité d'escompte fut augmenté de sept autres membres et une commission de trois censeurs, pris parmi les conseillers municipaux, fut chargée de surveiller, au nom et dans les intérêts de la Ville, es opérations du Comptoir.

Le terme des opérations de ce dernier fut successivement prorogé aux 31 août, 30 septembre 1831, 31 mai et 30 septembre 1832 ; cette dernière date fut enfin le terme fatal. Les sommes et les conditions des escomptes furent fixées par les diverses délibérations qui autorisèrent ces prorogations de manière à ce que les opérations du Comptoir allassent constamment en diminuant jusqu'à l'époque de leur cessation totale.

Ainsi donc, le Comptoir, en partant de la participation de la ville à ses opérations, dura 21 mois, pendant lesquels il lui fut présenté 59 928 effets, montant à 33 191 433 fr. 20 c., et admis 30 720 effets appartenant à 1 345 négociants, commerçants et industriels, produisant un bénéfice net de 109 908 fr. 86 c., et atteignant la somme de 17 563 376 fr. 48 c. ; en y ajoutant les sommes escomptées antérieurement au 31 décembre 1830, on arrivait à une somme totale de 20 629 005 fr. 53 c., répartis sur 37 074 effets. Au 30 septembre 1832, les effets en souffrance montaient à 593 962 fr. 50 c.

Nous avons vu que c'est à cette date que le Comptoir cessa ses opérations ; à partir de ce moment, on procéda à sa liquidation.

Le compte d'effets en souffrance, le seul qui, actuellement, offre un certain intérêt, se résumait comme suit :

	Trésor seul (nov. et déc. 1830).	Trésor et Ville (1er janv. 1831, 30 sept. 1832).
Effets en souffrance au 31 déc. 1832.	131.371 fr. 37	577.721 fr. 21
Frais de poursuite et autres........	27.420 47	130.602 92
	158.791 84	708.324 13
A déduire, rentrées au 28 févr. 1841.	63.702 71	360.719 47
Totaux à cette dernière date........	95.089 13	347.604 66[1]

Le capital total engagé par le Trésor et la Ville, dans cette entreprise, a monté à 5 305 232 fr. 64 c., dont 4 millions garantis par la Banque, sous la responsabilité de la Ville, et le reste en espèces. Il ne sera pas sans intérêt de produire, par profession, la somme des effets escomptés, ainsi que l'importance du chiffre des effets en souffrance au 28 février 1841 :

Professions.	Sommes escomptées du 1er janv. 1831 au 30 sept. 1832.	Effets en souffrance au 28 fév. 1841.	Rapports des effets en souffrance aux sommes escomptées.
Épicerie, pelleterie, couleurs.	2.677.084 »	4.609 64	0,17
Vins et eaux-de-vie	1.565.606 »	51.636 33	3,29
Bois à ouvrer	2.017.843 »	49.262 57	2,44
Tannerie, peausserie, carrosserie	1.445.876 »	14.598 79	1,01
Imprimerie, librairie, papeterie	1.034.527 »	425 34	0,04
Bâtiment, architectes	1.630.062 »	69.406 05	4,26
Rampes, menuiserie, charronnage	602.746 50	9.048 48	1,50
Charpente	165.039 »	15.061 75	9,13
Serrurerie, machines	550.847 »	32.061 23	5,82
Pavage, tuilerie	169.648 »	2.220 88	1,31
Peintures en bâtiment, fumisterie	156.276 »	4.836 69	3,09
Carrières, terrassements	123.708 »	605 51	0,49
Plâtrières	254.399 »	12.990 39	5,11
Drap, confection	1.040.581 »	8.446 77	0,81
Nouveautés, tapisserie, bonneterie	1.516.897 »	18.292 15	1,21
Ébénisterie, pianos	222.037 »	10.327 43	4,65
Marbres, sculpture industrielle	91.661 »	1.015 87	1,11
Porcelaines, cristaux, verreries	127.441 »	8.834 46	6,93
Métallurgie, bijouterie, armurerie	932.433 »	1.109 89	0,12
Divers	1.238.064 98	32.814 44	2,65
Totaux et rapport 0/0	17.563.376 48	347.604 66	1,98

On remarquera que, eu égard à l'importance des sommes escomptées, c'est l'industrie de la charpente qui a donné lieu au chiffre proportionnel des effets en souffrance le plus élevé, et celle de la librairie, imprimerie et papeterie, le chiffre proportionnel le plus bas.

La province suivit l'exemple de Paris, et une dizaine de comptoirs furent créés dans les départements, entre autres à Amiens, Cholet, Condé-sur-Noireau (Calvados), Limoges, Nantes, Rethel, Reims, Rochefort, Rouen, Troyes. Une somme de 2 659 500 fr., sur les 30 millions prêtés par l'État à l'industrie, fut destinée à faciliter leur création. Nous ne savons pas quelle fut leur destinée, mais il n'y eut, dans leur formation, ni l'ensemble, ni l'uniformité qui a présidé, dix-huit ans plus tard, à l'établissement des comptoirs et sous-comptoirs d'escompte ou de garantie.

La formation de ces comptoirs n'empêcha pas la Commission de s'occuper activement des autres demandes de prêts qui abondaient de tous côtés. Le nombre de celles qui parvinrent à la Commission fut :

Pour Paris, de....	1024, et en capital....	59.848.700
Pour les dép. de..	392,	—	....	53.394.645
Soit un total de...	1416,	—	....	113.243.345

La Commission, se basant sur l'intérêt général du commerce, l'utilité des établissements, l'étendue et la nature de leurs relations ainsi que le nombre d'ouvriers qu'ils occupaient, appréciant en outre la solidité des garanties et consultant, pour les demandes provenant des départements, les Chambres de commerce et les autorités locales, accéda dans les proportions suivantes aux demandes produites :

Paris........	249 établissements, pour	14.495.432 fr. de capital.
Départements .	196	—	—	15.504.568	—
Ensemble.	445	—	—	30.000.000	—

L'intérêt à la charge des emprunteurs fut fixé à 4 %.

La Commission s'attacha à exiger des emprunteurs toutes les sécurités désirables.

Voici comment doivent être répartis les prêts, par catégories de garantie :

Hypothèques.....................	13.275.400 fr.
Transfert des créances............	2.376.500
Effets de portefeuille, endossements.	9.561.068
Nantissements	3.322.632
Affectations d'objets mobiliers......	1.464.400
Total...............	30.000.000

Les époques de recouvrement furent, en général, fixées à 12, 18 et 24 mois.

En résumé, par cette répartition, 53 départements, non compris celui de la

Seine, participèrent au prêt de 30 millions, et près de 450 maisons de commerce ou fabriques entretenant plus de 80 000 ouvriers furent secourues.

Sur les 30 millions autorisés par la Commission, il n'en fut ordonnancé par le ministre que pour 29 811 329 francs ; le restant du crédit fut annulé.

Les sommes prêtées en 1830 atteignirent 22 072 457 francs, et celles prêtées en 1831, 7 738 872 francs.

Le tableau qui suit donne la répartition, par nature d'emprunteur, des fonds prêtés, des intérêts de ces fonds et des frais qu'a coûtés leur recouvrement, du total du débet, des recouvrements effectués au 1er janvier 1870 et du solde dû par les emprunteurs à la même époque :

Nombre d'établissements.	Classification des divers emprunteurs.	Montant des prêts.	Accroiss. div., int. et frais.	Total du débet.	Atténuations.	Solde restant dû au 1er janv. 1870.
186	Emprunteurs qui ont fourni une garantie hypothécaire	10.899.686	2.091.776	12.991.462	12.055.998	935.464
100	Emprunteurs qui ont déposé des marchandises en garantie (y compris 328 fabricants du faubourg Saint-Antoine en compte collectif)	3.290.931	617.485	3.908.416	3.840.940	67.476
36	Emprunteurs qui ont été cautionnés	4.300.500	166.453	4.466.953	4.466.952	»
37	Emprunteurs qui ont engagé le matériel de leur établissement.	761.798	145.489	907.287	886.604	20.683
14	Emprunteurs qui ont versé à la caisse du Trésor des effets de portefeuille en garantie.	1.545.514	152.867	1.698.381	1.697.976	405
55	Emprunteurs qui ont fourni des garanties de différentes natures	4.653.400	1.035.222	5.688.622	5.687.355	1.267
8	Comptoirs d'escompte dans les départements.	2.659.500	80.037	2.739.537	2.739.537	»
1	Comptoir d'escompte à Paris	1.700.000	3.019	1.703.019	1.703.019	»
437	Totaux.	29.811.329	4.292.348	34.103.677	33.078.382	1.025.295

On voit que les 29 811 329 francs prêtés se sont accrus de 4 292 348 francs d'intérêts et frais de recouvrements, soit un total de 34 103 677 francs, que les atténuations suivantes :

Versements effectués dans les caisses du Trésor. 28.064.519
Réductions prononcées par décisions, décrets, etc. 109.616
Déclarations de caducité 4.904.248

Ensemble........................ 33.078.383

ont réduit à 1 025 295 francs, que l'appréciation de l'agence judiciaire du Trésor classe ainsi :

Créances bonnes............ 119.983
— douteuses......... 66.584
— mauvaises......... 838.728

Total............ 1.025.295

Disons, pour l'instruction de ceux qui se croient à l'abri de tout péril quand ils ont une hypothèque, que, sur le chiffre de un million que comprennent les créances en souffrance, les quatre cinquièmes, soit 801 822 francs, sont pourvus d'une affectation de garantie hypothécaire.

Dans cette dernière somme ne sont pas compris les intérêts liquidés pour la totalité des affaires contre lesquelles il reste encore à suivre, étant, dans l'état actuel, irrévocables pour la plupart.

Nous n'entreprendrons pas la critique détaillée de cette opération, qui a eu son pendant dans le prêt de 40 millions consenti aux termes de la loi du 1er août 1860, en faveur de certaines industries, pour le renouvellement ou l'amélioration de leur matériel. Nous nous contenterons de dire que l'État, en ces deux circonstances, a fait trop ou trop peu ; trop si, comme cela est notre opinion, il est complètement sorti de ses attributions, trop peu si c'était de son ressort d'être l'intermédiaire entre les contribuables et les industriels, pour faire des avances à ces derniers. Il faut être logique, et ne pas s'arrêter timidement quand on pense être dans le vrai. Pourquoi 30 ou 40 millions ? Pourquoi telle ou telle industrie ? Pourquoi tels ou tels industriels ? Pourquoi pas l'agriculture, le commerce, les belles-lettres, etc., etc. ? C'est à proprement parler du communisme et, ce qui est pire, du communisme honteux.

1831. – Nous avons déjà vu que l'année 1834 avait été des plus besogneuses pour le commerce ; cependant il ne faut pas perdre de vue que les causes de cette crise ne sont pas de la même nature que celles de la crise de 1818.

En 1818, une masse énorme de rentes encombrait la place depuis trois ans ; le numéraire avait constamment servi à solder les troupes étrangères et privé le marché commercial français de son utile concours. La confiance régnait ; on avait foi dans l'avenir et dans la continuation de la paix ; mais on exigeait du capital de roulement une rotation plus rapide qu'il ne pouvait la faire à cette époque ; de là les souffrances auxquelles la Banque de France apporta, sans sortir de l'état normal, tout le soulagement que l'on pouvait en attendre dans les circonstances difficiles où elle-même se trouvait.

En 1831, la situation n'est plus la même. Il y a eu une révolution ; un roi a été acclamé, avec enthousiasme cela est vrai ; pour le commerce cela ne suffit pas : l'instabilité du pouvoir se montre à nu par les faits qui ont amené la chute de la branche aînée ; on ne nie certes pas l'illégalité des derniers actes de Charles X, mais on est frappé de la facilité avec laquelle on se croit délié complètement, envers une constitution violée, il est vrai, par l'adverse partie. Ce peu de respect pour la loi fondamentale effraye une partie du commerce. On se demande, en outre, si l'étranger ne soutiendra pas la dynastie de son choix, et la paix n'est pas assurée aux yeux de tout le monde.

C'est pour ces raisons que la masse des escomptes annuels à la Banque de France qui, en 1818, atteint 616, et, en 1826, 689 millions, descend, en 1831, à 223 millions, et en 1832 à 151, minimum depuis 1814. Le portefeuille, en 1818, ne tombe pas au-dessous de 62 millions ; en 1831 il arrive à 25, et en 1832 à 19. Le passif exigible à vue, en 1818, arrive à 163 millions contre 34 d'encaisse ; en 1831-32 il est d'environ 330 millions, chiffre maximum, contre une encaisse minimum de 123 millions en 1831, et même 217 en 1832. En 1818 il y a exubérance de transactions, en 1831 absence d'affaires ; la confiance qui règne en 1818 ne pousse pas à liquider ; c'est l'inverse qui a lieu après 1830. En un mot, 1818 crise commerciale et financière ; 1831 crise politique.

Cette distinction était nécessaire pour faire comprendre la reprise qui n'aura lieu que deux à trois ans plus tard, c'est-à-dire seulement lorsque les appréhensions sur la politique extérieure et la tranquillité intérieure auront disparu.

La Banque de France avait, à nombreuses reprises, demandé au gouvernement l'autorisation de ne plus porter le tiers de ses bénéfices semestriels à la réserve et de le distribuer à ses actionnaires avec les deux autres et, rétrospectivement, de répartir le tiers mis en réserve depuis le 1er juillet 1820. Elle n'obtint, pour le moment, que la seconde partie de sa demande, et ce ne fut qu'en 1834 qu'elle fut autorisée à répartir le plein de ses bénéfices.

En conséquence de la loi du 6 décembre 1831, elle paya alors à chaque action une somme de 145 francs, soit, pour les 67 900 actions, 9 845 500 francs ; comme les bénéfices mis en réserve, du 1er juillet 1820 au 30 juin 1831, montaient à 9 974 398 fr., il y eut une soulte de 128 898 francs non répartie et reportée à nouveau.

1833. – Le 7 février de cette année, la Banque commença à faire des avances sur actions de canaux.

Ses statuts, comme on a vu plus haut, page 105, ne l'autorisaient encore à faire des avances sur effets publics qu'à la condition qu'ils fussent à échéance déterminée. La loi du 17 mai 1834 modifia cet état de choses en l'autorisant à faire des avances sur tous effets publics français sans condition d'échéance. C'est, en conséquence, à partir de cette époque que la Banque a commencé à prêter sur dépôt de rentes françaises.

La même loi modifie les conditions du fonds de réserve. Au lieu d'un tiers des bénéfices annuels, il se compose d'une somme fixe de 10 millions, que les bénéfices dépassant 6 % devront refaire toutes les fois qu'elle aura été entamée pour distribuer aux actions ces mêmes 6 %. Ces 10 millions sont placés en rentes et représentés par 500 000 fr. de 5 % sur l'État.

Dans le cours de la discussion relative à cette loi, un député, M. Ganneron, que nous verrons plus tard constituer une institution de crédit d'un genre mixte, proposa d'autoriser la Banque à fonder un comptoir d'escompte, à l'usage du commerce de détail, pouvant prendre des effets à six mois d'échéance et à deux signatures, au taux d'intérêt de 5 %. Cette proposition, quoique vivement appuyée, fut rejetée.

À partir de 1832 la sécurité commença à ramener les affaires, et, jusqu'en 1839, le chiffre, nombre et somme des effets escomptés, s'accrut chaque année[46].

1835-1838. – La prospérité dont la France commençait à jouir, à cette époque, fit sentir le besoin d'augmenter le nombre des institutions d'émission. C'est pourquoi, de 1835 à 1838, cinq banques locales furent instituées dans les départements[47].

On se rappelle que, en 1817 et 1818, trois banques s'établirent à Rouen, Nantes et Bordeaux.

La Banque de Rouen débuta avec un capital de un million et un privilège de neuf années ; elle avait droit d'escompter le papier sur Rouen, le Havre et Paris. Elle ouvrait des comptes courants, comme actuellement beaucoup d'établissements de crédit, soit à Paris, soit en province, et payait un intérêt même pour les dépôts à vue. Au début l'escompte fut à 12 %. Il fut successivement réduit et se trouvait à 4 % en 1838. Renouvelée en 1826, cette société porta son capital d'abord à 1 250 000 fr. (1834), puis à 1 500 000 fr. (1835), ensuite à 2 millions (1836), puis à 2 millions et demi (1837) ; enfin, en 1848, il était fixé à 3 millions.

Voici, résumés dans un tableau, les chiffres de ses principales opérations annuelles, et de leurs résultats, de 1837 à 1847 :

Années.	Sommes (2) escomptées au commerce. millions	Encaisse. millions	Moyennes annuelles (3). Portefeuille. millions	Circulation. millions	Comptes courants. millions	Actions de 1,000 fr. Dividendes (4). 0/0	Cours moyen. fr.
1837	46.5	inc.	7.6	5.4	inc.	inc.	inc.
1838	44.7	inc.	7.3	5.5	inc.	inc.	inc.

⁽²⁾ Les sommes escomptées au commerce en 1827 furent de 17 426 000 francs.

⁽³⁾ Il ne sera pas sans intérêt de savoir que la moyenne de l'encaisse de la Banque de Rouen fut en 1818 de 217 000 fr., en 1826 de 1 622 000 francs et en 1827 de 1 626 280 fr. ; la moyenne du portefeuille en 1818 de 2 017 900 fr., en 1826 de 3 009 000 fr. et en 1827 de 2 405 900 fr., enfin la moyenne de la circulation en 1818 de 929 500, en 1826 de 1 022 500, et en 1827 de 2 840 000 francs. La moyenne annuelle des dividendes de 1818 à 1826 fut de 7,8 %.

⁽⁴⁾ De 1827 à 1840, la moyenne des répartitions aux actions a été de 9 %

1839	61.3	1.2	8.1	6.3	0.3	11.»	1790
1840	52.4	1.8	7.7	6.5	0.4	10.3	1850
1841	64.1	1.7	9.3	7.4	0.4	11.3	2310
1842	106.8	2.2	9.7	8.2	0.4	11.3	2450
1843	51.4	3.1	8.0	9.0	0.2	10.7	5285
1844	48.4	3.0	8.8	10.0	0.2	11.1	2400
1845	60.8	3.3	9.1	10.5	0.2	11.9	2550
1846	77.7	3.8	10.0	10.9	0.3	12.0	2585
1847	79.9	4.5	10.1	12.0	0.3	14.4	2650

La Banque de Nantes, quoique autorisée sous forme anonyme, dès le 11 mai 1818, ne commença à fonctionner, nous l'avons déjà dit, que le 1er janvier 1822. Son capital, primitivement de 600 000 francs, fut porté à 900 000 en 1837, 1 500 000 en 1838 2 millions en 1839, et 3 millions en 1840. Comme la Banque de Rouen, elle payait un intérêt pour les sommes déposées chez elle en compte courant. Ayant la faculté d'escompter le papier payable sur toutes les places de France, elle n'en prit guère que sur Nantes, Paris et Bordeaux. Cette banque eut pour système une grande mobilité dans ses taux d'escompte. De 1830 à 1838, son taux moyen est de 3,8 %. C'est la banque, en France, qui escomptait aux plus basses conditions. Voici le résumé de ses opérations annuelles et de leurs résultats, de 1837 à 1867 :

Années.	Sommes escomptées au commerce. millions	Encaisse. millions	Moyennes annuelles. Portefeuille. millions	Circulation. millions	Comptes courants. millions	Actions de 1,000 fr. Dividendes. 0/0	Cours moyen. fr.
1837	18.3	inc.	2.3	2.2	inc.	inc.	inc.
1838	23.0	inc.	3.2	2.4	inc.	inc.	inc.
1839	28.4	1.4	4.0	2.8	0.2	inc.	inc.
1840	27.6	1.8	4.5	3.4	0.5	5.6	1255
1841	34.3	1.5	5.1	3.5	0.5	6.9	»
1842	35.1	1.4	5.2	3.6	0.5	7.1	1500
1843	42.5	1.7	6.2	3.7	0.6	9.0	1520
1844	41.7	1.6	6.3	3.7	0.8	8.1	1525
1845	53.5	1.8	6.9	4.3	0.9	8.7	1700
1846	48.7	1.7	6.0	4.6	0.7	8.3	1730
1847	49.5	1.7	6.4	4.3	0.6	9.7	1750

L'établissement de la Banque de Bordeaux a été autorisé par ordonnance royale du 23 novembre 1818. Nous avons dit qu'elle éprouva de grandes difficultés dès sa fondation. Sa circulation, pendant les deux premières années, ne dépassa pas 3 millions ; elle atteignait, dans le courant de la sixième, 8 millions et demi. Les comptes courants s'étaient plus rapidement développés. Cependant, en 1830, une panique financière la contraignit à suspendre le remboursement de ses billets en espèces ; mais le commerce de cette ville, satisfait de la bonne foi qui présidait à la direction de cet établissement, s'engagea, comme à Londres, en 1745 et 1797, comme à Paris, en 1814, à accepter ses billets au pair, comme du métal. Bientôt la situation de cette banque s'améliora ; elle put reprendre l'échange de ses billets contre des espèces, et son crédit sortit de cette crise plus fort qu'auparavant.

Les actions de 1 000 francs, tombées au-dessous de 700, ne tardèrent pas à remonter.

Le capital de cette Banque était, en 1848, de 3 150 000 francs ; ainsi que la réserve, il fut, en totalité, converti en rentes sur l'État.

Cet établissement éprouva encore une crise en 1838 ; mais, encore cette fois, il en put sortir victorieusement ; il avait fait venir, à grands frais, de Paris, 17 millions et demi d'espèces monnayées.

Les actions, jusqu'en 1834, ont à peu près touché les intérêts à 5 %. Voici, depuis cette dernière époque, les opérations annuelles, et leurs résultats, jusqu'en 1847 :

Années.	Sommes escomptées au commerce. millions	Prêts sur rentes ou lingots. millions	Encaisse. millions	Moyennes annuelles. Porte-feuille. millions	Circulation. millions	Comptes courants. millions	Actions de 1,000 fr. Dividendes. 0/0	Cours moyen. fr.
1834 (2e sém.)	55.7	inc.	inc.	inc.	inc.	inc.	3.5	inc.
1835	92.0	inc.	inc.	inc.	inc.	inc.	11.5	inc.
1836	109.9	inc.	inc.	inc.	inc.	inc.	11.8	inc.
1837	84.0	inc.	inc.	6.0	12.7	inc.	9.4	inc.
1838	126.7	inc.	inc.	8.4	12.8	inc.	13.3	inc.
1839	122.6	inc.	5.0	8.4	14.2	2.4	15.2	2500
1840	109.7	0.9	6.1	8.8	15.2	2.8	13.4	2500
1841	101.0	1.0	8.1	7.6	16.1	3.1	13.9	2500
1842	74.5	0.3	9.8	7.0	16.5	3.4	12.4	2285
1843	58.3	0.5	11.3	4.9	16.7	1.5	12.0	2280
1844	72.5	0.6	13.6	8.3	17.7	1.9	12.0	2210
1845	95.1	0.6	12.9	12.0	20.4	1.6	12.6	2440
1846	97.4	0.5	13.4	13.0	21.4	1.7	13.2	2360
1847	106.2	0.8	12.6	13.9	20.9	2.0	16.3	2200

Les six banques départementales fondées, de 1835 à 1838, avaient leur siège à Lyon, Marseille, Lille, Le Havre, Toulouse et Orléans.

Fondée en 1835 (ordonnance du 29 juin), la Banque de Lyon fut constituée au capital de 2 millions, et dotée d'un privilège de vingt années. Ses opérations ne commencèrent qu'au 1er octobre 1836. En voici les principaux résultats annuels, de 1837 à 1847 :

Années.	Sommes escomptées au commerce. millions	Prêts sur rentes ou lingots. millions	Encaisse. millions	Moyennes annuelles. Porte-feuille. millions	Circulation. millions	Comptes courants. millions	Actions de 1,000 fr. Dividendes. 0/0	Cours moyen. fr.
1837	31.2	0.6	inc.	2.8	6.6	3.0	3.7	inc.
1838	63.9	2.7	inc.	7.0	8.3	3.5	10.»	inc.
1839	68.8	2.2	5.3	8.6	9.1	4.8	12.6	inc.
1840	77.5	4.1	5.7	9.7	10.8	4.3	13.4	2300
1841	74.5	8.3	9.1	9.2	13.8	4.3	14.6	2710
1842	89.1	9.4	7.3	11.7	14.5	4.8	16.4	3010
1843	100.0	5.7	9.3	12.8	15.2	5.9	16.0	3500
1844	122.9	4.4	8.1	16.4	16.6	6.4	20.7	4000
1845	152.0	6.7	10.2	18.8	18.3	9.8	24.0	3775
1846	142.9	3.3	13.6	19.6	20.1	11.6	24.4	3690
1847	185.6	2.9	10.4	23.1	19.7	11.7	28.8	3770

On se rappelle les difficultés qu'éprouva la place de Lyon, sous le premier empire, à s'habituer aux billets du Comptoir d'escompte de la Banque de France. On se souvient aussi que, lors de la cessation des opérations de ce comptoir, en 1817, la Banque de France ne réussit pas à fonder un établissement de crédit et de circulation dans cette ville, quoiqu'elle offrît d'y prendre un intérêt, comme simple commanditaire. On comprendra, dès lors, combien durent être pénibles les commencements de la banque nouvelle établie dans cette cité manufacturière. Cependant, peu à peu, elle prit de l'extension, et, malgré la faiblesse de son capital, elle en était arrivée, pour le développement de son portefeuille, à atteindre presque Marseille, pourvue d'un capital double du sien. Aussi ses actions avaient-elles presque quadruplé de valeur.

La Banque de Marseille, résultat de la fusion de deux projets en concurrence, fut autorisée par ordonnance royale de 27 septembre 1835, au capital de 4 millions.

Voici le tableau de ses opérations annuelles et de leurs résultats, de 1837 à 1847 :

Années	Sommes escomptées au commerce. millions	Prêts sur rentes ou lingots. millions	Encaisse. millions	Moyennes annuelles. Portefeuille. millions	Circulation. millions	Comptes courants. millions	Actions de 1,000 fr. Dividendes. 0/0	Cours moyen. fr.
1837	39.2	inc.	inc.	3.5	5.4	inc.	inc.	inc.
1838	52.5	inc.	inc.	3.4	5.9	inc.	inc.	inc.
1839	91.0	inc.	2.7	6.4	7.9	1.0	inc.	inc.
1840	116.4	inc.	3.6	8.1	9.8	1.1	inc.	inc.
1841	112.4	8.4	4.5	7.9	11.0	1.4	6.9	1580
1842	143.0	9.9	5.0	8.3	11.7	1.4	8.9	1700
1843	152.4	17.3	4.9	8.5	12.5	1.2	9.6	1855
1844	187.4	17.8	5.3	8.0	13.0	0.8	8.1	1860
1845	233.9	34.9	5.5	10.6	13.7	0.6	10.0	1830
1846	264.0	2.6	5.8	12.2	14.7	0.8	12.0	1925
1847	270.2	2.4	6.4	14.0	16.5	1.1	12.9	1970

La Banque du Havre, ainsi que celle de Marseille, fut le résultat de la fusion de deux établissements projetés. Instituée par ordonnance royale du 25 août 1837, elle fut établie au capital de 4 millions. La Banque de France eut d'abord l'idée de fonder un comptoir (succursale) au Havre ; mais quelques obstacles la rebutèrent, et la banque départementale l'emporta.

Voici le tableau des opérations annuelles de cette banque et de leurs résultats, de 1838 à 1867 :

Années.	Sommes escomptées au commerce. millions	Prêts sur rentes ou lingots. millions	Encaisse. millions	Moyennes annuelles. Portefeuille. millions	Circulation. millions	Comptes courants. millions	Actions de 1,000 fr. Dividendes. 0/0	Cours moyen. fr.
1838	23.3	inc.	inc.	3.0	0.8	inc.	inc.	inc.
1839	42.9	inc.	0.6	4.3	1.7	0.1	inc.	inc.
1840	49.8	0.6	0.9	5.2	2.4	0.2	4.9	1115
1841	53.2	0.7	1.1	6.0	2.9	0.1	5.3	1250
1842	55.8	0.3	1.1	5.8	2.9	0.2	5.5	1260
1843	48.6	0.5	1.0	5.9	2.8	0.1	5.4	1250
1844	47.2	0.3	1.1	5.8	3.3	0.1	5.5	1245
1845	54.0	0.3	1.3	6.6	3.9	0.1	6.1	1300
1846	54.8	0.2	1.4	6.8	3.9	0.1	6.4	1310
1847	67.5	0.2	1.6	7.0	4.4	0.1	6.8	1330

On voit dans quel état d'infériorité cette banque reste, comparativement à celle de Marseille, où le capital était le même, et surtout à celle de Lyon, qui ne possédait qu'un capital moitié moindre.

La Banque de Lille, fondée, comme à Lyon, au capital de 2 millions, n'obtint pas non plus un succès aussi brillant que la banque de cette dernière ville. Elle fut autorisée en société anonyme par ordonnance royale du 25 juin 1836, et commença à opérer un an après.

Voici le résumé sommaire de ses opérations annuelles et de leurs résultats, de 1837 à 1847 :

Années.	Sommes escomptées au commerce. millions	Prêts sur rentes ou lingots. millions	Encaisse. millions	Moyennes annuelles. Portefeuille. millions	Circulation. millions	Comptes courants. millions	Actions de 1,000 fr. Dividendes. 0/0	Cours moyen. fr.
1837	5.8	»	inc.	1.5	0.5	inc.	inc.	inc.
1838	17.7	»	inc.	2.5	1.4	inc.	inc.	inc.
1839	21.8	»	1.2	3.0	2.5	0.4	4.8	inc.
1840	22.5	»	1.3	2.8	2.9	0.5	6.0	1300

Années	Sommes escomptées au commerce (millions)	Prêts sur rentes ou lingots (millions)	Encaisse (millions)	Portefeuille (millions)	Circulation (millions)	Comptes courants (millions)	Dividendes (0/0)	Cours moyen (fr.)
1841	19.1	»	1.6	2.4	3.3	0.6	6.5	1495
1842	22.6	»	1.5	3.1	3.2	0.5	6.7	1675
1843	13.4	»	2.0	4.6	3.9	0.8	6.7	1640
1844	20.4	»	1.9	5.3	4.3	0.7	7.9	1700
1845	23.9	»	1.8	5.3	4.3	0.6	9.4	1900
1846	42.7	0.2	1.7	5.2	4.2	0.6	8.7	1800
1847	48.5	0.4	1.8	5.4	4.5	0.6	9.6	1700

La Banque de Toulouse a été autorisée par ordonnance royale du 11 juin 1838, au capital de 1 200 000 francs. Voici le résumé de ses opérations annuelles et de leurs résultats, de son entrée en activité à 1847 :

Années	Sommes escomptées au commerce (millions)	Prêts sur rentes ou lingots (millions)	Encaisse (millions)	Portefeuille (millions)	Circulation (millions)	Comptes courants (millions)	Dividendes (0/0)	Actions de 1,000 fr. Cours moyen (fr.)
1839	8.7	»	0.9	1.0	0.6	0.1	2.5	inc.
1840	16.3	»	0.9	1.4	1.3	0.1	4.8	inc.
1841	21.1	0.0	1.1	1.7	2.2	0.1	6.9	inc.
1842	30.4	0.0	1.3	2.2	3.2	0.3	10.3	1100
1843	36.6	0.0	1.3	2.7	3.3	0.1	10.7	1200
1844	38.4	0.1	1.1	3.0	3.2	0.1	10.7	1200
1845	27.8	0.3	1.5	2.2	3.9	1.6	11.1	1200
1846	23.2	0.0	1.3	1.7	3.9	0.2	10.0	»
1847	24.4	0.2	1.6	2.4	4.8	0.2	11.7	1200

La Banque d'Orléans, enfin, la dernière par ordre de fondation, fut établie en vertu de l'ordonnance royale du 8 novembre 1838. Son capital n'était que de 1 million.

En voici les opérations annuelles et leurs résultats, de son origine à 1847 :

Années.	Sommes escomptées au commerce.	Prêts sur rentes ou lingots.	Moyennes annuelles.			Comptes courants.	Actions de 1,000 fr.	
			Encaisse.	Porte-feuille.	Circulation.		Divi-dendes.	Cours moyen.
	millions	millions	millions	millions	millions	millions	0/0	fr.
1839	4.8	»	0.4	1.2	1.0	0.1	inc.	inc.
1840	13.7	0.1	0.6	1.8	1.7	0.1	7.2	1550
1841	17.6	0.1	0.8	2.3	2.0	0.2	7.9	»
1842	22.2	0.3	1.0	2.8	2.6	0.3	9.1	1800
1843	19.5	»	0.9	2.8	2.6	0.1	9.3	1860
1844	15.3	»	1.0	2.4	2.7	0.1	8.8	1705
1845	21.5	2.5	0.9	2.4	2.5	0.1	8.8	1750
1846	21.3	4.1	1.0	2.6	2.8	0.1	10.0	1810
1847	19.8	2.4	1.1	2.6	3.0	0.1	11.3	»

Nous avons dit que la Banque d'Orléans fut la dernière banque départementale instituée en France ; en effet, après elle, le gouvernement n'en voulut plus autoriser, au moins dans l'esprit du mot. En vain Foix et surtout Dijon[48] demandèrent à posséder un établissement de circulation, la réalisation de ce souhait leur fut longtemps refusée[49].

Cependant une ordonnance royale du 4 août 1839 finit par autoriser l'établissement d'une banque dans la dernière de ces deux villes, mais à des conditions tellement onéreuses que les actionnaires qui, d'abord, avaient coopéré à cette fondation dans l'espérance de modifications ultérieures, finirent par abandonner bientôt le projet.

Cependant la direction qui fut imprimée aux opérations des neuf banques départementales justifie peu les appréhensions et les réserves du pouvoir à cette époque. En effet, si nous réunissons en un seul tableau les chiffres que nous venons de donner isolément pour chacune de ces institutions, nous obtenons les résultats suivants :

Années	Capital	Escompte du papier payable sur place	à Paris	Total	Prêts sur rentes ou lingots	Encaisse	Portefeuille	Avances	Total	Circulation	Comptes courants	Total
		mill.	mill.	mill.	mill.	mill.	mill.	mill.	mill.	mill.	mill.	mill.
1837	14.1	inc.	inc.	225.2	inc.	inc.	23.6	inc.	inc.	32.8	inc.	inc.
1838	18.2	inc.	inc.	354.7	inc.	inc.	34.9	inc.	inc.	37.0	inc.	inc.
1839	21.4	inc.	inc.	450.2	inc.	19.7	44.9	2.4	66.9	46.3	10.4	56.7
1840	22.9	319.8	136.1	486.0	inc.	23.9	50.0	1.6	75.4	54.7	10.5	65.3
1841	23.4	372.4	137.0	509.5	inc.	29.6	51.4	5.6	86.6	62.7	11.3	74.0
1842	23.4	441.0	133.5	574.6	20.1	32.4	55.8	5.2	93.4	66.9	12.8	79.7
1843	23.4	404.1	118.4	522.6	24.1	35.6	56.4	4.1	96.1	69.7	10.5	80.2
1844	23.4	462.9	131.4	594.3	23.3	36.6	64.2	3.7	104.6	74.3	11.3	85.5
1845	23.4	552.1	170.4	722.5	45.2	39.3	74.0	6.5	119.7	81.8	15.5	97.2
1846	23.4	570.4	202.2	772.5	10.9	43.7	77.2	1.8	122.9	86.5	16.0	102.6
1847	23.4	650.9	200.7	851.6	9.2	41.7	85.0	3.5	130.1	90.1	16.8	106.9

Or, avec un capital de 24 millions, avoir une encaisse de 40 millions et un passif exigible de 108 à 107, est une situation fort rassurante. D'autre part, avec ce capital, escompter plus de 800 millions d'effets par an est rendre au public la somme de services qu'il peut largement exiger d'une banque de circulation[50]. Généralement (à Nantes, Lyon, Bordeaux, etc.) l'escompte était à 4 % ou au-dessous.

M. Gautier reconnaît que la banque de Nantes faisait payer moins cher ses services que la Banque de France. Cependant, elle parvenait encore à faire produire à son capital 8 à 10 %, et sa situation ne sortait pas des limites de la prudence, comme on peut le voir par le tableau que nous avons précédemment donné, spécialement pour cette banque. Cette forme d'institution ne demandait qu'à se développer, et bientôt ces établissements, par des traités que l'intérêt leur aurait dictés, auraient échangé et remboursé réciproquement leurs billets, comme cela se fait d'ailleurs en Écosse, Irlande, Suisse, États-Unis et beaucoup d'autres pays à établissements multiples d'émission, de façon à avoir leur liberté d'action d'une part et à éviter cependant, d'autre part, au public les ennuis d'une circulation multiple. Mais nous verrons que les évènements en décidèrent autrement.

1836. — Le gouvernement de juillet sembla d'abord disposé à adopter le système mixte des banques départementales libres dans certaines localités, et de comptoirs d'escompte relevant de la Banque de France, d'autre part.

Ainsi, après avoir sanctionné la création de banques à Lyon et à Marseille, il autorisa celle de comptoirs à Reims, puis Saint-Étienne ; – ensuite, fondation de banques à Lille et au Havre, suivie de création de comptoirs à Saint-Quentin et Montpellier ; – encore fondation de banques à Toulouse et

Orléans, accompagnée, de près, de création de comptoirs à Grenoble, Angoulême, etc.

Jusqu'alors, ces comptoirs sont régis par le décret impérial du 18 mai 1808, plus ou moins modifié par l'ordonnance qui institue le comptoir. Ces modifications consistent principalement en ce que la direction est plus spécialement entre les mains de la Banque de France qui fixe, par exemple, le taux de l'escompte, règle l'émission des billets, etc. Les opérations sont, d'ailleurs, les mêmes que celles de la Banque de France ; ainsi, les titres de rentes sont admis en guise de troisième signature ; le comptoir peut prêter sur effets publics à échéances déterminées ou non, etc., etc.

En 1841, une ordonnance royale vint définitivement établir le régime de ces comptoirs. Cette ordonnance, du 25 mars, est encore celle qui régit les succursales de la Banque de France ; nous allons donc en esquisser, avec soin, les bases principales.

D'abord les comptoirs de la Banque de France sont sous sa direction immédiate. L'État n'intervient plus dans leur administration que par l'entremise du gouvernement de la Banque. On peut, au premier abord, s'en effrayer pour les intérêts de localité, mais il faut, pour être juste, reconnaître que, une fois la diversité des banques repoussée, le mieux est que la Banque centrale ait l'autorité absolue en même temps que la responsabilité. C'est de bonne administration.

Une ordonnance royale est nécessaire pour établir ou supprimer un comptoir.

Le fonds de chaque comptoir est établi par le Conseil général de la Banque.

Les opérations des comptoirs sont les mêmes que celles de la Banque de France.

Le taux d'escompte est fixé par le Conseil général de la Banque. Il a été, croyons-nous, toujours le même pour les comptoirs que pour l'établissement central.

La Banque a le privilège exclusif d'émettre des billets dans les villes où elle a établi des comptoirs. Ces billets sont fournis par la Banque, et leur moindre coupure ne peut être inférieure à 55 fr. Le remboursement par un comptoir des billets émis par son entremise est de droit ; le remboursement de billets de l'établissement central par un comptoir, et vice versa, est facultatif, à plus forte raison ceux d'un autre comptoir.

Les administrateurs et censeurs sont nommés par la Banque ; le directeur par l'État.

Enfin, les comptoirs ne peuvent faire entre eux d'opérations sans l'autorisation expresse du Conseil général de la Banque. Regrettons, surtout maintenant que l'unité des banques a prévalu, cette centralisation extrême ; les intérêts de localité doivent fréquemment souffrir de cet état de choses. Il est vrai que la Banque de France, maison de commerce après tout, doit faire passer ses intérêts propres avant ceux des autres ; mais, institution privilégiée, elle doit, aussi, sacrifier son intérêt particulier à l'intérêt général. Comment accorder cette contradiction trop réelle ? Inutile de dire la décision vers laquelle penche la Banque de France, les dividendes à ses actionnaires le proclament assez haut.

C'est sous l'empire de cette ordonnance que quinze comptoirs furent créés de 1841 à 1818. En 1848, comme on verra, l'adjonction des neuf banques départementales porta le nombre des comptoirs à vingt-quatre ; il en a été établi depuis dans beaucoup d'autres villes. Voici, pour résumer ces créations, le tableau des comptoirs (succursales) de la Banque de France, par ordre chronologique, avec les dates des actes gouvernementaux d'institution et celles de l'entrée en opérations. Pour les neuf banques départementales, cette dernière date est remplacée par celle des décrets d'annexion à la Banque de France[51].

Numéros d'ordre.	Siège.	Institution.	Entrée en opérations.
1	Rouen (Seine-Inférieure)	7 mai 1817	27 avril 1848
2	Nantes (Loire-Inférieure)	11 mai 1818	2 mai 1848
3	Bordeaux (Gironde)	23 nov. —	—
4	Lyon (Rhône)	29 juin 1835	27 avril 1848
5	Marseille (Bouches-du-Rhône)	27 sept. —	—
6	Reims (Marne)	6 mai 1836	1er juin 1836
7	Saint-Etienne (Loire)	17 juin —	15 août —
8	Lille (Nord)	29 juin —	27 avril 1848
9	Le Havre (Seine-Inférieure)	25 août 1837	—
10	Saint-Quentin (Aisne)	16 oct. —	2 janvier 1838
11	Montpellier (Hérault)	19 janv. 1838	1er mai —
12	Toulouse (Haute-Garonne)	11 juin —	27 avril 1848

13	Orléans (Loiret)	8 nov. —	—
14	Grenoble (Isère)	31 mars 1840	15 août 1840
15	Angoulême (Charente)	24 avril —	5 octobre 1840
16	Besançon (Doubs)	21 août 1841	10 déc. 1841
17	Caen (Calvados)	—	3 janvier 1842
18	Châteauroux (Indre)	—	1er févr. 1842
19	Clermont-Ferrand (Puy-de-D.)	—	3 janvier 1842
*	Mulhouse (Haut-Rhin) (1)	8 déc. 1843	2 janvier 1844
*	Strasbourg (Bas-Rhin) (1)	15 avril 1846	26 août 1846
20	Le Mans (Sarthe)	28 avril —	12 oct. —
21	Nîmes (Gard)	29 mai —	14 sept. 1848
22	Valenciennes (Nord)	10 juillet —	12 juillet 1847
*	Metz (Moselle) (1)	21 nov. 1848	29 juin 1849
23	Limoges (Haute-Vienne)	10 juillet 1849	20 février 1850
24	Angers (Maine-et-Loire)	21 juin 1850	18 février 1851
25	Rennes (Ille-et-Vilaine)	8 juillet —	25 avril 1852
26	Avignon (Vaucluse)	31 déc. —	22 mai 1852
27	Troyes (Aube)	21 janv. 1851	15 janv. 1852
28	Amiens (Somme)	7 juillet 1852	5 mars 1854
29	La Rochelle (Charente-Infer.)	2 février 1853	1er sept. 1853
30	Nancy (Meurthe)	18 avril —	7 nov. —
31	Toulon (Var)	—	1er avril 1854
32	Nevers (Nièvre)	14 déc. —	23 mai 1855
33	Arras (Pas-de-Calais)	13 juin 1855	6 sept. 1856
34	Dunkerque (Nord)	—	3 fév. —
35	Dijon (Côte d'Or)	—	23 août —
36	Carcassonne (Aude)	29 nov. 1856	26 juin 1858
37	Poitiers (Vienne)	—	20 juillet —
38	Saint-Lô (Manche)	—	20 déc. 1857
39	Bar-le-Duc (Meuse)	17 juin 1857	2 mars 1858
40	Tours (Indre-et-Loire)	—	26 juin —
41	Laval (Mayenne)	—	2 — —
42	Sedan (Ardennes)	—	16 sept. 1857
43	Agen (Lot-et-Garonne)	26 juin 1858	16 sept. 1860
44	Bastia (Corse)	—	15 avril 1859
45	Brest (Finistère)	—	2 janv. 1860
46	Bayonne (Basses-Pyrénées)	—	18 juillet 1859
47	Châlons-s.-Saône (Saône-et-L.)	25 juillet 1860	29 sept. 1863
48	Annonay (Ardèche)	—	10 mars 1862
49	Flers (Orne)	—	15 déc. —
50	Nice (Alpes-maritimes)	11 août 1860	28 fév. 1861
51	Lons-le-Saulnier (Jura)	30 nov. 1863	20 juillet 1868

52	Annecy (Haute-Savoie)	8 avril 1865	20 avril 1865
53	Chambéry (Savoie)	—	22 avril —
54	Chaumont (Haute-Marne)	18 sept. —	10 sept. 1868
55	Niort (Deux-Sèvres)	28 févr. 1866	25 août —
56	Castres (Tarn)	—	17 — —
57	Evreux (Eure)	—	1er sept. —
58	Saint-Brieuc (Côtes-du-Nord)	1er fév. 1867	1er août 1873
59	Lorient (Morbihan)	—	13 mars 1872
60	Perpignan (Pyrénées-Orient.)	—	non ouverte
61	Montauban (Tarn-et-Garonne)	—	22 avril 1872
62	Auxerre (Yonne)	—	2 août 1869
63	Rodez (Aveyron)	—	10 avril 1874
64	Périgueux (Dordogne)	31 déc. —	9 janv. 1872
65	Roubaix-Tourcoing (Nord)	—	8 déc. 1871
66	Valence (Drôme)	29 fév. 1868	2 mars 1874
67	Epinal (Vosges)	18 avril —	12 fév. 1872
68	Moulins (Allier)	27 mai —	non ouverte
69	Blois (Loir-et-Cher)	20 janv. 1869	19 mars 1874
70	Bourges (Cher)	22 janv. 1870	non ouverte
71	Chartres (Eure-et-Loir)	6 juillet —	—
72	Versailles (Seine-et-Oise)	30 juin 1871	1er mai 1872
73	Vesoul (Haute-Saône)	23 mars 1872	non ouverte
74	Aubusson (Creuse)	27 février 1873	—
75	Beauvais (Oise)	27 —	—
76	Bourg (Ain)	15 nov. —	—
77	Cahors (Lot)	15 — —	—
78	Tarbes (Hautes-Pyrénées)	15 — —	—
79	Auch (Gers)	26 — —	—
80	Aurillac (Cantal)	26 — —	—
81	Le Puy (Haute-Loire)	26 janv. 1874	—

Comme suite naturelle à ce relevé, donnons, dès à présent, le tableau résumé des opérations annuelles des anciens comptoirs (1836-1847) et des succursales (1848-1873) de la Banque de France.

(Voir les tableaux ci-contre).

Nous ne dirons rien, pour le moment, d'un essai de banque projeté à Alger en 1845 ; nous y reviendrons plus tard.

1837. – En dehors des banques d'émission et de circulation, il fut créé, en France, diverses institutions de crédit dont il est utile de faire mention. Nous voulons parler des caisses d'escompte, de comptes courants, d'émission de billets à ordre, soit à échéance fixe, soit à plusieurs jours de vue, et en même temps de commandite de l'industrie et du commerce. Ces établissements furent fondés sous la forme de sociétés en commandite par actions[52].

Exercices.	Nombre de succ. en activité. 1	Moyennes annuelles				Bill. à ordre et virements entre la Banq. et les succ. 6 millions
		Encaisse. 2 millions	Portefeuille. 3 millions	Circulation. 4 millions	Comp. cour. 5 millions	
1836..	2	1.0	3.1	0.4	inconnu	néant
1837..	2	4.4	2.7	0.8	inconnu	inconnu
1838..	4	4.7	14.0	1.5	inconnu	4.8
1839..	4	8.2	20.3	2.5	inconnu	inconnu
1840..	6	11.9	25.6	3.2	0.6	29.2
1841..	6	18.4	27.5	4.1	0.6	42.0
1842..	10	21.2	35.4	5.5	0.7	61.1
1843..	10	37.4	36.2	5.9	0.8	63.2
1844..	11	29.2	47.5	6.4	0.8	59.4
1845..	11	34.1	54.0	7.2	0.8	73.0
1846..	13	41.7	67.9	8.8	1.0	82.4
1847..	14	42.9	76.5	9.5	1.1	94.5
1848..	24	90.0	143.7	30.3	23.2	439.0
1849..	25	129.9	85.9	40.3	26.6	708.4
1850..	26	123.2	71.9	73.8	25.6	567.6
1851..	27	132.2	67.3	105.7	28.3	275.7
1852..	30	105.0	88.2	141.5	27.9	301.3
1853..	32	98.5	227.5	156.2	29.3	307.0
1854..	34	146.8	204.4	139.7	30.7	324.8
1855..	35	173.8	236.5	121.7	29.2	376.5
1856..	38	129.0	239.2	83.2	26.3	505.0
1857..	38	116.9	312.8	67.8	34.2	506.1
1858..	45	258.3	246.4	43.6	30.3	520.6
1859..	47	333.9	324.4	40.2	32.3	486.0
1860..	49	353.6	306.3	22.0	36.3	512.1
1861..	50	281.2	310.4	17.5	34.6	564.1
1862..	51	257.9	297.2	14.9	34.7	604.7
1863..	53	218.4	294.7	32.6	31.4	547.4
1864..	53	169.0	314.8	35.0	25.0	516.0
1865..	55	281.4	337.0	24.0	28.5	519.4
1866..	55	277.3	379.6	15.0	33.7	624.0
1867..	55	350.6	295.6	5.0	38.5	589.1
1868..	60	338.8	239.0	néant	48.0	464.0
1869..	61	385.2	275.5	néant	47.2	555.1
1870..	61	404.4	424.9	néant	71.9	569.0
1871..	61	300.0	266.8	néant	75.7	814.3
1872..	64	430.6	390.9	néant	34.9	451.0
1873..	65	507.8	477.6	néant	24.9	399.8

Effets escomptés au commerce

Exercices.	sur place.	sur succurs.	sur Paris.	Total.	Moyenne par effet.	Echéance moyenne.
	8	9	10	11	12	
	millions	millions	millions	millions	francs	jours
1836..	inconnu	néant	inconnu	14.2	inconnu	inconnu
1837..	4.8	néant	20.3	25.1	1.709	inconnu
1838..	26.3	néant	56.7	83.0	2.058	inconnu
1839..	44.1	néant	92.1	136.2	2.408	inconnu
1840..	53.4	néant	117.9	171.2	2.296	inconnu
1841..	68.1	0.5	117.8	186.4	2.313	inconnu
1842..	101.9	1.3	126.7	230.0	2.493	inconnu
1843..	129.9	2.1	108.1	240.0	1.637	58
1844..	149.2	4.2	165.2	318.6	1.788	55
1845..	169.2	8.8	215.8	393.8	1.841	58
1846..	220.8	12.6	194.4	427.9	1.862	62
1847..	254.2	18.5	206.1	478.8	1.924	60
1848..	592.3	79.6	278.9	950.8	inconnu	inconnu
1849..	396.6	132.7	239.5	768.8	inconnu	45 1/2
1850..	410.6	159.4	265.8	835.8	1.834	36 1/2
1851..	409.4	181.8	293.9	885.1	1.593	30
1852..	520.5	264.4	431.5	1.216.4	1.610	36
1853..	772.8	415.4	703.2	1.891.4	1.744	40
1854..	784.4	497.1	755.7	2.037.2	1.693	39
1855..	978.2	600.0	1.011.4	2.589.5	1.801	32
1856..	1.110.0	701.6	1.095.9	2.907.6	1.872	31
1857..	1.366.3	901.0	1.229.4	3.496.7	inconnu	inconnu
1858..	1.015.8	720.2	961.8	2.697.7	1.685	38
1859..	1.176.9	874.2	1.230.7	3.281.8	1.710	36
1860..	1.271.5	927.2	1.124.6	3.323.4	1.679	31
1861..	1.314.8	974.3	899.7	3.188.8	1.490	37
1862..	1.179.0	993.3	979.6	3.151.9	1.471	37
1863..	1.189.8	1.048.0	995.3	3.233.1	1.455	34
1864..	1.322.5	1.165.2	1.080.3	3.568.0	1.477	33
1865..	1.340.2	1.130.1	1.111.8	3.582.1	1.424	34
1866..	1.436.2	1.259.9	1.260.3	3.956.4	1.435	38
1867..	1.177.0	1.206.4	1.083.0	3.466.4	1.288	30
1868..	1.209.9	1.164.4	1.008.9	3.383.2	1.255	26
1869..	1.369.1	1.210.8	1.079.0	3.659.0	1.269	27
1870..	1.600.1	1.166.6	972.2	3.738.8	1.524	36
1871..	1.232.9	1.052.9	411.3	2.697.2	1.862	33
1872..	1.754.3	1.566.2	1.225.6	4.546.1	1.528	33
1873..	1.993.6	1.740.4	1.458.1	5.191.7	1.488	32

Exercices.	Avances. Bons de la Monnaie. 13 millions	Opérations diverses. 14 millions	Total général des opérations annuelles. 15 millions	Résultats annuels. Produits bruts 16 mille fr.	Dép. administ. 17 mille fr.	Prod. nets 18 mille fr.
1836.	néant	néant	14.2	67	71	4
1837..	néant	néant	15.4	424	66	57
1838..	néant	néant	83.0	556	320	236
1839..	2.2	néant	138.5	874	229	645
1840..	8.2	néant	179.4	1.121	330	791
1841..	4.6	néant	191.0	1.157	287	870
1842..	3.6	néant	233.6	1.483	489	993
1843..	3.2	néant	243.3	1.579	419	1.160
1844..	3.1	néant	324.7	1.987	567	1.420
1845..	3.7	néant	397.5	2.452	642	1.810
1846..	4.8	néant	432.7	2.943	597	2.347
1847..	2.9	néant	481.7	4.013	630	3.383
1848..	9.4	néant	960.3	6.583	3.032	3.550
1849..	11.4	néant	780.2	4.332	1.654	2.678
1850..	17.2	néant	853.0	3.951	1.794	2.157
1851..	22.7	néant	907.8	3.711	1.826	1.885
1852..	90.2	néant	1.306.6	4.164	2.335	1.830
1853..	207.3	néant	2.098.7	7.436	2.853	4.582
1854..	123.7	néant	2.160.9	10.540	3.118	7.422
1855..	156.0	néant	2.745.5	12.029	3.227	8.802
1856..	164.2	néant	3.071.8	16.177	4.593	11.585
1857..	119.2	néant	3.615.9	21.094	4.307	16.788
1858..	225.4	néant	2.922.8	12.060	3.216	8.843
1859..	285.2	néant	3.567.0	12.668	3.842	8.826
1860..	298.6	10.5	3.634.5	13.667	3.656	10.009
1861..	241.0	14.3	3.444.1	18.446	3.847	14.599
1862..	277.3	13.3	3.442.6	13.739	3.454	10.285
1863..	361.0	8.3	3.602.4	15.042	3.584	11.458
1864..	222.5	6.3	3.796.8	21.252	3.578	17.674
1865..	206.7	5.3	3.794.1	14.159	3.475	10.684
1866..	228.3	7.6	4.192.2	14.952	4.178	10.774
1867..	214.3	4.0	3.684.7	9.458	3.572	5.886
1868..	246.6	4.1	3.633.9	7.517	3.925	3.592
1869..	279.1	4.3	3.942.4	8.620	3.853	4.767
1870..	244.9	7.7	3.991.4	16.542	3.845	12.697
1871..	162.9	6.2	2.866.3	22.661	3.760	18.901
1872..	164.1	2.3	4.712.5	23.368	4.718	18.766
1873..	170.2	1.3	5.363.3	27.244	4.932	22.459

Le principal, nous pourrions presque dire le premier en date, fut la Caisse générale du commerce et de l'industrie[53], fondée par Jacques Laffitte.

On se rappelle que ce financier fut promu, en 1814, au gouvernement de la Banque de France, et que, sous sa direction, cet établissement traversa, de la manière la plus remarquable et la plus digne d'éloges, la crise commerciale de 1818. La Révolution de 1830, à laquelle il contribua comme homme politique, fut fatale à la maison de banque à la tête de laquelle il était et qu'il dirigeait comme gendre et successeur de Perrégaux, le premier président et principal fondateur de la Banque de France. Grâce à une avance de 13 millions que lui fit cette institution sur des sûretés de beaucoup supérieures (elle lui devait bien ce service), il put liquider sa maison sans imposer de retards à aucun créancier.

Le caractère de cet esprit honnête et droit ne péchait guère que par un défaut, plus souvent nuisible à lui-même qu'aux autres, par trop de bonté…, disons le mot, par trop de faiblesse. Il avait de la peine à supposer de mauvaises intentions chez ceux qui lui proposaient des affaires. Les faiseurs, en revêtant le manteau de l'utilité générale, trouvaient facilement ouverte la porte de son cabinet. Ce défaut ne diminua malheureusement pas avec l'âge.

Il avait 70 ans (âge de la retraite pour des caractères autres que le sien) quand il fonda, sous le titre ci-dessus relaté, une maison de banque au capital effectif de 15 millions. Cette société se constitua le 2 octobre 1837 et ouvrit ses bureaux le 9 du même mois. Son capital était divisé en dix mille actions de 5 000 francs et cinq mille de 1 000 fr. ; les premières touchaient l'intérêt à 4 % par an des versements effectués, et les secondes celui de 5 %. Toutes avaient droit ensuite au dividende proportionnellement à leur importance nominale ; les actions de 5 000 francs, sur lesquelles on n'avait versé que 1 000 francs, recevaient donc un dividende cinq fois plus fort que celle de 1 000 francs complètement libérées. Cela se comprend ; les actions de 5 000 francs étaient, naturellement, nominatives et leurs propriétaires restaient engagés pour les versements non effectués. Les actions de 1 000 francs, étant intégralement payées, n'avaient aucun empêchement à être au porteur.

Le but de la société était de fonder une banque générale sur de larges bases, afin de faire pénétrer le crédit dans toutes les classes de la société[54] et de favoriser le développement du commerce et de l'industrie. L'objet spécial consistait à escompter toutes sortes de valeurs ; – à faire des avances moyennant garantie ; – à se charger de tous paiements, recouvrements et négociations, de l'achat et vente par commission de tous effets, valeurs et marchandises ; – à émettre des billets à échéance fixe ou non déterminée ; – à ouvrir des comptes courants au commerce et à tous particuliers ; – à traiter, soit à elle seule, soit en participation avec d'autres, de tous emprunts d'État ; – et en général à faire toutes opérations financières.

On voit combien ce but était vaste ; si l'objet de cette société paraît banal de nos jours, c'est que beaucoup d'institutions semblables ont été fondées depuis ; mais, en se reportant à l'époque dont nous parlons, on ne peut méconnaître que l'établissement de cette société fut un vrai progrès pour le pays, et il faut en rendre hommage à son fondateur. Le côté le plus original, le plus nouveau, fut l'émission de billets à ordre. La Banque de France ayant le monopole de l'émission des billets au porteur et à vue, il ne restait à toute maison de banque que le droit d'émettre des billets ne jouissant pas directement de ces deux qualités. Voici comment s'y prit Laffitte pour résoudre cette difficulté en la côtoyant. Il émit des billets à ordre les uns à cinq, quinze et trente jours de vue et portant intérêts, les autres à trois mois de date sans intérêts.

À l'origine, l'intérêt fut de 3 % pour les billets à cinq jours de vue, 3 1/2 % pour ceux à quinze jours et 4 % pour ceux à trente jours.

On comprendra facilement que, à une époque et dans un pays où on ne savait ce que c'était que de grands établissements de crédit ouvrant des comptes courants à intérêts, à vue ou à courts jours, la combinaison que nous venons d'esquisser dut avoir, dès ses débuts, un grand succès ; elle répondait à un besoin certainement sérieux, l'avenir l'a prouvé. La circulation atteignit 15 millions dès la première année, et ce sont surtout les billets à cinq jours de vue qui furent recherchés. On les passait, en effet, de la main à la main, avec un endos en blanc, en ajoutant les intérêts courus au capital, et, de la sorte, on réunissait les avantages d'un placement à intérêt et d'une circulation commode[55]. C'était une intelligente concurrence au billet de banque, mais, avouons-le, une concurrence bien faible et ayant, pour l'établissement d'émission, des dangers dont la révolution de 1848 mit à jour toute l'étendue. Nous n'anticiperons pas, en parlant ici de ce qui eut lieu à cette époque ; nous nous contenterons, pour le moment, de donner dans le tableau ci-dessous le résumé des opérations annuelles de la société dont nous nous occupons et des résultats qu'en recueillirent les actionnaires jusqu'au 31 décembre 1847[56] :

Exerc.	Capital effectif.	Escomptes. Effets. Somm.	Encaissements Effets. Somm.	Ensemble Effets. Somm.	Bill. de caisse. Emis. Remb.	Intérêts et Dividendes. Actions de 5,000 fr.	1,000 fr. fr.
1837-38	15	... 180.3	... 6.1	220 276.4	60.2 45.6	4 0/0 + 50 »	5 0/0 + 10
1839	15	... 159.2	... 156.9	313 296.2	35.6 39.9	4 0/0 + 30 »	5 0/0 + 6 »
1840	15	... 143.0	... 174.5	338 317.5	54.9 48.5	4 0/0 + 37.50	5 0/0 + 7.50
41	15	... 150.8	... 174.1	371 321.9	42.6 46.5	4 0/0 + 32.50	5 0/0 + 6.50
1842	15	... 134.4	... 212.1	439 346.5	43.2 39.2	4 0/0 + 30 »	5 0/0 + 6 »
1843	15	... 129.4	... 202.7	437 332.2	58.1 47.2	4 0/0 + inc.	5 0/0 + inc.
1844	15	... 137.4	... 220.5	476 357.9	80.1 75.8	4 0/0	5 0/0
1845 (3)	17	275 206.8	343 293.0	618 499.8	79.4 81.4	4 0/0 + 40 fr. »	
1846	17	263 194.0	312 270.9	575 465.0	84.1 77.6	4 0/0 + 35 »	
1847	17	498 145.6	281 249.6	479 395.1	79.2 82.9	4 0/0 + 25 »	

(3) À partir de cette année, il n'y eut plus que des actions de 1 090 fr. entièrement libérées.

Le 27 mai 1844, Jacques Laffitte mourut à l'âge de 77 ans. Trois gérants le remplacèrent ; certaines modifications furent alors introduites dans les statuts ; le capital, nominalement de 55 millions, en réalité de 15, fut limité à 20. On dut créer 5 millions d'actions nouvelles ; 2 seulement furent émis et portèrent le capital à 17 millions, divisé en 17 000 actions libérées, de 1 000 francs, ayant toutes droit à un même intérêt, 4 %, et à un dividende éventuel.

Le succès de cette entreprise en fit créer de semblables dans les départements ; à Paris, ce ne fut qu'en 1843 qu'une notabilité commerciale des plus honorablement connues, Hippolyte Ganneron, dont nous avons cité le nom à propos de la loi du 17 mai 1834, fonda le Comptoir général du commerce qui entra en opérations le 17 avril 1843. Le but étant le même que celui de la société précédente, nous nous contenterons de donner, pour cette institution de banque, un tableau dans la même forme que celui concernant la Caisse Laffitte.

Exercices.	Capital effectif. millions.	Portefeuille. (Entrée.) Effets. mille.	Sommes. millions.	Billets de caisse. Emiss. millions.	Remb. millions.	Répartitions aux actions (1.000 fr.) libérées. Int.	Divid. francs.
1843	6.8	70	80.2	6.3	2.7	3 0/0	7 »
1844	9.4	223	244.1	14.4	12.5	3 0/0	30 »
1845	9.4	384	403.8	39.7	35.1	3 0/0	60 »
1846	11.8	414	444.4	41.1	36.8	3 0/0	50 »
1847	11.8	364	396.3	24.5	33.2	3 0/0	31.25

L'impulsion était donnée ; d'autres sociétés se formèrent encore, entre autres la Caisse centrale du commerce et des chemins de fer dont le gérant principal, M. Baudon, a laissé, tant personnellement que comme directeur de cette société, une réputation de probité des mieux établies.

Voici le résumé sommaire des opérations annuelles de cet établissement de banque, de son entrée en opérations au 31 décembre 1847 :

Exercices.	Capital effectif. millions	Portefeuille. (Entrée.)		Billets de caisse.		Répartitions aux actions (500 fr. 375 fr. payés.)	
		Effets. mille	Sommes. millions	Emiss millions	Remb. millions	Int.	Divid. francs.
1846	7.5	45	132.4	3	1.8	4 0/0	2
1847	11.3	159	264.9	inc.	inc.	4 0/0	14.16

Nous nous arrêterons ici, nous abstenant de parler de quelques autres grandes sociétés d'escompte qui n'ont pas émis de billets de caisse et rentrent, ainsi, dans la catégorie des maisons de banque ordinaires.

Sans juger isolément les sociétés dont nous venons de parler, disons d'une manière générale que, ainsi que les banques belges d'avant 1850 (Banque de Belgique et Société générale pour favoriser l'industrie nationale ; la première suspendit le 17 décembre 1838 pour reprendre en juillet 1839 ; la seconde fut seulement embarrassée), elles eurent le tort de vouloir réunir diverses opérations incompatibles, les unes à courte échéance (émission de billets de caisse à quelques jours de vue), les autres à longue échéance (prêts au commerce ou commandites industrielles).

1837. – Revenons à la Banque de France que nous avons négligée un moment pour ne pas morceler l'histoire d'une foule de créations remontant, quant à leurs types au moins, à l'époque (1835-1838) à laquelle nous sommes parvenus.

On a vu plus haut, par la liste des gouverneurs et sous-gouverneurs de la Banque que, de 1832 à 1834, le personnel du gouvernement de la Banque fut entièrement renouvelé pour durer plus de vingt ans.

La première crise traversée sous ce nouveau gouvernement fut celle de 1837 occasionnée par les évènements financiers de l'Amérique du Nord (États-Unis)[57]. Le contrecoup s'en fit d'abord sentir en Angleterre, puis en France. La Banque de France ne changea rien, ni comme intérêt, ni comme durée à courir, aux conditions de ses escomptes. D'ailleurs, « l'embarras des affaires fut très court ; pendant que le numéraire sortait de Paris à la fin de 1836, il refluait des départements vers la capitale dans la seconde moitié de 1837[58]. »

1839. – En 1838, la position s'améliora quelque peu ; mais, en 1839, une crise plus intense se déclare ; le taux de l'escompte monte à 6,8 et même 10 % dans certains pays ; dans d'autres, par contre, il se maintient à 2 et 3 %. La Banque de France, dans cette situation complexe, s'attacha à ne faire subir aucune variation au prix de ses services qu'elle maintint à 4 %, de même que, en des temps meilleurs, elle avait résisté aux demandes d'abaissement[59]. Elle réussit, mais le commerce paya plus cher cette prétention que si la Banque de France eût laissé varier ses conditions d'escompte en raison des évènements financiers et commerciaux.

Signalons, comme compensation à cette fausse ligne de conduite, quelques améliorations qu'elle apporta dans son régime intérieur.

La réunion du comité chargé de prononcer sur l'admission ou le rejet des effets présentés à l'escompte n'avait primitivement lieu que deux fois par semaine ; à partir de 1808 elle se forma trois fois par semaine ; en 1834, il fut décidé que ce comité se réunirait la veille et l'avant-veille de la fin, puis du 15 de chaque mois, ainsi que les jours de liquidation ; depuis le 7 septembre 1837, ses séances sont quotidiennes. En outre, à partir de cette dernière époque, c'est le jour même de la présentation des effets, et non le lendemain, que l'on crédite les comptes courants pour les effets admis.

1840. – Nous avons vu plus haut que la Banque de France, créée en février 1800, obtint, par la loi du 24 germinal an XI, un privilège de 15 années, devant conséquemment expirer en 1818, puis, que la loi du 2 avril 1806 prorogea, bien avant terme, ce privilège, l'allongeant de vingt-cinq nouvelles années, ce qui portait au 24 septembre 1843 l'époque de son expiration. Il était utile pour la Banque de France et le commerce que les pouvoirs publics se prononçassent, plusieurs années avant cette époque fatale, sur la question du renouvellement du privilège. Aussi, dès 1838, le conseil général de la Banque sollicita-t-il le renouvellement de son privilège d'émettre des billets payables au porteur et à vue. Ce ne fut cependant que le 25 janvier 1840 que le Gouvernement déposa à la Chambre des députés un projet de loi à ce sujet. Nous laisserons de côté toute discussion théorique, cela nous mènerait trop loin. Aussi bien les faits parlent et ont, plus que qui que ce soit, une éloquence irrésistible. Laissons-leur la parole et contentons-nous de dire qu'il n'y eut rien de saillant ou de nouveau de dit, ni d'écrit en cette circonstance dans le cercle du monde parlementaire[60]. Le projet du Gouvernement concluait à la prorogation pure et simple au 31 décembre 1867 de l'exercice du privilège possédé par la Banque. Le capital, dans ce projet, était invariablement fixé à 67 900 000 francs, sauf modification par une loi. Les effets publics français de toute nature déposés, dans les caisses de la Banque, pouvaient tenir lieu de troisième signature.

Les escomptes devaient continuer, sans retour possible aux anciens usages, à se faire quotidiennement. La publication trimestrielle de la situation moyenne de la Banque lui était imposée[61]. Les comptoirs n'étant considérés que comme succursales de la Banque de France, leur institution ou leur réglementation pouvait se faire par simple ordonnance royale ; mais les banques départementales étant des institutions en dehors de l'action de la Banque de France, il devenait indispensable que leur établissement n'eût lieu qu'en vertu d'une loi spéciale. Remarquons, en passant, que les neuf banques locales en activité, à cette époque, furent établies en vertu de simples ordonnances royales, comme toute société anonyme ordinaire, et que, depuis la loi de 1810, aucune nouvelle banque départementale n'a été fondée dans les départements, tandis que, au contraire, des comptoirs ont été institués dans neuf villes[62]. Notons, pour les comptoirs, que les articles 42 et 43 du décret impérial du 18 mai 1808 qui leur appliquaient quelques dispositions tant de la loi de l'an XI que des statuts de la Banque, ne pouvaient être modifiés que par une loi expresse.

Les banques départementales, tout en adhérant au principe du monopole (dont elles avaient leur part), voulaient le limiter dans leur intérêt ; voici le résumé de leurs demandes :

1°Faculté de la part de chaque banque d'escompter du papier payable dans toute ville où se trouvera une banque autorisée ;

2°Faculté de la part des banques de payer réciproquement leurs billets à ordre et leurs billets au porteur avec obligation d'équilibrer leurs comptes courants une fois au moins par mois ;

3°Extension du rayon des comptes courants avec obligation d'élire un domicile au siège de l'établissement ;

4°Faculté d'escompter des effets à deux signatures garanties par un dépôt d'actions de la banque qui admet l'effet ;

5°Faculté de recevoir en dépôt des sommes de 2 000 francs et plus, pour le terme de deux mois au moins, et à un intérêt qui ne pourrait excéder 4 % par an ;

6°Enfin, faculté d'émettre des coupures de 100 francs.

Aucune de ces dispositions ne fut admise[63].

La Chambre des députés se contenta d'ajouter à la prorogation au 31 décembre 1867, cette clause restrictive que le privilège pourrait prendre fin le 31 décembre 1855, si une loi votée dans l'une des deux sessions précédentes en décidait ainsi.

La nouvelle loi ramena, au point de vue fiscal, les banques publiques sous l'empire du régime commun, en établissant qu'au lieu d'un abonnement annuel pour le timbre de leurs billets, comme l'avait établi l'article 35 de la loi du 24 germinal an XI, ce serait la moyenne des billets au porteur ou à ordre qu'elles auraient tenus en circulation pendant le cours de l'année qui servirait de base à la perception des droits de timbre.

La Chambre repoussa l'idée d'une participation de l'État aux bénéfices de la Banque, comme compensation du privilège qu'on lui conférait, ainsi que celle d'une patente proportionnelle à l'importance de ses opérations. Elle laissa également à l'initiative du Gouvernement le soin, sur la demande de la Banque, de proposer la création et l'émission de coupures de billets de banque inférieures à 500 francs.

Ainsi modifiée dans ses diverses dispositions, la loi fut approuvée le 21 mai 1840 par 252 voix contre 58, à la Chambre des députés. Présentée le 27 mai à la Chambre des pairs, elle fut discutée et votée le 26 juin, par 111 voix contre 19.

L'année suivante, une ordonnance royale (du 25 mars 1841), encore en vigueur, réglementa à nouveau, ainsi qu'on l'a vu plus haut, le régime des comptoirs.

Revenons aux opérations courantes de la Banque de France et à l'année 1840, qui commença une époque de liquidation des difficultés des temps antérieurs ; les affaires, après la fièvre de la crise, retombèrent dans un abattement que traduit assez bien la décroissance annuelle du portefeuille de la Banque (établissement central) ; l'escompte à Londres, porté à 6 % le 1er août 1839, tombe successivement à 5 le 23 janvier 1840, 4 le 7 avril 1842, 2 1/2 et 3 le 5 septembre 1844. Grâce à ces avances, à l'esprit d'affaires, le portefeuille de la Banque d'Angleterre ne diminua que peu durant cette période (1840-44)[64] ; mais la Banque de France, en persistant à maintenir immobile (à 4 %) son taux d'escompte, se mit à l'écart des affaires, et son guichet d'escompte fut déserté. Le portefeuille de Paris, de 204 millions en 1839, tomba à 66 en 1842.

Les difficultés de la question d'Orient et les craintes de guerre de la France avec ses voisins, tendirent, en 1840, par l'inquiétude qu'elles semèrent, à favoriser cette atonie des transactions.

1844. – Cet état de choses dura jusqu'en 1844, où la somme des escomptes annuels, constamment décroissante, arrive à son minimum, 750 millions. Le Trésor lui-même avait, ainsi que le public et pour la même cause, abandonné la Banque. Il trouvait, ailleurs que dans cette institution, des fonds à meilleur marché que 4 %. C'est ce qui explique pourquoi, de 1837 à 1847, les transactions entre la Banque et l'État sont nulles.

1846-47. – L'abondance des capitaux, dont l'abaissement du taux de prestation était, cette fois, un indice certain, eut ce mauvais effet d'inciter le Gouvernement à s'immiscer dans la question des travaux publics, non en les surveillant au point de vue de la sécurité publique, comme c'est son devoir, mais en en stimulant l'exécution par tous les encouragements dont il pouvait disposer. Il en résulta une fièvre qui fit prendre des engagements trop précipités ; on escompta l'avenir d'une manière peu mesurée, et avec plus d'irréflexion certainement que si l'État avait laissé l'industrie privée suivre, sans être stimulée mal à propos, ses propres impulsions.

Pour ne parler que des chemins de fer, les capitaux dépensés dans cette seule industrie, de 1823 à 1839, dépassaient à peine 100 millions (102 470 000 fr.) ; ils atteignirent presque 700 millions (689 744 000 fr.) dans la seule année 1846 ; les engagements résultant de concessions faites, compris, bien entendu, les sommes déjà dépensées, montaient, fin 1846, à près de 2 milliards (1 911 542 000 fr.). Cependant la hausse des grains (de 19 fr. 75 en 1844, l'hectolitre de froment monte à 29 fr. 01 en 1847) accusant la nécessité d'importations considérables (en déduisant les exportations, on importait 4 723 000 hectolitres de blés et farines en 1846, et 9 885 000 en 1847) vint encore compliquer les difficultés par la sortie du numéraire, conséquence directe de ces opérations de commerce international. Enfin des embarras commerciaux qui se déclarèrent sur la place de Francfort-sur-le-Main occasionnèrent un appel inopportun aux capitaux disponibles du marché européen.

La Banque de France ressentit le contrecoup naturel de ces évènements financiers ; son encaisse diminua de juillet 1846 à janvier 1847 de 173 millions ; au 31 décembre 1846, les espèces en caisse atteignaient à peine 71 millions. Pour parer aux difficultés spéciales à la France (achats de grains à l'étranger, établissement trop rapide du réseau des chemins de fer), le Conseil général employa simultanément deux remèdes : 1° Il acheta des espèces à l'étranger ; un million sterling avancé à 5 % par des capitalistes anglais, sur dépôt de rentes pour un temps moyen de 108 jours, servit à acheter des lingots et des piastres, qui furent successivement expédiés de Londres à Paris, à partir de la première quinzaine de janvier. L'ensemble des frais de toute sorte de cette opération monta à 3,13 % de son montant intégral. – 2° Il se départit enfin de son système favori de la fixité du taux de l'escompte, et porte de 4 à 5 % le prix des services de la Banque. Cette dernière mesure fut prise le 14 janvier 1847.

Le développement extraordinaire des opérations de crédit, à cette époque, atteste, en dépit de ces embarras momentanés, la richesse du pays, effet de trente ans de paix. Ainsi, la masse des billets de banque en circulation atteignit 311 millions ; elle n'était que de 200 millions quelques années auparavant ; le mouvement général des caisses progressa de dix milliards (1843) à 15 (1845 et 1846) soit de 50 % ; or, le mouvement des espèces, durant cette période, ne s'accrut que de 20 %, tandis que celui des billets augmenta de 33 %, et celui des mandats et virements de 65 %.

L'Angleterre n'étant pas influencée par les mêmes raisons que nous, ne portait son escompte que de 3 à 3 1/2 % le jour même où, à Paris, on l'augmentait de 1 %. Mais bientôt elle fut à son tour éprouvée par les sinistres financiers de Francfort-sur-le-Main, qui nous touchèrent peu, et des augmentations successives lui firent atteindre jusqu'à 8 % le 27 octobre 1847. Il est vrai que la Banque d'Angleterre diminua bientôt le prix de ses services avec une plus grande rapidité qu'elle ne l'avait augmenté, puisque, après l'avoir porté de 4 à 8, de janvier à octobre 1867, elle le ramena de 8 à 4 de ce dernier mois au 17 janvier 1848.

Le 16 mars 1847, la proposition la plus inattendue vint aider la Banque de France à sortir des difficultés engendrées par les deux causes susmentionnées. Le Gouvernement russe proposa de lui acheter des rentes françaises de son portefeuille, jusqu'à concurrence d'un capital de 50 millions. À cette époque, il est vrai, l'encaisse était remontée à 110 millions, et les échéances de paiement de la Russie, augmentées du temps nécessaire pour faire parvenir à Paris les valeurs encaissées à Saint-Pétersbourg, ne permettaient pas de jouir des avantages de cette opération avant un temps assez long. Mais elle avait pour elle de servir à solder une partie de nos achats de grains, et cette raison détermina la Banque. Elle accepta, et se démunit de 2 142 000 francs de rentes (2 000 000 de 5 % à 115,75 et 142 000 de 3 % à 77,65) contre un capital total de 49 989 633 francs. Cette transaction agissant sur l'esprit du public, aida à l'amélioration de la situation générale. Avant la fin de l'année, le taux de l'escompte fut abaissé à Paris, et la Banque revint le 27 décembre 1847 à son taux favori de 4 %.

Un autre remède, mais plus énergique, parce que ce fut la force des choses qui l'amena, fut le ralentissement, par impuissance des compagnies, des grands travaux publics, des chemins de fer particulièrement. Nous avons vu que l'ensemble des sommes engagées ou à engager aux termes des contrats, dans cette dernière industrie montait, au 31 décembre 1846, à 1 milliard 912 millions ; la défaillance de trois compagnies réduisait cette somme, un an plus tard (fin 1847), à 1 milliard 638 millions.

Pour ne pas interrompre l'enchaînement des faits de 1844 à 1847, nous avons dû omettre divers incidents qui ne se lient pas essentiellement à ce courant d'idées. Nous allons y revenir pour compléter ce que nous avons à dire sur les institutions de crédit de la France, avant la révolution de 1848.

Le 19 juillet 1845, une loi autorisa la Banque de France à établir à Alger un comptoir d'escompte dans des conditions particulières : le capital de 10 millions devait être fourni : 2 millions par la Banque et 8 par le public. La Banque de France n'était ici que simple commanditaire ne répondant, comme les autres actionnaires, que de sa mise sociale ; néanmoins, aux termes de l'ordonnance royale du 25 mars 1841, la direction du comptoir lui était dévolue. L'article 5 de la loi du 9 août 1847 stipulait le retrait de l'autorisation de ce comptoir, au cas où il ne serait pas établi avant le 1er avril 1848. Une ordonnance royale du 16 décembre suivant autorisa l'émission du capital de 8 millions réservé au public (8 000 actions de 1 000 fr.) Mais les évènements de février coupèrent court à l'exécution de ce projet et retardèrent de quatre années l'établissement d'une institution de crédit et de circulation dans notre colonie africaine. Un arrêté du Conseil général du 24 juillet 1848 régla le mode de remboursement des fonds versés par les actionnaires.

Une loi du 10 juin 1847[65] avait abaissé à 200 francs la moindre coupure des billets de la Banque de France ; le 28 octobre suivant, la Banque de France mit en circulation ses premiers billets de 200 fr. Elle avait créé en 1846 des coupures de 5 000 francs ; l'établissement central avait donc en circulation des coupures de 200, 500, 1 000 et 5 000 francs. Les comptoirs avaient, en plus, le billet de 250 francs, que la Banque ne maintint pas, comme devenu désormais inutile.

La Caisse hypothécaire, dont nous avons signalé la constitution en 1820 (p. 122), se décida à entrer en liquidation en 1846, en vue d'une reconstitution, les statuts, par une imprévoyance étonnante, ne stipulant aucune modification possible, ni n'autorisant aucune prorogation. En réalité, sa fondation remontait au 22 juin 1818 ; elle fut, à cette époque, établie sous forme de commandite, avec la raison sociale Deleuze, Briot et Ce. Une ordonnance royale, du 12 juillet 1820, la convertit en société anonyme. Elle avait pour objet : 1° de prêter sur hypothèque ; 2° d'assurer les prêts faits ou à faire par d'autres contrats ; 3° de prêter sur titres hypothécaires avec subrogation. Elle prêtait pour vingt ans, à 4 % non compris l'amortissement ; de cette façon, un prêt de 10 000 francs donnait lieu à une obligation de 18 000 francs payable par vingt annuités de 000 francs chacune. Elle donnait en paiement à l'emprunteur, non des espèces, mais des obligations rapportant un intérêt fixe, et remboursables par vingtième chaque année, avec une prime de 10 % pour celles sortant la première année, 14 % la seconde, et ainsi de suite, en augmentant de 4 % chaque année jusqu'à la vingtième, dont la prime était alors de 86 % du capital de l'obligation. L'emprunteur qui voulait échanger ces obligations contre espèces le pouvait, durant le premier trimestre de son engagement, aux conditions suivantes : escompte de 1/2 % par an, 10 % pour les vingt années, du capital de l'obligation.

Ces derniers titres avaient d'ailleurs cours à la Bourse de Paris.

L'emprunteur avait la faculté de se libérer par anticipation, en rendant seulement le capital restant dû à l'instant du remboursement ; ainsi, au bout de dix ans, en outre des annuités déjà payées, il devait, sur un prêt originaire de 10 000 francs, payer 5 000 fr. ; au bout de quinze ans, 2 500 francs.

Les causes de l'insuccès de cet établissement sont de deux sortes, d'abord particulières à cette société, ainsi :

1°Quoique le capital nominal fût de 50 millions, divisé en 50 000 actions de 1 000 francs, il n'y a jamais eu que 30 millions (somme ronde) de réellement souscrits ; les 20 autres millions appartenaient à une souscription fictive ;

2°La société, dès son origine, fut grevée d'une charge de 2 701 200 francs, pour pareille somme employée à couvrir les frais, fort dispendieux, de premier établissement tant de la société en commandite que de celle anonyme ;

3°Certaines affaires dites extra-statuaires, et d'autres dites exceptionnelles, ces dernières ainsi nommées en raison de leur importance considérable, entraînèrent la Société à une perte de 9 millions (9 371 050 francs) ; cela faisait sur le capital primitif une réduction totale, au 31 décembre 1845, de plus de 32 millions, dont 12 de pertes effectives.

Mais ces causes, quoique ayant leur poids pour les actionnaires[66] sont bien moins graves que celles qui résultaient, à cette époque, de la législation hypothécaire. Le vulgarisateur le plus éminent et le plus persévérant des réformes à opérer dans notre régime hypothécaire, et en même temps celui qui a le plus profondément caractérisé les vices de l'ancienne législation,

M. Louis Wolowski, résumait ainsi, dans le Journal des Économistes en 1844, les défauts principaux du système en vigueur jusqu'à 1852 :

1°L'absence d'une formalité extérieure, destinée à opérer la translation des droits de propriété à l'égard des tiers ;

2°Le défaut d'inscription des charges qui diminuent la valeur de l'immeuble, tels que servitudes, droits d'usage, d'habitation, d'usufruit, etc. ;

3°L'existence de privilèges et d'hypothèques légales sans inscription, pour une somme déterminée.

Avec ces trois défauts capitaux, la Caisse hypothécaire n'eût-elle d'ailleurs pas eu à supporter les conséquences des fautes particulières énumérées plus haut, n'eût jamais pu réussir.

Est-ce cette conviction tardive, ou sont-ce les difficultés de la crise de 1846-47 qui empêchèrent la nouvelle société de se constituer, nous l'ignorons ; mais les actionnaires en restèrent là, et la Caisse hypothécaire n'eut, pour le moment, aucun successeur.

Nous touchons à l'année 1848, si favorable, quoique tout d'abord il n'ait pas semblé en être ainsi, à la fortune de la Banque, si ce n'est à celle de ses clients. Cependant, avant de nous engager dans cette dernière partie de l'histoire de la Banque de France, celle où elle est banque unique, disons quelques mots d'un évènement qui a produit, à cette époque, dans l'univers commercial, une immense sensation, bien qu'il n'ait pas eu, à beaucoup près, toute l'influence que l'on lui a, dès l'abord, attribuée. Nous voulons parler de la découverte des gisements d'or en Californie.

Quelques chiffres empruntés à l'éminent économiste qui a le plus savamment fouillé ces matières, M. Michel Chevalier, et à quelques autres statisticiens, MM. Tooke, Newmark, Levasseur, E. Roswag, etc., qui ont complété ses recherches en les faisant arriver jusqu'à ce jour, permettront au lecteur de se rendre compte rapidement de l'état de la question.

Voici donc, approximativement, les quantités (poids et valeur) d'or et d'argent extraites des mines de tout l'univers jusqu'à l'année 1871 :

	Argent.		Or.		Ensemble.
	Poids. mille kilog.	Valeur. millions, fr.	Poids. mille kilog.	Valeur. millions, fr.	Valeur. millions, fr.
Avant 1500.......	3.150	700	87	300	1.000
De 1500 à 1847...	132.534	29.452	4.101	14.126	43.578
De 1848 à 1857...	9.765	2.170	1.743	6.004	8.174
De 1857 à 1871...	15.151	3.367	2.822	9.719	13.086
Total général...	160.600	35.689	8.753	30.149	65.838

On voit rapidement que l'argent, après avoir prédominé, comme masse, sur le marché des métaux précieux jusqu'en 1848, s'est laissé presque gagner d'importance par l'or, grâce aux découvertes des mines de la Californie qui a fait beaucoup parler d'elle, et de l'Australie, qui a produit davantage, mais avec plus de modestie.

Voici, pour l'argent d'abord, pour l'or ensuite, les quantités produites par les divers pays à gisements, de 1560 à 1871 :

	Argent.		
	1500-1848 (350 ans). millions, francs.	1848-1857 (9 ans). millions, francs.	1857-1871 (14 ans). millions, francs.
Mexique....................	13.774		2.006
Pérou......................	13.059		328
Nouv.-Grenade, Chili, Brésil, etc.	289	2.170	342
Russie.....................	330		48
Europe (sans la Russie)........	2.000		448
Asie, Afrique, etc............	»		195
	29.452	2.170	3.367

	Or.		
Californie...................	»	2.508	2.241
Australie....................	»	1.695	4.491
Russie......................	1.100	678	1.240
Mexique, Nouv.-Grenade, États-Unis, (moins la Californie) Pérou, Bolivie, Brésil et Chili....	10.026	445	693
Centres européens............	500	65	102
Indes, îles de la Sonde, Guinée et restant de l'Afrique......	2.500	505	784
		108	168
	14.126	6.004	9.719

Ainsi donc, la terre semble épuisée quant à la production de l'argent, et l'or, au contraire, ne cesse pas de jeter sur les marchés commerciaux du globe entier une masse moyenne de 700 millions de francs par an.

Si, dès le début surtout, la Californie n'a pas produit des quantités capables de faire prévoir cette masse importante mise annuellement à la disposition des transactions, cependant la nouveauté du fait a frappé les esprits, grandi les conséquences, et de tous côtés on a cru à une baisse importante de l'or. Des gouvernements se sont occupés sérieusement de la question de la démonétisation de l'or, craignant, s'ils ne le faisaient, de méconnaître les intérêts de leurs administrés. Enfin qu'il nous suffise, pour dépeindre l'émotion produite par la découverte, en décembre 1847, des placers d'or dans les propriétés de M. Sutter, sur les bords du Sacramento ; qu'il nous suffise de dire que l'intérêt de cette nouveauté, qui, comme importance, nous reportait à la découverte de l'Amérique, ne le céda pas devant la gravité (en bien comme en mal) des évènements politiques de l'Europe en 1848.

De tout cela qu'est-il résulté ? Un instant l'or a abondé, et de monnaie de luxe, d'objet de curiosité, est devenu, par la disparition d'une prime normale (nous ne parlons pas et avec intention des premiers jours qui suivirent le 24 février), une monnaie servant effectivement aux échanges. C'est là toute la baisse qu'il a éprouvée, 15 à 20 centimes par pièce de 20 francs, 1 %, et encore en prenant, moments de panique à part, le maximum de sa valeur depuis le commencement du siècle ; et sa masse a pourtant doublé, quand l'argent ne s'est accru, comme quantité, que d'un sixième à peine.

Nous n'esquisserons pas les causes qui ont pu déjouer les prévisions de savants économistes ; elles sont multiples et parmi elles figure l'absorption continue, incessante de métaux précieux par certaines parties de l'Afrique et de l'Asie ; aller plus avant nous entraînerait trop loin et nous ferait sortir de notre sujet principal, auquel nous avons hâte de revenir.

1848. – Nous voici arrivés à la Révolution de 1848 qui revêtit tant de caractères à la fois : crise politique, crise financière, crise commerciale et, par-dessus tout, crise sociale ; il semblait que tous les maux résultant des erreurs de l'intelligence humaine fondissent à la fois sur la France, et même, dans une proportion assez considérable, sur l'Europe occidentale[67]. Les institutions de crédit furent les premières, après le gouvernement de 1830, à se ressentir des évènements d'alors.

Nous avons vu que, en dehors de la Banque de France, il y avait à Paris trois caisses par actions émettant des billets à ordre, à courts jours. Des besoins d'abord, des craintes ensuite, firent disposer sur ces trois sociétés, pour des sommes plus importantes que leurs ressources liquides ne comportaient. La plupart des autres maisons de banque se trouvaient, vers la même époque et pour la même raison, assaillies de demandes rapides et impératives ; la situation était des plus graves. La Banque de France, dont l'encaisse diminuait à vue d'œil, ne pouvait secourir ces établissements ; elle avait déjà beaucoup à faire de penser à elle-même, sa circulation étant pour elle son souci le plus pressant, en raison de l'impossibilité de recouvrer immédiatement le montant de son portefeuille, heureuse déjà d'en toucher exactement le montant aux échéances respectives. On lui adressait, en outre, des demandes d'escompte d'autant plus pressantes, que la situation du moment rendait l'avenir plus sombre. Dans cette position la Banque de France dut abandonner à leur sort des institutions qui ne pouvaient se soutenir par elles-mêmes, et la suspension des trois caisses précitées[68] ne tarda pas à être suivie de celle de beaucoup d'autres.

À son tour, la Banque, pressée de trop près par les demandes de remboursement de billets, inquiétée surtout par l'effet que produisait sur le public la vue de cette longue queue de porteurs de ces effets qui attendaient, plus ou moins patiemment, leur paiement en espèces métalliques, la Banque de France puisa, dans les précédents en pareille matière, les motifs d'une détermination grave, mais conforme à la situation du moment. Elle sollicita du gouvernement provisoire l'autorisation de suspendre le paiement de ses billets en espèces et, pour ceux-ci, la faveur du cours forcé.

Le gouvernement provisoire, au nom des intérêts du commerce et du Trésor public, adhéra à cette demande, à la condition de ne pas dépasser 350 millions dans ses émissions de billets, soit pour l'établissement central, soit pour les quinze comptoirs alors en activité. Il était temps : du 26 février au 15 mars (date de l'arrêté) elle avait escompté 110 millions d'effets de commerce à Paris et 43 dans les départements, remboursé au Trésor 77 millions sur 125, outre 11 millions mis, par ses comptoirs, à la disposition des administrations locales ; son encaisse, de 140 millions, était tombée à 70 le 14, et à 59 le 15 au soir. L'examen impartial de sa situation, la faveur dont elle jouissait près du public, la confiance, que son ordre, sa régularité, son extrême prudence lui avaient conquis, autorisaient un concordat de la nature de celui que l'arrêté du 15 mars lui facilitait. Le public sanctionna la mesure, et le billet de banque, qui perdait 5 % avant la décision gouvernementale, fut accepté le lendemain au pair.

Le même arrêté stipulait l'émission de billets de 100 francs et la publication hebdomadaire du bilan de la Banque.

Un problème semblable se posait pour les banques départementales, et la solution, il faut le dire, en était plus difficile à trouver à cause du marché plus restreint de chaque localité, comparativement à la place de Paris. En outre, la mesure prise à l'égard de la Banque s'appliquait à ses comptoirs ; il y avait évidemment disparité entre le régime de départements voisins et liés par des relations réciproques de commerce entre particuliers, mais non malheureusement entre institutions d'émission.

Les autorités provisoires de chaque département jouissant d'une banque locale d'émission durent recourir à des déterminations calquées sur celle prise par le gouvernement central pour la Banque de France. À Marseille, Lille, Bordeaux et le Havre, il en fut du moins ainsi. À Marseille, le commissaire du gouvernement alla plus loin ; il autorisa la banque locale à émettre des coupures de 50 francs. Dans certaines villes, des billets de 25 francs furent même répandus dans le public. La diversité de ces décisions amena le gouvernement provisoire à prendre un arrêté général, le 25 mars, et à donner aux neuf banques en activité la faculté de ne pas rembourser leurs billets, à la condition de limiter leur circulation à un chiffre déterminé[69], et d'adresser deux fois par semaine leur bilan aux ministres des finances et du commerce. La coupure minimum était abaissée de 250 fr. à 100 fr. ; enfin le cours forcé était décrété pour les caisses publiques et particulières dans la circonscription du département où chacun de ces établissements avait son siège.

Cet état de choses révéla quelques inconvénients auxquels on ne crut pouvoir remédier que par une mesure des plus regrettables ; les banques d'émission au nombre de dix, ne jouissaient, très naturellement, pas du même crédit auprès du public. Une confiance identique n'était pas accordée dans toute la France à l'administration de chaque banque indistinctement ; puis les relations de département à département se trouvaient gênées par la diversité des billets ; en dépit du cours forcé, la monnaie légale de Lyon n'était pas celle de Marseille, ni cette dernière, celle de Bordeaux ou de Toulouse et ainsi des autres ; enfin on se rappelle que le régime des banques entre elles était très exclusif. Ainsi, elles ne s'entendaient nullement pour l'échange réciproque des billets de banque à bureau ouvert (fait grave pour la situation dont nous nous occupons) ; de là des tiraillements bien concevables, mais qui n'avaient rien de nouveau. Dans d'autres pays (Écosse et Irlande, par exemple, à New York également) on en avait souffert, et, par une entente, des garanties et des échanges réciproques, un contrôle à la suite d'obligations étroites, on avait remédié à cet inconvénient. Avec un peu de bonne volonté, on pouvait faire de même en France ; mais il fallait s'accorder[70], et là était le point difficile, la Banque de France guettant depuis longtemps l'occasion de devenir banque unique. Quelques désirs de fusion manifestés par la Banque de France furent mal accueillis ; les banques locales tenaient, par-dessus tout, à conserver leur indépendance. » C'est la Banque de France qui le dit, il faut la croire, et penser que les banques départementales ne furent pas libres dans la transaction qui les engloba dans l'établissement ayant son siège à Paris. Ce qui le prouve, c'est qu'il la fusion ne fut pas faite d'un seul coup ; il fallut s'y prendre à deux fois, comme dans ces opérations chirurgicales auxquelles le patient ne peut se résigner. Le décret du 27 avril autorisa la réunion des banques de Rouen, Lyon, le Havre, Lille, Toulouse, Orléans et Marseille à la Banque de France. Restaient les banques de Nantes et de Bordeaux, les deux qui, comme on l'a vu plus haut, n'avaient pas voulu, à l'instar des sept autres, lier de relations d'affaires avec la Banque de France. La force des évènements, d'autres raisons peut-être, les amenèrent à courber sous le joug de la Banque leur fierté et leurs habitudes, un peu étroites, il faut le dire, d'indépendance locale, et, le 2 mai, un second arrêté du gouvernement provisoire consacra la consommation de l'unité des banques en France par la fusion des deux dernières banques locales avec l'établissement de Paris[71]. Le capital de la Banque de France, 67 900 000 francs, augmenté du capital social de chacune des autres banques, 23 350 000 francs en tout, fut alors porté à 94 250 000 francs, divisé en 91 250 actions de 1 000 francs, les actions des banques départementales ayant été échangées, action contre action, contre celles de la Banque de France. La limite maximum de la circulation des billets de la Banque de France atteignit alors 452 millions, total du chiffre primitif de la Banque de France et de ceux des neuf banques départementales.

Après la fusion des banques, les deux plus importantes combinaisons de crédit que le Gouvernement provisoire institua sont les comptoirs nationaux d'escompte et les magasins généraux.

Nous avons vu, plus haut, la suspension simultanée de la majeure partie des maisons d'escompte du papier de commerce ; ces maisons servaient, pour la plupart, d'intermédiaires entre la Banque de France et le commerce ou l'industrie, et beaucoup d'effets qui, n'ayant que deux signatures, n'auraient pu parvenir à la Banque, jouissaient ainsi du bénéfice de l'escompte. Leur chute ou leur suspension faisait un vide regrettable ; pour le remplir, le Gouvernement provisoire, sous l'inspiration, croyons-nous, de M. Pagnerre, reprit en sous-œuvre l'idée de 1830 qu'il améliora grandement, il le faut reconnaître, par les développements qu'il lui donna. Il créa des comptoirs et des sous-comptoirs d'escompte.

Les deux différences principales qui séparent, à cet égard, 1848 de 1830 sont la commandite partielle du public (on a vu que, en 1830, l'État et la ville de Paris furent les seuls commanditaires), et l'étendue que ce genre d'institution acquit en peu de temps. Mais exposons les faits :

Le 4 mars 1848[72], le Gouvernement provisoire décréta l'établissement d'un comptoir d'escompte sous le titre de Dotation du petit commerce. Le

7 mars, le décret constitutif des comptoirs nationaux d'escompte fut rédigé. En voici les bases et les principales dispositions statutaires communes à tous les comptoirs établis en France en 1848 et 1849. Les particuliers, l'État et les villes étaient appelés à fournir chacun un tiers du capital des comptoirs ; le premier tiers, celui des particuliers, devait être entièrement versé et représenté par des actions ; les deux autres tiers étaient représentés par des bons du Trésor et des obligations municipales déposés dans la caisse du comptoir. Outre ce capital, tous les comptoirs (Lyon et Douai exceptés), reçurent de l'État, à l'époque de leur formation, un prêt subventionnel en espèces, portant intérêt à 4 % au profit de l'État. Presque tous ces prêts furent remboursés au bout des trois années.

Le but principal des comptoirs était l'escompte ; cependant, ils y pouvaient rattacher toutes opérations tendant à faciliter la circulation des effets, telles que les encaissements pour correspondants, les recouvrements pour les autres départements ou l'étranger, l'ouverture de comptes courants, etc. Presque tous les comptoirs admirent le papier, payable, sans distinction, dans toute la France ; cependant quelques-uns se restreignirent à certaines villes ; d'autres, au contraire, l'étendirent à des pays étrangers voisins, d'autres enfin, à l'étranger sans limite statutaire. Quant aux maxima du nombre de jours des billets, ils furent, presque tous fixés vers 105 à 60 jours. Par exception Lyon prit 45 jours pour maximum pour les villes autres que Lyon, Paris et les succursales de la Banque de France. Parmi les exceptions contraires on peut citer Mirecourt qui porta à 120 jours, Metz à 150 et Nancy à 180 jours leurs limites extrêmes.

Tous les comptoirs pouvaient escompter des effets munis de deux signatures seulement, ou même d'une seule, mais, dans ce cas, garantis soit par un récépissé de dépôt de marchandises, soit par un dépôt en compte courant.

Le taux de l'escompte était arrêté par un Conseil d'administration composé par les actionnaires. On ne peut rien dire sur les taux adoptés par les comptoirs, vu qu'ils ont trop varié d'une localité à une autre, d'une époque à une autre, pour en former quelques données générales. En outre, beaucoup, en sus de l'escompte, demandaient une commission, ce qui rendait naturellement illusoire la fixation du taux de l'escompte à tel ou tel chiffre.

La durée de la Société fut de trois ans pour tous, à l'exception de Saint-Jean-d'Angély où on ne la fixa qu'à deux ans.

Telles sont les dispositions générales des statuts des comptoirs nationaux d'escompte établis en France à cette époque. Elles résultent, outre l'acte de société spécial à chaque établissement, de l'article 2, précité, du décret du 4 mars et de l'ensemble du décret du 7 du même mois.

La ville de Paris fut, naturellement, la première dotée de cette nouvelle institution ; un arrêté du 7 mars créait le Comptoir national d'escompte de Paris, un décret du 8 le constituait ; un arrêté du 9 nommait M. Pagnerre directeur de ce comptoir, enfin le 10 mars on en arrêtait les statuts.

À l'imitation de Paris, un grand nombre de villes de province enfantèrent des établissements analogues[73].

Le capital total des 67 comptoirs ainsi établis fut de 130 449 500 fr., savoir en actions (nominalement) 43 483 500, en bons du Trésor 43 482 500 et en obligations des villes 43 483 500. Il y avait loin du capital nominal au capital réel ; en exceptant les comptoirs d'Abbeville, d'Amiens, de Condé-sur-Noireau, de Réthel et de Saint-Omer pour lesquels les chiffres nous manquent, et qui ne représentaient ensemble qu'un capital nominal-actions de 1 360 000 francs, le capital souscrit des 62 comptoirs restant ne montait, à la fin de 1849, qu'à 24 619 271 francs, savoir : 22 999 058 francs versés en espèces et 1 620 213 restant à verser. Les subventions du gouvernement atteignant en totalité 10 235 000 francs, cela ferait une somme ronde de 33 à 35 millions appliqués par les comptoirs nationaux, dans 67 villes, à l'escompte, à l'encaissement, etc., pendant les trois années 1848 à 1850.

C'est avec ce capital restreint que les 67 comptoirs firent les opérations suivantes :

Exercices	Nombre de comptoirs en activité	Montant total des effets escomptés	Montant total des effets entrés au portefeuille (Escompte, encaissements, etc.)
1848	65 (1)	343.640.000	675.690.000
1849	62 (2)	346.190.000	911.560.000
1850	61 (3)	371.830.000	986.100.000

(1) Les comptoirs de Douai et d'Alger n'ont commencé à fonctionner qu'en 1849.

(2) Les comptoirs d'Amiens, de Saint-Omer, d'Abbeville, de Rethel et de Condé-sur-Noireau ne fonctionnaient plus dès la fin de 1848.

(3) Le comptoir de Charleville, liquidé en 1849, n'a conséquemment fourni aucun élément à l'année 1850.

Voici spécialement pour le Comptoir d'escompte de Paris les chiffres respectifs du capital et des opérations annuelles :

Exercices.	Capital nominal. millions	Escomptes, encaissements, avances, acceptations, crédit sur nantiss. (France). mill.	Escomptes (étrang.) mill.	Agences Colon. et étrang. mill.	Agences en France. mill.	Fonds publics (souscrip. ventes et ach.) mill.	Total gén. mill.	Réparti- tions aux actions. 0/0 par an.	Exerc. mill.
1848 (5 m. 1/3).	4.0	109.»	»	»	»	»	109.»	13.7	1848
1848-49 (10 m.)	4.1	111.1	1.1	»	»	»	112.2	3.6	1848-49
1849-50	4.2	144.1	1.5	»	?	»	145.6	7.»	1849-50
1850-51	4.2	211.3	3.9	»	»	»	215.2	8.»	1850-51
1851-52	6.7	263.»	10.5	»	»	»	273.5	8.»	1851-52
1852-53	20.0	471.5	33.1	»	»	»	502.7	6.2	1852-53
1853-54	20.0	586.5	42.0	»	»	»	628.5	7.2	1853-54
1854-55	20.0	641.2	38.7	»	»	»	679.9	8.4	1854-55
1855-56	20.0	716.8	18.5	»	»	»	735.3	9.4	1855-56
1856-57	20.0	710.9	21.1	»	»	»	732.»	8.6	1856-57
1857-58	20.0	746.8	34.0	»	»	»	780.8	8.4	1857-58
1858-59	20.0	663.3	40.5	»	»	»	703.8	6.6	1858-59
1859-60	20.0	686.7	45.8	»	»	»	732.5	7.2	1859-60
1860-61	40.0	887.0	147.8	»	»	»	1.034.7	8.8	1860-61
1861-62	40.0	863.6	154.8	36.8	»	»	1.055.2	7.8	1861-62
1862-63	40.0	849.0	224.5	148.2	»	»	1.221.8	8.4	1862-63
1863-64	40.0	926.0	274.8	553.6	»	»	1.784.»	11.8	1863-64
1864-65	40.0	893.5	307.1	753.4	»	»	1.954.»	11.7	1864-65
1865-66	40.0	1.060.7	355.5	642.»	»	386.9	2.444.3	12.7	1865-66
1866-67	40.0	901.1	246.3	650.9	»	102.7	1.901.»	11.4	1866-67
1867-68	80.0	1.048.6	296.5	774.6	39.6	120.3	2.279.6	10.»	1867-68
1868-69	80.0	1.097.5	348.8	1018.9	254.5	101.7	2.821.2	8.2	1868-69
1869-70	80.0	1.040.4	298.2	1096.2	437.6	214.2	3.086.6	8.8	1869-70
1870-71	80.0	497.7	169.3	425.1	572.7	106.2	1.771.»	5.5	1870-71
1871 (6 mois)...	80.0	496.0	145.8	492.4	332.3	115.4	1.581.9	5.»	1871
1872	80.0	1.052.9	160.1	1321.5	736.6	186.1	3.457.1	6.2	1872
1873	80.0	1.027.8	98.3	1011.7	739.3	439.4	3.316.5	7.»	1873

Opérations du Comptoir d'escompte de Paris

Les sous-comptoirs de garantie établis à Paris furent au nombre de sept, savoir : de la Librairie, – des Métaux, – du Bâtiment ou des Entrepreneurs, – des Denrées coloniales, – de la Mercerie, – des Tissus, qui fonctionnèrent dès 1848, et enfin des Chemins de fer qui n'est entré en opérations qu'en 1850 (2e semestre). Le sous-comptoir des Denrées coloniales s'est liquidé en 1850, et reconstitué peu de mois après. Les sous-comptoirs des Tissus, de la Mercerie, de la Librairie et des Denrées coloniales (reconstitué) n'existent plus, le premier dès octobre 1848, le second depuis octobre 1849, le troisième depuis avril 1855 et le quatrième enfin depuis février 1857. Le Sous-Comptoir des Entrepreneurs qui existe toujours, s'est séparé du Comptoir d'escompte en juin 1860 pour se greffer sur le Crédit foncier de France. Quant au sous-comptoir des Métaux, après s'être séparé de la même institution en novembre 1860, il se convertit en sous-comptoir du Commerce et de l'Industrie et, par suite de pertes, est entré en liquidation en 1868-69.

Le décret qui a autorisé l'établissement de sous-comptoirs de garantie est daté du 24 mars 1848. Il en pouvait être constitué dans toutes les villes où il y avait des comptoirs. En fait, Paris seul réalisa cette combinaison. Ils étaient destinés à servir d'intermédiaire entre l'industrie, le commerce et l'agriculture d'une part, et les comptoirs nationaux d'escompte d'autre part. Leurs opérations consistaient à procurer aux commerçants, industriels et agriculteurs, soit par engagement direct, soit par aval, soit par endossement, l'escompte de leurs titres et effets de commerce auprès du comptoir principal, moyennant des sûretés données aux sous-comptoirs par voie de nantissements sur marchandises, récépissés de magasins de dépôt, titres et autres valeurs. Le fonds social, fourni tout entier par l'industrie privée, ne pouvait être moindre de 100 000 fr. divisé par actions de 100 fr. Ils pouvaient commencer à fonctionner, quelque fût le nombre d'actions souscrites. Ce capital n'était pas destiné à la réalisation de l'escompte, mais seulement à garantir les opérations du sous-comptoir envers le comptoir principal. Leur capital devait, en conséquence, être déposé dans la caisse du comptoir dont ils devenaient une véritable annexe.

Par dérogation spéciale, les sous-comptoirs étaient autorisés, sous huitaine, après une simple mise en demeure et sans qu'il fût besoin d'aucune autorisation de justice, à faire procéder, par les officiers ministériels compétents, à la vente publique des marchandises déposées en nantissement. Les actes de nantissement n'étaient, pour eux, passibles que d'un droit fixe de 2 fr. 20 c. Ces dernières dispositions constituaient en leur faveur un privilège et une dérogation au droit commun.

Capital effectif. millions.	Exercices.	Librairie. mill.	Métaux mill.	Bâtiment (Entrepreneurs). mill.	Denr. col. mill.	Mercerie. mill.	Tissus. mill.	Chem. de fer. mill.	Ensemble. mill.	Exerc.
0.2	1848 (5 m 1/2)	0.6	2.9	1.8	0.4	0.2	0.0	»	5.8	1848
inconnu	1848-49 (10m)	1.7	4.8	9.6	1.1	0.4	0.0	»	17.6	1848-49
—	1849-50....	1.8	5.3	15.9	2.7	0.0	»	»	25.7	1849-50
—	1850-51....	1.4	6.4	17.1	4.3	»	»	13.3	42.6	1850-51
2.3	1851-52....	1.»	11.8	9.4	11.»	»	»	30.9	64.»	1851-52
3.0	1852-53....	0.9	9.2	8.»	16.3	»	»	114.3	148.8	1852-53
3.6	1853-54....	0.6	8.8	12.1	17.5	»	»	89.0	128.»	1853-54
3.9	1854-55....	0.1	9.8	16.»	20.1	»	»	81.6	127.7	1854-55
4.0	1855-56....	»	9.7	23.2	38.5	»	»	115.7	187.2	1855-56
4.1	1856-57....	»	12.5	17.6	13.7	»	»	105.5	149.4	1856-57
4.1	1857-58....	»	14.4	9.5	»	»	»	64.6	88.6	1857-58
4.2	1858-59....	»	13.»	12.8	»	»	»	46.8	72.6	1858-59
4.1	1859-60....	»	10.4	16.6	»	»	»	49.2	76.1	1859-60
3.5	1860-61....	»	4.»	»	»	»	»	37.5	41.4	1860-61
3.2	1861-62....	»	»	»	»	»	»	34.4	34.4	1861-62
3.2	1862-63....	»	»	»	»	»	»	43.3	43.3	1862-63
3.2	1863-64....	»	»	»	»	»	»	48.5	48.5	1863-64
3.2	1864-65....	»	»	»	»	»	»	42.1	43.1	1864-65
3.2	1865-66....	»	»	»	»	»	»	36.5	36.5	1865-66
3.2	1866-67....	»	»	»	»	»	»	4.5	4.5	1866-67
»	1867-68....	»	»	»	»	»	»	»	»	1867-68

Opérations des Sous-Comptoirs de garantie avec le Comptoir d'escompte de Paris

De 1800 à 1852, quarante-quatre Comptoirs sur soixante-sept furent prorogés de trois nouvelles années ; celui de Paris et les Sous-Comptoirs de garantie de la Librairie, des Métaux, du Bâtiment, des Denrées coloniales et des Chemins de fer furent, par exception, prorogés de six années, soit au 18 mai 1857.

Jusqu'alors les comptoirs d'escompte sont nationaux plus que particuliers ; ils fonctionnent avec des garanties du Trésor et des villes où ils sont établis, garanties équivalentes, en quelque sorte, à un capital. La loi du 10 juin 1853 eut pour objet de mettre fin à cet ordre de choses ; les comptoirs et sous-comptoirs rentrèrent dans le droit commun ; on put les proroger, en établir de nouveaux, mais sans concours ni garantie de l'État, des départements ou des communes. Cette loi, bien entendu, ne put avoir d'effet rétroactif et ne fut applicable aux établissements dont nous nous occupons qu'au fur et à mesure de l'expiration des prorogations accordées antérieurement.

Dans ces conditions, douze comptoirs départementaux furent reconstitués sous forme anonyme en 1854-55, et quelques autres sous la forme en commandite. Étant devenues des sociétés ordinaires d'escompte, nous n'avons plus à nous en occuper spécialement.

Quant au Comptoir d'escompte de Paris, sa transformation date de 1854 ; nous en reparlerons à cette époque, ainsi que des sous-comptoirs des entrepreneurs et des métaux.

Les magasins généraux ont pour but général de faciliter, sans déplacement, la circulation des marchandises ; à cette fin, le propriétaire de la marchandise (matières premières ou objets fabriqués) la dépose dans des magasins destinés à cet objet, et le dépositaire délivre au déposant un récépissé destiné à représenter la marchandise et à pouvoir circuler, à l'occasion, de main en main sans amener aucun déplacement réel ; ce récépissé est transmissible par voie d'endossement, et ainsi la marchandise peut changer de propriétaire sans exiger, en fait, une mutation de lieu qui entraîne toujours avec elle des frais et des risques. Un décret du 21 mars 1848 décida l'établissement de magasins généraux à Paris et dans les autres villes de France ; un arrêté ministériel du 26 mars, confirmé par décret du 23 août suivant, le compléta. C'est la première fois que le Gouvernement, en France, prenait enfin une résolution relativement à cette nature d'institution, déjà en activité chez des voisins ; rendons hommage au pouvoir d'alors qui, au milieu des occupations les plus nombreuses[74], des dangers les plus pressants, les plus personnels, posa les bases de la branche, la plus féconde peut-être, du crédit commercial en France.

Malgré toute son activité, il ne pouvait tout étudier, et son œuvre fut, comme nous l'allons voir, imparfaite à quelques égards. Sans entrer dans des détails qui deviendraient trop spéciaux, établissons, avec M. N. Damaschino[75], que les principaux défauts à relever dans cette législation sont : 1° L'unité de titre qui est un embarras sérieux pour l'emprunteur et le prêteur ; 2° la nécessité de la transcription des actes de transfert, même de ceux qui suivent les premiers, sur les registres des magasins, ce qui rend la circulation plus difficile et peut compromettre le secret des affaires ; 3° l'exigence d'une expertise pour déterminer la valeur des marchandises ; occasion de frais et d'illusions, eu égard à la variabilité des prix ; 4° le double recours, à son choix, exigé par le prêteur non payé, soit contre l'emprunteur et les endosseurs, soit contre la marchandise ; les bons effets de la création des warrants, qui a pour objet de mobiliser la marchandise, de la séparer, comme représentation, de son propriétaire, de l'individualiser, pour ainsi dire, étaient ainsi annulés ; 5° la nécessité d'une ordonnance du président du tribunal de commerce pour la vente de la marchandise, en cas de non-paiement du prêteur à l'échéance, luxe de formalités qui ne faisait qu'entraver les opérations sur les warrants ; 6° enfin privilège général de la douane, ce qui créait une solidarité, hostile aux affaires, entre toutes les marchandises d'un même négociant.

Ces différents vices de la législation de 1848 empêchèrent les warrants de se vulgariser dès cette époque ; ce ne fut que dix ans plus tard que la loi du 28 mai 1858 modifia cet ordre de choses auquel la loi du 31 août 1870[76] apporta encore d'utiles changements ; nous n'en reparlerons plus pour ne pas trop nous étendre ici sur un sujet qui mériterait à lui seul, vu son importance, une étude spéciale.

Comme conséquence de la création des magasins généraux, la Banque de France, par décret du 26 mars 1848, et le Comptoir national d'escompte de Paris furent autorisés à recevoir les récépissés (warrants) de marchandises déposées dans les magasins généraux autorisés, en remplacement d'une signature, ce qui, dans ce cas spécial, réduisait à deux signatures pour le premier établissement et à une pour le second le minimum du nombre de signatures exigé.

Mais revenons à la Banque de France que nous avons vue, en partie, sous l'empire des circonstances, beaucoup par suite des fausses notions économiques, transformée en banque unique de circulation.

Pour faciliter l'intelligence de ce que nous avons à dire, nous donnerons de suite le tableau des opérations et des chiffres des principaux comptes de la Banque de France de 1848 à ce jour, dans une forme analogue à ce que nous avons donné plus haut, sur la même institution, pour la période écoulée de 1800 à 1847.

N'omettons pas de remarquer, pour éviter tout malentendu :

1° Que le mouvement général des caisses (colonne 14) ne concerne que l'établissement central de Paris jusqu'au 31 décembre 1869. À partir de 1870, il comprend les succursales.

2° Que les avances au Trésor et aux municipalités se composent du total des opérations de l'année. Leur chiffre comprend donc deux, trois, quatre fois la même avance, s'il y a eu dans le courant de l'année, un, deux ou trois renouvellements. Dans le courant de cet historique, nous indiquerons le montant réel des opérations.

Ajoutons que les escomptes de bons du Trésor et de traites de coupes de bois sont compris, pour la période écoulée de 1848 à 1873, dans la colonne 19, les colonnes 15 et 18 ne contenant que des opérations faites avec le public.

3° Que, à partir de 1848, les bénéfices et dépenses des succursales sont portés dans les colonnes respectives 23 et 24, quand avant cette date, le solde ou bénéfice net seulement des comptoirs figurait dans la colonne 23, la colonne 24 ne donnant alors que les dépenses administratives de l'établissement central.

4° Enfin, que le dividende du deuxième semestre de 1857 (87 fr.) et les suivants ont été attribués à 182 500 actions, quand le dividende du premier semestre et les précédents s'appliquaient, depuis 1848, à 91 250 actions seulement.

Ces réserves faites, voici le tableau annoncé dans lequel les maxima et minima de l'encaisse, du portefeuille, de la circulation et des comptes courants soit des particuliers, soit du Trésor, ont été remplacés par la moyenne. Les cinq comptes (colonnes 3 à 12), à partir de 1848, s'appliquent à l'établissement central et aux succursales réunis.

1848-50. Une fois la liquidation commerciale de février 1848 opérée, bon gré, mal gré, les affaires tombèrent dans une grande atonie ; les espèces, par suite de cette stagnation, affluèrent à la Banque ; sa circulation, vu la sécurité que sa situation inspirait, prit un développement assez grand pour l'époque, grâce surtout à la fusion des banques départementales avec la Banque de France. Le portefeuille, au 15 mars 1848, y compris les comptoirs mais sans les banques départementales, montait à 303 millions ; au 13 juillet suivant, il tombait, avec les 24 succursales cependant, à 250 millions ; en février 1849, à 150 ; enfin, en juin 1850, à 100 millions ; et l'escompte, depuis le 27 décembre 1847, ne dépassait, cependant, pas 4 % ; l'encaisse de 92 millions, en avril 1848, était montée à 477 millions en mars 1850 ; la circulation en billets, de 273 millions en mars 1848, arrivait à 438 millions en octobre 1849, dépassant même 500 millions en 1850 ; les comptes courants des particuliers, de 62 millions en avril 1848, arrivent à 137 millions en juin 1849, pour retomber au-dessous de 90 millions en 1850. Tous ces faits, à quelques nuances près, attestaient la réalité de la liquidation dont nous parlons plus haut et l'arrêt général des affaires que l'on n'entamait que pour la consommation du moment, sans oser appliquer le crédit au développement de cette consommation par l'attrait de l'abaissement des prix ou à la création d'entreprises ne devant donner de résultats qu'après un long terme.

En cette circonstance, la Banque de France crut devoir, dans l'intérêt de ses actionnaires, comme jadis en 1819-20, reprendre, avec le Trésor, des relations fort ralenties depuis 1835. Ce dernier y gagnait de plus douces conditions, la Banque trouvant, dans sa circulation, un capital sans intérêt. Poussée, partie par la tendance à employer des capitaux oisifs, partie par les besoins pressants de l'État, la Banque avança au Trésor, le 31 mars 1848, 50 millions, et le 5 mai suivant 30 autres millions, le tout sur dépôt de bons du Trésor. Le second de ces prêts fut remboursé en 1849, et le premier en 1852, par 25 millions en juillet et 25 autres en août.

En outre de ces dispositions insolites (le mot est du gouverneur même de la Banque de France, le comte d'Argout à cette époque), la Banque de France passa avec le gouvernement, le 30 juin 1848, un traité approuvé par décret du 5 juillet suivant. Ce traité, qui, sauf les modifications apportées par la loi du 6 août 1850 et le décret du 3 mars 1852, est toujours en vigueur, stipulait une avance de 150 millions faite par la Banque au Trésor, avance garantie moitié par des rentes, moitié par des forêts de l'État ; 75 millions étaient à la disposition du Trésor dès 1848, payables par tiers en juillet, août et septembre, et le reste, en 1849, par tiers également en janvier, février et mars. La Banque pouvait aliéner les forêts, si elle le jugeait convenable, à partir du 1er janvier 1849, mais avec publicité et concurrence. Elle n'obtint pas, fait utile à noter, la faculté de pouvoir aliéner les rentes. Le taux d'intérêt de cette avance était arrêté à 4 %. Le remboursement en capital par le Trésor devait se faire, pour les 75 premiers millions, par tiers, les 15 avril, juillet et octobre 1850, et, pour les autres 75 millions, par la vente des forêts ; néanmoins, si la Banque n'était pas couverte avant le 15 janvier 1851, le remboursement du solde se ferait sur le pied de 55 millions par trimestre, à partir de cette date.

Un décret du 24 août 1848 approuvant un traité avec la ville de Paris, passé le 24 juillet précédent, autorisait également un prêt de 10 millions à ladite ville, aussi à l'intérêt de 4 %, sur nantissement d'obligations municipales garanties hypothécairement par des immeubles lui appartenant.

Un traité analogue, passé avec la ville de Marseille, le 6 décembre de la même année, et stipulant un prêt de 3 millions, fut autorisé par la loi du 29 décembre 1848.

Enfin, la loi du 3 janvier 1849 permit à la Banque d'avancer 3 millions au département de la Seine. Ces deux derniers prêts étaient aux mêmes conditions d'intérêt et de garantie que le précédent à la ville de Paris.

Tous ces prêts municipaux ou départementaux se liquidèrent en 1849 et 1850.

C'est grâce à ces opérations et à d'autres de même nature, mais moins importantes (prêts aux hospices de Paris, de Lyon, etc., etc., escomptes exceptionnels consentis en faveur de manufacturiers, et surtout de maîtres de forges, pour un capital de 34 millions), qu'elle put distribuer au-delà de l'intérêt statutaire à ses actionnaires[77]. Reconnaissons d'ailleurs que cette institution a déployé en 1848 une activité et une intelligence remarquables. Sa modération, son tact et la bonne volonté dont elle fit preuve en se pliant à toutes les difficultés imposées au public par les évènements de l'époque méritent une mention honorable en faveur de l'administration d'alors.

Nous avons vu l'absence de transactions à crédit augmenter le numéraire en caisse à la Banque dans une proportion notable et le portefeuille diminuer d'une manière non moins forte ; on se rappelle également la confiance du public dans le billet de banque, malgré son cours forcé. Cette situation amena ce résultat que la masse des billets en circulation tendit rapidement à atteindre la limite légale (452 millions), si rapidement même que, pour ne pas enfreindre les prescriptions de la loi, la Banque se vit contrainte, en novembre 1849, de payer en espèces sonnantes toute somme inférieure à 5 000 francs. La loi du 22 décembre 1849 tira la Banque de France et le public de cet embarras en portant de 452 millions à 525 la limite extrême de l'émission. À cette époque, les engagements à vue de la Banque ne montaient qu'à 631 millions, tandis que son capital disponible était de 426 millions ; la proportion de 2 à 3 n'inspirait aucune inquiétude et permettait à la Banque d'approcher, sans danger, de la nouvelle limite ; bientôt même la proportion devint telle que son encaisse dépassa les billets en circulation[78]. Dans cette situation, on ne craignit plus de lever toute limite et de supprimer le cours forcé ; c'est la loi du 6 août 1850 qui mit fin au régime exceptionnel qui durait depuis près de deux ans et demi ; remarquons que, en fait, depuis la fin de juin 1848, la Banque avait repris ses paiements en espèces et que la loi de 1850 ne fit que consacrer, sous ce rapport, un état de choses existant depuis plus de deux ans. Le gouvernement de cette époque eut donc parfaitement raison de ne pas tarder davantage à rentrer dans les voies de liberté indispensables à tout crédit ; la Banque, d'ailleurs, méritait, par la prudence de sa conduite, la confiance qu'elle inspirait au public.

Nous avons un peu anticipé sur l'époque dont nous avons encore à nous occuper ; revenons sur nos pas.

Le Trésor n'avait encore usé du bénéfice du traité relatif à l'avance de 150 millions que pour un tiers, 50 millions ; un nouveau traité, en date du 13 novembre 1849, ajourna d'un an les échéances de tous les remboursements et stipula que la Banque verserait dans les caisses du Trésor, dans le courant de 1850, sur le pied de 25 millions par trimestre, les 100 millions restants. La loi du 19 novembre 1849 autorisa ces modifications au traité primitif.

Cependant, en 1850, aucun nouveau versement ne fut demandé par le Trésor, et la loi précitée du 6 août 1850 prorogea encore d'une année les époques de remboursement, stipulant d'ailleurs que le prêt serait limité aux 75 millions garantis par un dépôt de rentes. N'oublions pas que la Banque n'avait pas la faculté de disposer de ces rentes sans autorisation de l'État, tandis que le nantissement en forêts, que l'on supprimait, laissait à la Banque le droit, lui faisait même un devoir, de réaliser le gage. Nous verrons plus loin ce qu'il advint de ces modifications.

De l'origine des comptoirs au 14 mai 1848, le service des billets à ordre tirés, au profit des particuliers, par l'établissement central sur les succursales, et vice versa, subissait, au profit de la Banque de France, le prélèvement d'un droit variable en raison des distances et de la situation des encaisses respectifs. À partir du 15 mai 1848, ce service se fit gratuitement ; aussi avait-il, à la suite de la fusion des banques départementales, atteint un développement extraordinaire. Le 13 juin 1850, la Banque de France ne délivra plus de ces effets de crédit que sous retenue, en sa faveur, d'un droit de 1 ‰.

Le 19 janvier 1855, la Banque a réduit de 1 à 1/2 ‰ la prime des billets à ordre tirés des succursales sur Paris ; celle des billets de Paris sur les succursales est toujours de 1 ‰.

Avec la liquidation successive de diverses affaires extrastatutaires et exceptionnelles[79] de la Banque (avec l'État, les départements et les villes, les institutions publiques, les grands établissements particuliers, etc.) coïncidait une reprise d'affaires assez marquée ; le commerce était plus actif, bien que les affaires se fissent en majeure partie au comptant, ou au moins à court terme. Les lettres de change à long terme, indices d'une complète sécurité, sont encore fort rares[80]. Le portefeuille tendait cependant à grossir ; après être tombé, en juin 1850, à cent millions pour toute la France, il était revenu à 149 millions en janvier 1851. La masse des opérations annuelles de la Banque de France, qui atteignait 1 875 millions pour l'exercice 1848 et ne montait plus qu'à 1329 pour 1849, revenait à 1 470 en 1850, et 1 593 en 1851. Néanmoins, cette dernière année vit décliner considérablement les transactions ; le crédit se resserra ; le portefeuille était retombé, en octobre 1851, à 94 millions. Cela tenait aux appréhensions de la crise politique.

Avant de passer aux faits postérieurs au coup d'État du 2 décembre 1851, parlons de quelques institutions dont nous n'avons encore rien dit, pour ne pas rompre notre récit.

    La loi du 30 avril 1849, en accordant aux colons l'indemnité promise par le décret du gouvernement provisoire du 27 avril 1848, avait décidé (article 7) qu'un prélèvement de 1/8 de la portion afférente aux colonies de la Guadeloupe, de la Martinique et de la Réunion, serait prélevé pour servir à l'établissement d'une banque de prêt et d'escompte dans chacune de ces colonies. L'article 51 du décret du 24 novembre 1849 étendit cette disposition aux colonies de la Guyane et du Sénégal. C'est dans ces deux articles qu'est le germe de la législation et de la création des banques coloniales. Une loi organique de ces institutions de crédit, en date du 11 juillet 1851, en fixa le régime. Le capital des banques de la Guadeloupe, de la Martinique et de la Réunion, était fixé à 3 millions pour chacune d'elles. Celui de la Banque de la Guyane était limité à 700 000 fr.

    Ces établissements furent autorisés, dès l'origine, à émettre des billets de 500, 100 et 25 francs, payables au porteur et à vue ; la loi du 24 juin 1877 vient d'autoriser l'émission de la coupure de cinq francs ; ces billets ont cours légal, mais non cours forcé. Le montant des billets en circulation, des comptes courants et des autres dettes de chaque banque ne peut excéder le triple du capital social réalisé de cette même banque. Le montant séparé des billets en circulation ne peut excéder le triple de l'encaisse métallique. Chaque banque escompte des effets ayant au moins deux signatures et dont l'échéance ne doit pas dépasser quatre-vingt-dix jours de vue, ou avoir plus de cent vingt jours à courir, si l'échéance est déterminée. L'une des signatures peut être suppléée par la remise soit d'un connaissement passé à l'ordre de la Banque, ou d'un récépissé de marchandises, soit par la cession d'une récolte pendante. Des facilités spéciales sont accordées aux banques coloniales pour réaliser les valeurs ou marchandises servant de garantie.

    Le directeur est à la nomination du gouvernement ; les administrateurs et l'un des deux censeurs, à la nomination des actionnaires, réunis en assemblée générale ; le second censeur est de droit le contrôleur colonial, ou son délégué.

    Une commission de surveillance de ces banques, composée d'abord de 7 membres, maintenant de 9, a dû être établie près du ministre chargé des colonies. Cette commission comprend un conseiller d'État élu par ce grand corps, quatre personnes désignées par le ministre des colonies, deux autres nommées par le ministre des finances ; les deux dernières, enfin, sont à la nomination du Conseil général de la Banque de France. Le décret du 17 novembre 1852 a constitué à Paris une agence centrale des banques coloniales dont le titulaire représente ces banques dans les opérations qu'elles ont à faire avec la métropole. Cet agent central est nommé par le ministre des colonies sur une liste de trois candidats présentés par la commission de surveillance dont il vient d'être parlé. Le privilège de ces banques, limité d'abord à vingt ans, vient d'être prorogé par la loi toute récente du 24 juin 1874 au 10 septembre 1894. De ces dispositions réglementaires, passons aux faits.

Les Banques de la Martinique, de la Guadeloupe et de la Réunion sont chacune constituées au capital nominal et réalisé de 3 millions ; celle de la Guyane a vu son capital constitutif réduit à 300 000 francs, en vertu du décret du 21 décembre 1853 ; un décret du même jour a constitué la banque du Sénégal au capital de 230 000 francs ; cela faisait donc un capital total en actions de 9 530 000 francs ; au commencement de 1874 il était encore de 9 830 000 francs, à cause du doublement du capital de la banque de la Guyane, décidé par décret du 30 juin 1864. Actuellement et en vertu de la loi du 24 juin 1874, il est de 9 750 000 fr. savoir : 3 millions pour chacune des trois premières banques, 450 000 fr. pour celle de la Guyane, et 300 000 fr. pour la Banque du Sénégal.

Les Banques de la Martinique, de la Guadeloupe et de la Réunion ont commencé leurs opérations respectivement en janvier, février et juillet 1853 ; la Banque de la Guyane est entrée en exercice le 28 mai 1855 ; enfin, la Banque du Sénégal est en activité depuis le 1er septembre de cette dernière année.

Ce qui différencie les banques coloniales des autres institutions de crédit et de circulation, c'est la faculté de faire entrer les récoltes pendantes comme garantie des effets présentés à l'escompte. C'est là un véritable crédit agricole tel, malheureusement, que nous ne le possédons pas sur le continent. Des difficultés juridiques ont semblé créer d'abord un obstacle insurmontable à l'avènement de ce progrès ; le prêteur sur gage a droit d'user, dans les termes convenus, du gage pour la sûreté de son opération ; mais il faut pour cela qu'il soit nanti de l'objet servant de garantie. Or, une récolte sur pied, qui a encore plusieurs mois à courir pour arriver à maturité, et qui repose sur un terrain qui n'appartient pas au prêteur, ne pouvant être entreposée au nom du prêteur sur gage, ne servait que de gage commun à tous les créanciers, et non de garantie particulière au dit prêteur. Un ministre de la marine, un des administrateurs les plus distingués qu'ait produit le second Empire, M. de Chasseloup-Laubat, décédé depuis peu, imagina, et avec un plein succès, de résoudre la difficulté en stipulant la cession de la récolte pendante la banque d'escompte, et, de la sorte, toute sécurité étant accordée à cette dernière, à qui, en retour, incombait le devoir de faire compte pour le solde avec l'emprunteur, les avances ou escompte purent se faire à des conditions abordables.

Toutes les cinq banques coloniales n'ont pas profité également de cette faculté. La nature d'exploitation au Sénégal s'y refusait, ainsi qu'à la Guyane française. À la Guadeloupe, le succès est brillant. À la Réunion il a donné des résultats sérieux quoique moins importants. À la Martinique, la forme des opérations admet un intermédiaire, un commissionnaire qui, ajoutant sa signature à celle du planteur, permet l'escompte direct du papier ainsi muni de deux signatures sans exiger l'apport d'une garantie supplémentaire ; mais là même, malgré le chiffre relativement restreint des opérations d'escompte à une seule signature, appuyées d'une cession de récoltes pendantes, nul doute que la faculté de recourir à cette dernière forme n'ait amélioré les taux et conditions de l'autre.

La Banque de la Martinique, dont le siège est à Saint-Pierre, ouvrit ses bureaux le 5 janvier 1853. Elle n'a pas eu à subir autant de difficultés que celle de la Guadeloupe, mais néanmoins ses opérations ont parfois inquiété la Commission de surveillance établie à Paris. Nous nous demanderons aussi si cette dernière est toujours bien apte à juger les nécessités de contrées si lointaines, et les moyens de parer aux inconvénients qui en résultent. Le fait est que les réserves et répartitions, à part une crise qui a diminué, mais non annulé la productivité des années 1863 à 1868, les réserves et répartitions ont suivi une marche régulière. Cette Banque a réalisé les trois quarts des rentes qu'elle possédait originairement ; elle est en train de les racheter. Remarquons à ce sujet que si le capital des cinq banques a été primitivement constitué en rentes, ces institutions ont eu le droit de les aliéner, soit en les vendant, soit en les engageant. La circulation en billets au porteur et à vue de la Banque de la Martinique n'a jamais dépassé 6 millions, mais elle est rarement inférieure à 5. Sa réserve atteint la moitié de son capital social.

La Banque de la Guadeloupe[81] a débuté en février 1853 ; elle a été la première à demander (mais longtemps en vain) la coupure de 5 francs. Cette institution a eu, de 1863 à 1868, des moments difficiles, durant lesquels elle n'a rien distribué à ses actionnaires, et qui ont même amené la disparition de sa réserve. La commission parisienne de surveillance l'a fortement blâmée pour les facilités accordées au public, causes, à ses yeux, de cette situation embarrassée. Cette commission officielle, avec d'excellentes intentions d'ailleurs, nous semble trop partisane de cette doctrine, qu'une banque de circulation ne doit rien risquer et jamais perdre ; s'abstenir, aux débuts d'une crise, quand on a du crédit et des ressources, c'est la précipiter ; et si cette crise n'est pas due aux imprudences du public, mais à des faits extérieurs ou imprévus, cela peut être une faute de la part de la banque chargée d'aider une liquidation générale, et non de se retirer timidement au moment où ses attributions sont d'opérer utilement. D'ailleurs, c'est une question de fait que l'on ne peut juger que sur les lieux, et la Commission de surveillance, composée de notabilités, sans doute, juge à trop longue distance pour ne pas risquer de se tromper gravement. Somme toute, la Banque de la Guadeloupe, ses jours de bataille passés, a retrouvé une réserve de 25 % de son capital, et des revenus assez satisfaisants pour ses actionnaires, qui ont touché plus de 10 %, en moyenne, par an, de leur commandite, depuis 1856. Sa circulation atteint à peu près la même somme que la Banque de la Martinique.

La Banque de la Réunion[82], dont les opérations remontent au 4 juillet 1853, a eu à subir la concurrence d'une agence du Comptoir d'escompte de Paris, établi à Saint-Denis même. Sa circulation est assez importante (8 millions), et ses avances sur marchandises sous forme d'escompte d'effets à une signature appuyée d'un warrant ont pris de nouveau, depuis trois ans, un assez grand développement. Elles dépassent 4 millions, après avoir été inférieures à 500 000 francs. Ce dernier chiffre était dû à ce que l'agence du Comptoir d'escompte de Paris admettait, comme garantie, le plein de la valeur des marchandises, quand la Banque de la Réunion, en vertu de statuts rédigés à ses antipodes, ne pouvait admettre que les deux tiers de ladite valeur. Un décret du 8 janvier 1870 l'a autorisée à admettre l'intégralité de la valeur des marchandises présentées en garanties, et la loi nouvellement votée étend cette réforme utile aux quatre autres banques. La réserve de cette institution est entre le tiers et la moitié de son capital social.

La Banque de la Guyane française, en activité depuis le 28 mai 1855, a eu la bonne fortune d'atteindre une fois, en 1863, le plein de sa réserve (150 000 francs), moitié de son capital social, et de pouvoir l'appliquer, en entier, aux versements des actions provenant du doublement de son capital. Cette réserve atteint actuellement presque la moitié du capital ainsi doublé. Le capital de cette institution, primitivement de 300 000 francs, puis de 600 000 (1 200 actions de 500 francs), est actuellement, de par la loi du 24 juin 1874, de 450 000 francs, divisé en 1 200 actions de 375 fr.

La Banque du Sénégal a ouvert ses bureaux le 4 août 1855, mais sa situation n'a généralement pas obtenu les caractères de succès des quatre autres. Cependant il y a trois ans elle a doublé son mouvement d'escomptes et d'avances, et ce chiffre s'est depuis maintenu. Sa réserve est le quart de son capital social, et les billets en circulation, ainsi qu'à Cayenne, atteignent le double de l'encaisse sans le dépasser sérieusement, ce qui est faible et atteste des développements possibles. Son capital est de 300 000 francs, divisé en 600 actions de 500 francs.

Remarquons, à ce sujet, qu'aucune de ces banques n'a établi de succursale ; l'énoncé seul de ce fait est, à nos yeux, une critique adressée à leurs administrations locales. Signalons d'autre part, à leur décharge, que leur établissement a régularisé le mouvement monétaire, et a simplifié les rouages des échanges commerciaux, soit à l'intérieur, soit avec la métropole et l'étranger. Voici, pour ces cinq banques réunies, le tableau des principales opérations annuelles et celui de la situation des principaux comptes en fin d'exercice (30 juin)[83].

Exercices.	Effets sur place à 2 signatures (Escompte). millions	Prêts et avances ou escompte des effets sur place à une signature avec garantie.				Total des avances prêts et escomptes. millions
		d'effets publics. millions	de marchand. millions	de récoltes pendantes. millions	de matières d'or ou d'argent. millions	
1852-53.	2.3	0.2	0.1	»	0.1	2.7
1853-54.	20.7	4.3	1.7	0.6	0.2	36.8
1854-55.	30.9	4.0	1.5	0.9	0.8	38.0
1855-56.	38.5	4.5	1.0	1.4	0.9	46.2
1856-57.	44.3	4.1	1.0	2.1	0.6	51.8
1857-58.	45.9	3.2	1.6	3.2	0.6	54.4
1858-59.	60.1	3.0	1.6	6.1	1.5	71.5
1859-60.	48.5	3.8	1.2	8.2	1.0	62.7
1860-61.	56.1	4.2	1.8	7.5	0.9	70.4
1861-62.	63.5	4.3	1.5	8.6	1.1	78.9
1862-63.	67.5	3.8	1.9	7.3	1.0	81.4
1863-64.	69.8	4.4	1.7	7.6	1.0	84.5
1864-65.	61.0	3.4	2.3	8.4	0.7	75.6
1865-66.	51.3	3.6	2.5	10.1	0.4	67.9
1866-67.	48.8	3.0	1.5	7.5	0.4	61.2
1867-68.	36.2	3.2	1.2	7.4	0.9	48.9
1868-69.	31.0	3.2	0.7	6.8	0.5	42.2
1869-70.	32.6	3.1	0.7	7.7	0.6	54.7
1870-71.	29.3	3.1	3.4	9.7	0.6	46.1
1871-72.	32.5	3.4	4.5	8.7	0.7	50.4
1872-73.	38.9	3.5	4.2	12.3	0.7	59.6

A. *Opérations annuelles des cinq banques coloniales*[84]

Années finissant le 30 juin.	Capital social. millions.	Enc. métall. mill.	Portef. comm. mill.	Billets en circul. mill.	Récép. à vue. mill.	Compt. cour. mill.	Dividendes pour cent du capital versé.		Ile de		
							La Martin. 0/0	La Guadel. 0/0	la Réun. 0/0	Guyane. française. 0/0	Sénégal. 0/0
1857.	9.5	7.6	10.8	16.»	0.1	2.0	6.71	7.»	10.08	10.50	5.91
1858.	9.5	8.3	12.4	18.2	0.1	1.7	9.23	7.50	9.32	9.52	5.98
1859.	9.5	6.9	15.5	19.9	0.3	2.1	8.81	9.»	9.57	10.»	6.84
1860.	9.5	8.1	12.3	18.5	0.0	1.3	7.31	7.60	9.75	11.30	5.81
1861.	9.5	7.6	15.3	17.3	0.0	1.3	10.69	10.»	10.35	12.40	6.86
1862.	9.5	6.9	15.6	17.4	0.1	1.6	10.81	13.»	11.62	16.»	6.97
1863.	9.5	7.8	16.3	17.7	0.1	1.6	7.39	10.25	10.72	15.80	7.13

B. *Situation en fin d'exercice des comptes suivants des cinq banques coloniales*

Années finissant le 30 juin	Capital social millions	Enc. métall. mill.	Portef. comm. mill.	Billets circul. mill.	Récép. à vue mill.	Compt. cour. mill.	La Martin. 0/0	La Guadel. 0/0	Ile de la Réun. 0/0	Guyane française. 0/0	Sénégal. 0/0
1864.	9.6	7.5	17.4	18.5	0.2	1.9	7.18	10.50	11.98	21. »	7.51
1865.	9.8	7.4	17.5	18.1	0.2	1.7	9.43	»	3.66	6.20	6.47
1866.	9.8	7.8	18.5	20.9	0.1	1.9	9.55	»	9.94	13.58	5.47
1867.	9.8	7.7	15.4	18.1	0.1	2.4	9.66	»	5.27	10.27	2.10
1868.	9.8	9.0	11.0	18.5	0.1	3.9	4.07	»	5.07	8.31	6. »
1869.	9.8	9.3	10.8	19.7	0.1	4.7	11.83	9.41	6.50	11.31	6.70
1870.	9.8	11.0	10.3	18.3	0.1	5.8	14.75	9.80	8.14	10.83	6.50
1871.	9.8	10.2	11.3	19.1	0.1	8.4	14.14	9.35	8.46	10.20	10.35
1872.	9.8	5.6	11.9	19.1	0.1	7.2	17.45	11.60	8.40	9.67	5.76
1873.	9.8	10.5	13.8	19.7	0.0	4.7	23.71	13. »	8.47	14.50	6.03

Nous sommes tout naturellement conduits, en dépit de l'ordre chronologique, à parler maintenant de la Banque de l'Algérie.

On se rappelle l'essai du Comptoir d'Alger, avorté en 1847-48, à cause des évènements politiques. La loi du 4 août 1851 répara cet échec en décrétant la fondation d'une banque d'escompte et de circulation à Alger. Le capital de cette banque, fixé à 3 millions par la loi de 1851, fut porté à 10 par décret impérial du 31 mars 1861 ; mais ce n'est que récemment qu'il a été intégralement émis et versé.

Elle est autorisée à émettre les mêmes coupures de billets que la Banque de France, soit des billets de 1 000, 500, 100, 50, 25, 10 et 5 francs[85].

La durée de son privilège expire le 31 octobre 1881. Des limites sont fixées, comme pour les Banques coloniales, à l'extension de ses opérations de crédit ; ainsi, le montant des billets en circulation cumulé avec celui des sommes dues par la Banque de l'Algérie en compte courant, ne doit pas excéder le triple du numéraire existant en caisse ; l'excédent du passif sur le numéraire en caisse ne doit pas excéder le triple du capital réalisé.

Cette Banque escompte du papier à deux signatures seulement, pourvu qu'il ne dépasse pas 100 jours de date ou 60 jours de vue. L'une des signatures peut être remplacée par la remise soit d'un connaissement d'expédition de marchandises exportées d'Algérie, soit d'un récépissé de marchandises déposées dans un magasin public ; mais, dans ce cas, l'échéance des effets et obligations ne devra pas dépasser 60 jours de date.

La Banque de l'Algérie est gérée par un directeur nommé par l'État, un sous-directeur nommé par le ministre des finances, et un conseil d'administration de neuf membres nommé par les actionnaires. Ces derniers nomment également trois censeurs chargés de surveiller les opérations de la Société.

Un décret impérial en date du 13 août 1853 a fixé le régime des succursales de cette Banque. Trois sont en activité : Oran (1853), Constantine (1856) et Bône (1868). La Banque de l'Algérie n'en a pas, d'ailleurs, établi d'autres.

Un prêt subventionnel de 525 000 francs fut, à l'origine, consenti par l'État en faveur de cette Banque. Il est remboursé depuis 1856. Comme contrepartie disons que, en 1871, la Banque de l'Algérie a prêté à l'État 12 millions, actuellement remboursés.

Voici le tableau des opérations et situations des principaux comptes en fin d'exercice de la Banque de l'Algérie, de sa fondation à ce jour :

Situation en fin d'exercice.

Exercices.	Capital émis et versé. millions	Effets escomptés (total). millions	Effets à l'encais. (total). millions	En- caiss.(1) millions	Portef. millions	Circ.(1) millions	Compt. courants millions.	Répart. aux actions. 0/0	Réserve totale. millions
1851-52.	1.1	8.8	8.4	0.8	1.7	1.4	0.4	4.32	0.0
1852-53.	1.1	13.7	12.7	1.1	2.2	2.1	0.2	6.13	0.0
1853-54.	1.1	18.2	16.6	2.4	2.4	3.1	0.6	6.45	0.0
1854-55.	1.1	20.5	26.2	2.4	2.5	3.5	0.7	7.30	0.1
1855-56.	2 »	21.8	33.2	2.5	3.9	3.6	0.6	7.41	0.3
1856-57.	3 »	32.7	36.8	3.2	5.7	4.4	0.8	7.06	0.5
1857-58.	3 »	39.6	47.1	2.7	5.8	4.6	1 »	7.20	0.6
1858-59.	3 »	43.3	20.4	3.5	6.5	5.0	1 »	8.56	0.7
1859-60.	3 »	53.9	19.6	3.8	8.3	5.7	1.4	9.30	0.8
1860-61.	4 »	62 »	18.2	4 »	9.6	6.2	1.2	9.02	1.1
1861-62.	4 »	68.4	17 »	4.7	9.9	7 »	1.5	11.29	1.2
1862-63.	4 »	72.8	15.4	5.2	11.1	8.3	1.3	11.44	1.3
1863-64.	5 »	77.9	25.3	6.1	11.9	8.2	3.7	11.63	1.7
1864-65.	5 »	78.3	28.7	6.5	14.2	9.2	5.7	12 »	1.8
1865-66.	5 »	96.3	27.4	9.7	16.3	11.9	7 »	12.40	1.9
1866-67.	5 »	97.5	23.8	11.6	15.8	12.4	9.7	12.60	2.2
1867-68.	5 »	112.3	21.9	12.»	17 »	17.4	5.5	13 »	2.6
1868-69.	5 »	125.5	27.5	14.6	19.7	20.7	8 »	13.10	2.9
1869-70.	5 »	154.»	22.3	19 »	23.9	30.2	8.2	13.20	3.3
1870-71.	5 »	150.9	23.4	23 »	37.8	44.5	9.8	13.20	3.7
1871-72.	10 »	203.3	33.8	29.2	41.6	57.3	6.7	15.40	5.8
1872-73.	10 »	218.0	32.7	37.7	41.9	63.8	6.3	16 »	16.1

(1) Pour ne pas induire le lecteur en erreur, il n'est pas inutile de prévenir que, par un procédé que nous ne recommanderons pas aux institutions de circulation, la banque de l'Algérie, jusqu'à fin 1871-1872, comptait dans son encaisse non seulement les espèces métalliques, mais ses propres billets. De la sorte l'encaisse et la circulation étaient trop fortes d'une même somme que la banque de l'Algérie avait le tort de ne pas indiquer. Pour l'exercice 1872-73, elle a suivi une marche plus normale en ne portant que ses billets réellement émis ; la somme moyenne pour cet exercice est 42 millions, dont 26 à Alger, 3 à Bône et 6 ou 7 dans chacune de ses deux autres succursales, Constantine et Oran.

1851. – Le coup d'État du 2 décembre 1851 fut, au point de vue des affaires, une sorte de révolution, mais en sens inverse des précédentes. Sans apprécier ici le côté politique de cet acte illégal tout au moins, sans rechercher si elle eut tort ou raison de l'excuser, si ce n'est de le justifier, constatons que la majorité de la France y vit un accroissement, si ce n'est un retour, de sécurité ; et les questions de crédit, qui sont si fort intéressées à cette base essentielle de toute confiance en affaires, les questions de crédit firent, en conséquence, un pas notable dans la voie du progrès[86].

Parmi les matériaux qu'employa dès lors le pouvoir pour consolider la position, les institutions de crédit figurent au premier rang. Elles attirèrent de suite son attention.

Les besoins du moment l'obligèrent d'abord à retirer de la Banque 25 millions, complément de l'emprunt de 150 millions de 1848, réduit, comme on l'a vu, à 75 millions en 1850, dont 50 déjà versés au Trésor. À ce sujet nous avons deux remarques à faire : l'une c'est que la demande de ces 25 millions a précédé le coup d'État du 2 décembre. Elle fut faite vers le 15 novembre ; le 27 du même mois, le Conseil général de la Banque reconnut que cette demande était conforme aux traités ; en conséquence, le 8 décembre (trois jours avant la publication du bilan), le Trésor fut crédité de cette somme. La seconde, c'est que la Banque dut sortir du texte des traités pour verser au Trésor ces 25 millions. En effet, le 30 janvier 1851, le comte d'Argout disait dans son rapport annuel (p. 6) : « La loi du 6 août 1850 a réduit à 75 millions le crédit primitif de 150 millions. Selon les échéances fixées par cette même loi, les 25 millions destinés à compléter le prêt de 75 millions devaient cesser d'être exigibles à partir du 31 décembre 1850. Le Trésor n'ayant pas usé de son droit, le crédit de 150 millions se trouve définitivement réduit à 50 millions. » Depuis cette époque, jusqu'en 1852, aucune loi ni aucun décret, aucun traité n'a apporté de modifications à cet état de choses, et voilà que le 27 novembre 1851, le Conseil général de la Banque reconnaît que cette demande est conforme aux traités (rapport du comte d'Argout du 29 janvier 1852) ; évidemment la Banque se laissa convaincre, en cette circonstance, par d'autres considérations que le texte des traités ou lois existants.

1852. – Les termes auxquels le Trésor devait rembourser les 75 millions dont il vient d'être question furent modifiés par le traité du 3 mars 1852 ; au lieu d'être aux échéances des 15 avril, juillet et octobre 1852 et par somme de 25 millions, le remboursement dut s'en opérer par somme de 5 millions seulement et en quinze années, le 1er juillet de chaque année à partir du 1er juillet 1853, date du premier paiement. Les intérêts furent les mêmes que le taux de l'escompte, sans néanmoins pouvoir excéder 4 %[87]. Le décret du 3 mars 1852, qui approuva le traité, étendit aux actions et obligations de chemins de fer le bénéfice des avances que la Banque, aux termes de la loi du 17 mai 1834, faisait sur titres de rentes françaises. Le paragraphe 2 de l'article 1er de la loi du 30 juin 1840, stipulant que le privilège de la Banque pourrait prendre fin ou être modifié le 31 décembre 1855, s'il en était ainsi ordonné par une loi votée dans l'une des deux sessions précédant cette époque, était abrogé. Les publications hebdomadaires des bilans de la Banque de France, prescrites par le décret du 15 mars 1848, devaient être désormais remplacées par les publications trimestrielles et semestrielles ordonnées par l'article 5 de la loi du 30 juin 1840. La Banque crut, néanmoins, devoir, en raison des habitudes du public, renoncer au bénéfice de cet article, et publier sa situation tous les mois. Le conseil général, le même jour (3 mars 1852), décida que le taux de l'escompte à 4 %, depuis 1847, serait abaissé à 3 % ; c'est la première fois qu'on le voyait si bas. Le 28 mars 1852, un autre décret autorisa la Banque à faire des avances sur obligations de la ville de Paris.

Deux créations financières de 1852 ont droit de fixer dès à présent notre attention : nous voulons parler du Crédit foncier et du Crédit mobilier.

Depuis longtemps déjà l'opinion publique s'occupait des institutions propres à servir d'intermédiaires, sous une forme ou sous une autre, entre les capitalistes prêteurs et les propriétaires fonciers emprunteurs. M. Louis Wolowski, dont nous avons déjà invoqué l'autorité quand nous avons parlé des causes des insuccès de la Caisse hypothécaire, avait fait à ce sujet de savantes recherches, et par des travaux remarquables et plus attrayants que le sujet ne semblait le comporter avait répandu dans le public des idées saines sur le Crédit foncier, nom générique alors des principes de la législation concernant les opérations définies au début de ce paragraphe.

Le gouvernement du 2 décembre prit à cœur de résoudre pratiquement cette question, très préparée sous les régimes antérieurs, comme on l'a vu. Deux moyens se présentaient : l'un de réformer purement et simplement la législation, en laissant le bénéfice à tout le monde, prêteurs comme emprunteurs, restant fidèles à cet égard au principe d'égalité inscrit dans nos lois et passé dans nos mœurs ; l'autre de convertir cette réforme en monopole au profit d'une seule institution, jouissant de ce privilège comme la Banque de France de celui d'émettre des billets payables au porteur et à vue. Le pouvoir d'alors crut devoir d'abord prendre un moyen terme. Il constitua bien la réforme hypothécaire en monopole, mais manifesta l'intention d'accorder ce privilège à plusieurs compagnies ; seulement chaque compagnie dut avoir sa circonscription territoriale spéciale déterminée par le décret d'autorisation. La concurrence n'existait donc entre ces divers établissements que sous le rapport des voies et moyens, car sous celui des prêts, un emprunteur ne pouvant distraire sa propriété d'une circonscription, était obligé ou de se priver d'emprunter, ou de subir les conditions imposées par la société dont il ressortissait. C'était moins mauvais que l'unité, mais de beaucoup inférieur au droit commun, amélioré selon les progrès de la science économique. Le Gouvernement en sortit, il est vrai, comme nous allons voir, mais pour prendre la pire des solutions, après le statu quo, c'est-à-dire l'unité d'institution.

L'objet que le décret du 28 février 1852 imposa aux sociétés de crédit foncier était de fournir aux propriétaires d'immeubles qui voulaient emprunter sur hypothèque la possibilité de se libérer au moyen d'annuités à long terme. Ces sociétés avaient le droit d'émettre des obligations ou lettres de gage.

Sans entrer dans le détail de la législation concernant ce sujet, disons de suite qu'un décret du 28 mars 1852 autorisa trente et un capitalistes à constituer à Paris une société de crédit foncier sous le titre de Banque foncière de Paris. Le capital devait être de 25 millions. Cette société pouvait opérer dans le ressort de la Cour d'appel de Paris, sans dépasser cette limite. Un décret du 30 juillet 1852 en approuva les statuts. Un conseil d'administration de vingt membres gérait la société ; un directeur exécutait les décisions du conseil. Les premiers étaient nommés par les actionnaires ; le dernier était choisi par le conseil, sauf approbation du ministre, dans les attributions duquel étaient comprises les institutions de crédit foncier[88]. Trois censeurs nommés par les actionnaires durent surveiller les opérations du Crédit foncier. Le 10 décembre 1852, un décret étendit, enfin, les opérations de cette institution à tous les départements où il n'existait pas encore d'établissement de cette nature. Or, à cette époque, seulement deux sociétés de cette catégorie étaient parvenues à se faire autoriser, l'une à Marseille, pour les départements situés dans le ressort de la Cour d'appel d'Aix par décret du 12 septembre 1852 ; l'autre à Nevers, pour les départements de la Nièvre, du Cher et de l'Allier, par décret du 20 octobre 1852. En même temps que cette extension qui fermait la porte à la multiplicité de ces établissements[89], la Banque foncière de Paris était dotée du titre (assez inquiétant pour les crédits de Marseille et de Nevers) de Crédit foncier de France, qui attestait suffisamment son ambition d'arriver à l'unité et les tendances du Gouvernement à le seconder dans cette voie regrettable[90]. Le capital dut alors être porté à 60 millions, dont 30 émis de suite[91].

Tant pour satisfaire à l'extension de sa circonscription que pour remplir son but primitif, le Crédit foncier de France constitua un emprunt de 200 millions, divisé en 200 000 obligations de 1 000 fr. remboursables à 1 200 fr., jouissant d'un intérêt de 3 % (30 fr.) par an et donnant droit à des lots au moyen de tirages trimestriels. Une première série de 100 000 obligations fut émise à 1 000 francs ; les souscripteurs eurent le droit de réclamer, sur le pied de 1 100 fr., des obligations de la dernière série en nombre égal de celles qu'ils possédaient de la première. Ces obligations n'étaient pas libérées de suite ; il restait 800 fr. à verser qui durent l'être au fur et à mesure que l'extension des opérations de la Société nécessiterait de nouveaux capitaux. Nous n'irons pas plus loin pour le moment, nous contentant de dire que la souscription fut loin d'avoir obtenu un succès complet ; une grande quantité d'obligations ne furent placées qu'ultérieurement.

En dehors des sommes ainsi obtenues, le Crédit foncier de France put employer à ses opérations une somme de 10 millions dont l'État le gratifia à titre de subvention une fois payée, mais versée proportionnellement à l'importance successive des prêts effectués.

Il fut bientôt établi par le Gouvernement qu'une institution unitaire (on va voir que les deux établissements, faisant obstacle, ne tardèrent pas à perdre leur autonomie) ne pouvait être bien administrée que par des fonctionnaires choisis par le Pouvoir. En conséquence, un décret du 6 juillet 1854 organisa le Crédit foncier de France sur un pied analogue à la Banque de France. Le directeur et le sous-directeur nommés par le conseil d'administration durent se retirer devant un gouverneur et deux sous-gouverneurs nommés par l'État, et le conseil d'administration au lieu d'être le chef réel de l'entreprise (les directeur et sous-directeur n'étaient que les exécuteurs de ses décisions) fut désormais subordonné au gouvernement de l'institution, à ce point de vue que, au lieu de voir ses décisions exécutées sans opposition par la direction, il fallut l'assentiment du gouvernement pour que ses désirs fussent exaucés[92].

On a vu que des crédits fonciers avaient été institués à Nevers et à Marseille. Ces deux sociétés, devant l'extension inattendue de leur confrère de Paris, ne se découragèrent pas et cherchèrent à se procurer, à l'instar de leur ambitieux collègue, des capitaux pour satisfaire aux prêts sollicités dans leur circonscription. Ils traitèrent à cet effet, en juin 1853, avec M. J. Mirès, alors gérant de la Caisse des actions réunies et directeur-propriétaire du Journal des chemins de fer. Ce banquier se chargea de procurer 48 millions à ces deux compagnies, 24 pour chacune d'elles. À cet effet il ouvrit, en juillet 1853, une souscription à 480 000 obligations de 100 fr., rapportant 4 fr. 40 c., savoir, 3 fr. 65 c. à titre d'intérêt annuel (1 centime par jour), et 75 centimes sous forme de lots trimestriels. Ces obligations étaient offertes au public à 110 fr. la pièce.

Remarquons que, à cette époque, les obligations du Crédit foncier de

France n'étaient pas subdivisées comme aujourd'hui en demies (500 fr.) et dixièmes (100 fr.) ; cette opération ne se fit qu'un peu plus tard. Le public, à l'inverse de la souscription ouverte au Crédit foncier de France, témoigna un grand empressement à apporter son épargne, et la combinaison eût eu un plein succès si des ordres supérieurs n'en avaient défendu l'exécution. M. J. Mirès dut rembourser les fonds aux souscripteurs, ce qu'il fit sans opérer aucune retenue[93].

À l'emprunt de 48 millions que voulaient contracter les deux sociétés susdites fut substitué un crédit qui leur fut ouvert par le Crédit foncier de France.

Cette lutte inégale et peu loyale, si elle ne sortit pas des termes de la légalité (on sait que les sociétés anonymes, avant la loi du 24 juillet 1867, étaient mineures, l'État se chargeant, tant bien que mal, de la tutelle), finit par un décret du 28 juin 1856 qui autorisa, pour ne pas dire ordonna, la fusion de ces deux sociétés avec le Crédit foncier de France[94], qui devint ainsi, conformément aux aspirations centralisatrices du Gouvernement, la banque unique de Crédit foncier en France.

Depuis cette époque, diverses dispositions gouvernementales ont étendu les opérations de cette grande institution ; ainsi le Crédit foncier de France ne devait primitivement prêter que sur immeubles et par hypothèque ; il fut chargé par le Gouvernement traité du 28 avril et loi du 28 mai 1858 de l'exécution, au point de vue financier, de la loi du 17 juillet 1856 concernant les prêts pour travaux de drainage ; le Crédit foncier de France s'engageait ainsi, avec la garantie de l'État, à prêter, jusqu'à concurrence de 100 millions, jouissant, pour la rentrée des sommes ainsi avancées, des privilèges que la loi de 1856 accordait au Trésor.

Le décret du 11 janvier 1860 étendit à l'Algérie entière le privilège dévolu au Crédit foncier.

Ce dernier fut en outre successivement autorisé à faire des prêts aux départements, aux communes et aux associations syndicales (loi du 6 juillet 1860), puis aux hospices et aux établissements publics (loi du 26 février 1862), enfin (même loi), dans certains cas temporaires, aux établissements religieux et de bienfaisance.

Mais ces dérogations à sa fonction fondamentale, prêts hypothécaires sur garanties immobilières, s'arrêtèrent là et, malgré les invitations un peu inconsidérées du public, il aima mieux pousser à la fondation du Crédit agricole que d'entreprendre lui-même les avances directes à l'agriculture.

Le Crédit agricole également, créé en 1861, accueillit d'un bon œil la création, en 1863, d'une société qui, sous le nom de Comptoir de l'agriculture[95], ébauchait la plupart de ses opérations qu'il lui rapportait avec sa propre garantie, imitation, sous ce rapport, des sous-comptoirs de garantie institués en 1848.

Déjà en 1860, le Sous-comptoir des Entrepreneurs (anciennement du Bâtiment), jusqu'alors gravitant dans l'orbite du Comptoir d'escompte de Paris à titre de Sous-comptoir de garantie, avait transporté ses opérations, avec autorisation de l'administration supérieure, au Crédit foncier de France, mieux outillé, en effet, que le Comptoir d'escompte, pour servir la clientèle toute spéciale dudit sous-comptoir.

Résumons actuellement les situations et opérations annuelles du Crédit foncier de France, de son origine à fin 1873 :

Les prêts communaux contractés de 1860 à fin 1873 sont au nombre de 1 416 et au capital total de 755 886 500 francs. Il est fort douteux que, à l'état libre, une société prudente les eût consentis.

Les 31 prêts à court terme sont actuellement complètement liquidés et remboursés.

				Prêts				Avances sur		Effets du sous-comp. des entrep. escomp. par le Créd. fonc. et garantis par		
	Capital réalisé.		Rendem. des actions.	Pour tra-				Oblig. foncières et				Ensem. des
	Actions.	Oblig.		Prêts hypot. long terme.	à vaux court term.	Hyp. de drain.	en Alg.	Com- mu- naux.	commun.	Val. div.	Hypo- thèques.	Nantis- sement.	Opéra- tions.
	1	2	3	4	5	6	7	8	9	10	11	12	13
Exerc.	mill.	mill.	0/0	mill.	mill.	mill.	mill.	mill	mill.	mill.	mill.	mill.	mill.
1852.	13.0	»	6	0.8	»	»	»	»	»	»	»	»	0.8
1853.	13.1	22.1	7	26 »	»	»	»	»	»	»	»	»	26 »
1854.	13.2	54.6	7	27.6	»	»	»	»	»	»	»	»	27.6
1855.	13.2	72.2	7	12.6	»	»	»	»	»	»	»	»	12.6
1856.	14.7	73.7	7	8.5	»	»	»	»	»	»	»	»	8.5
1857.	14.7	82.0	8	8.1	»	»	»	»	1.3	»	»	»	9.3
1858.	14.9	113.9	9	30 »	0.4	»	»	»	7.6	»	»	»	38 »
1859.	15 »	136.7	10	26.4	7.6	0.0	»	»	8.2	10.3	»	»	52.5
1860.	15 »	219.2	12	48.1	1.9	0.1	»	19.2	11.1	62.6	12.6	0.6	156.1
1861.	15 »	320.8	15	87.3	»	0.2	0.3	24.9	37.0	7.8	31.9	3.8	193.3
1862.	21.1	404.7	16	86 »	»	0.2	0.6	33.6	24.5	27.6	65.6	17.3	145.6
1863.	26.5	516.8	18	107.9	»	0.1	0.5	39.3	22.2	12.6	95.9	14.2	293.2
1864.	29.9	624.7	19	74 »	»	0.2	0.9	37.1	4.8	4.2	165 »	10.9	297 »
1865.	30 »	786.5	21	96.8	»	0.0	0.9	105.3	7 6	6 »	102.4	18.5	337.6
1866.	30 »	1.068 »	23	112.8	»	0.1	0.4	147.9	23.5	62.1	78.6	10.4	435.8
1867.	30 »	1.196.4	25	87.2	»	0.1	0.5	107.2	5.4	47.3	79.2	16.7	343.6
1868.	30 »	1.291.1	27	89.7	»	0.1	1.1	60.6	8.2	64.4	104.5	26.3	354.8
1869.	45 »	1.302.3	29	92.5	»	0.0	0.5	71.4	7.9	31.4	105.8	27.2	336.7
1870.	45 »	1.289.9	5	51.4	»	0.0	0.3	18.6	4.6	35 »	139.6	29.5	279 »
1871.	45 »	1.319.4	13	22.8	»	0.1	0.1	7 »	0.2	0.4	110.9	23.6	165 »
1872.	45 »	1.314.3	14	45.1	»	0.0	0.4	17.1	0.0	5.9	140.9	21.7	231.1
1873.	45 »	1.294.5	14	13.0	»	0.0	0.2	19.9	0.5	1.0	153.5	19.9	208.2

Sur les prêts à long terme montant en totalité à 1 154 257 086 fr., il en a été opéré de 1852 à 1858, 1 404 pour 75 961 130 fr. en espèces, prêts et remboursements ; les autres (1 078 295 956 fr.) sont contractés remboursables à la volonté de l'emprunteur en espèces ou en obligations.

En réunissant les prêts hypothécaires à long terme, ceux pour travaux de drainage (1 431 322 fr.) et ceux spéciaux à l'Algérie, (6 891 700 fr.) on arrive à un total général de 1 162 580 108 fr. que nous envisagerons sous les divers points de vue suivants :

	Nombre.	Somme.
Prêts au-dessous de 10.000 fr.	7.483	39.669.278
— de 10.000 à 50.000...	8.161	215.708.245
— de 50.000 à 100.000..	2.672	204.337.634
— de 100.000 à 500.000.	2.418	492.654.951
— de 500.000 à 1.000.000	121	85.530.000
— au-dessus de 1.000.000	27	124.680.000
Totaux...	20.882	1.162.580.108

1° Relativement à l'importance de chaque prêt

	Nombre.	Somme.
Prêts de 10 à 19 ans.	601	13.972.189
— de 20 ans.......	664	19.401.258
— de 21 à 30 ans...	1.258	37.537.081
— de 31 à 40 ans...	258	10.421.493
— de 41 à 49 ans...	1.746	148.413.949
— de 50 ans........	14.473	846.862.138
— de 60 ans........	1.882	85.972.000
Totaux.	20.882	1.162.580.108

2° Relativement à la durée de chaque prêt

	Nombre.	Somme.
Au taux de 3.70 0/0.	290	22.445.300
— 4.25 0/0.	212	11.070.300
— 4.51 0/0. } 5.00 0/0. {	20.380	1.129.064.508
Totaux..	20.882	1.162.580.108

3° Relativement au taux d'intérêt

	Nombre.	Somme.
Propriétés urbaines.	15.875	930.862.792
— rurales.	4.666	211.610.116
— mixtes.	341	20.107.200
Totaux.	20.882	1.162.580.108

4° Relativement à la nature des immeubles

1° Seine, 12.153 prêts, pour	844.677.115
2° Seine-et-Oise (25 millions), Bouches-du-Rhône (23), Seine-Inférieure (15), Seine-et-Marne (14), Gironde (12), Alpes-Maritimes (10), Nièvre (9), en tout sept départements 3.210 prêts, pour.....	107.125.000
3° Cher (8 millions), Rhône et Dordogne (7 à 8 millions chacun), Calvados, Algérie, Allier (de 6 à 7 millions chacun), Indre, Oise, Aisne, Hérault et Eure (de 5 à 6 millions chacun) enfin Marne, Gard, Loiret, Saône-et-Loire, Orne, Haute-Vienne, Var, Nord et Loir-et-Cher (de 4 à 5 millions chacun), en tout 19 départements, plus l'Algérie pour un total de 2.910 prêts, pour............	112.449.835
4° Enfin le restant de la France (60 départements, plus l'Alsace-Lorraine) pour un total de 2.609 prêts, pour	98.328.158
Total égal, 20.882 prêts, pour....	1.162.580.108

Enfin 5° relativement à la situation des immeubles

Si nous nous occupons de la moyenne par prêt nous arrivons aux résultats suivants : pour la Seine, la moyenne d'un prêt est de 69 503 fr. Pour les sept départements qui suivent elle est de 33 372 fr. (maximum, Gironde 63 243 fr. – Minimum, Seine-et-Oise 12 161). Pour les 20 divisions provinciales du troisième paragraphe, nous trouvons une moyenne de 38 462 fr. par prêt (maximum, Orne 88 755 fr. – Minimum, Alger 10 836 fr.), et enfin pour les 60 départements restant (Alsace-Lorraine en plus) le prêt moyen est de 37 726 fr. (maximum, Aube 130 827 fr. – Minimum, Haute-Savoie 6 734 fr.).

On voit combien sont répartis inégalement les prêts du Crédit foncier de France ; pour juger s'il faut s'en prendre à l'institution ou au défaut d'emprunteurs, il faudrait connaître la répartition par département de la dette hypothécaire en France. Or ce n'est que par approximation que l'on pense qu'elle doit, en totalité, atteindre 10 à 12 milliards ; quant à son importance par département, elle n'a jamais été publiée et ne peut guère l'être, beaucoup de contrats hypothécaires échappant par leur forme au contrôle de l'autorité administrative.

Nous pouvons, malgré le manque de cette pièce utile, porter un jugement sur l'institution au point de vue de l'intérêt général. Les résultats que nous avons et dont l'administration du Crédit foncier fournit les éléments dans ses rapports avec une abondance dont il faut lui tenir compte, nous permettent de constater avec regret que les villes et dans les villes les propriétés bâties ont une préférence marquée ; ainsi la Seine, comme masse de prêts, compte à elle seule pour plus des deux tiers dans le chiffre total et dépasse trente fois le chiffre du département le plus favorisé après elle. La division en propriétés urbaines et rurales que nous fournissons plus haut est encore plus éloquente ; les premières entrent pour quatre cinquièmes dans le total général, et les secondes pour moins d'un cinquième (à cause des propriétés mixtes).

On le voit, les crédits fonciers créés d'abord pour aider à la liquidation de la dette hypothécaire, n'ont pas tardé, par leur fusion, à devenir un instrument précieux pour les grands travaux d'édilité que le nouvel Empire projetait et sur lesquels nous n'avons pas ici à nous expliquer. L'établissement unitaire n'a pas eu besoin pour cela de sortir de ses statuts ni même d'en forcer l'expression. Avec un gouvernement bâtisseur, le principe de la centralisation suffisait, et le Crédit foncier n'a eu qu'à obéir à sa nouvelle raison d'être.

Aussi ne pouvons-nous que remettre sous les yeux du lecteur le jugement qu'en portait, il y a une dizaine d'années, un publiciste que nous aimons à citer : « On a, pour le crédit foncier, imité ce qui existe pour le crédit commercial, sous le déplorable monopole de la Banque de France. Là aussi, la liberté du travail a complètement été repoussée ; un privilège, tel que les anciens corps de métiers n'en ont jamais connu, a été constitué. Les institutions de Nevers et de Marseille qui s'étaient élevées sous l'empire du premier décret et qui se trouvaient plus rapprochées des propriétaires obligés de solliciter leur secours, mieux renseignées sur les biens qu'elles acceptaient en garantie, mieux stimulées par l'intérêt personnel, et qui, proportionnellement, avaient déjà rendu beaucoup plus de services que celle de Paris, ont dû disparaître. Il a été, dès lors, facile de prévoir le peu d'effet que produirait cette nouvelle législation sur notre agriculture, le peu de ressources surtout qu'en peuvent attendre les petits propriétaires, quelque besoin qu'ils aient d'assistance, et quelle que soit l'étendue du territoire qu'ils occupent »[96].

La seconde création financière de 1852 fut la Société générale de crédit mobilier qui, sous un nom nouveau et heureusement trouvé, met en vigueur une nature d'opération plus en honneur jusqu'ici à l'étranger qu'en France. Ainsi dès 1835, la Société générale de Bruxelles et la Banque de Belgique entreprirent concurremment dans ce dernier pays les opérations d'escompte et de circulation et les opérations de commandite industrielle en vue de la mobilisation du capital des sociétés qu'elles fondaient. Les créateurs du Crédit mobilier, et c'est là le côté le plus original de leur entreprise, séparèrent ces deux natures de fonctions et créèrent une banque non de circulation, mais de mobilisation, un Crédit mobilier, en un mot, comme on a dit depuis 1852. On comprend combien il est difficile de préciser les opérations d'une institution de cette nature ; en s'arrêtant aux termes généraux on peut dire qu'elle a pour objet de patronner une entreprise étudiée par elle et qu'elle reconnaît bonne, en participant, à cette fin, à la formation : 1° Du cadre administratif ; 2° Du capital social, actions ou obligations, puis en répandant dans le public ces titres avec sa garantie morale. Ce rôle, bien compris, loyalement exécuté, est on ne peut plus utile à la société ; mais, comme toutes les institutions, il a besoin, pour être vivifié, de l'aiguillon de la concurrence[97], sans lui les plus hautes capacités ne peuvent, soit pour les actionnaires, soit pour l'état social, produire de résultats vraiment utiles, comme l'exemple dont nous nous occupons ici ne le prouve que trop.

Le Crédit mobilier français fut créé au capital de 60 millions divisé en actions de 500 francs chacune. Il fut autorisé par décret du 18 novembre 1852. L'émission des 120 000 actions se fit par série de 40 000 ; la première donna droit à la souscription de la seconde dans la proportion d'une pour une ; et la troisième fut accordée aux souscripteurs des deux premières dans la proportion d'une nouvelle pour deux anciennes, de quelque série qu'elles fussent d'ailleurs[98].

Cette société pouvait créer des obligations dans la proportion de dix fois son capital (600 millions) ; la restriction suivante lui fut imposée : le montant cumulé des sommes reçues en compte courant et des obligations créées à moins d'un an de terme ne peut dépasser le double du capital réalisé (120 millions).

Cette société était administrée par un conseil de 15 membres nommés par les actionnaires. Un comité de cinq membres pris parmi les titulaires de ce conseil était chargé d'en exécuter les décisions. Par une négligence que nous voudrions n'imputer qu'à la précipitation qui a présidé à la fondation de cette importante société, il n'y eut pas, comme pour la Banque de France ou le Crédit foncier de France et tant d'autres sociétés anonymes, un conseil de censure nommé par les actionnaires, pour surveiller, en leur nom, les opérations de la Société. En outre l'assemblée générale était, de droit, présidée par un des membres du conseil d'administration, naturellement le président ou l'un des vice-présidents. Ces deux points étaient graves ; ils privaient l'administration d'un contrepoids salutaire. L'avenir ne l'a que trop prouvé.

Nous n'entrerons pas dans le détail des opérations de cette institution, grande malgré ses erreurs et dont les premières armes méritent, quoiqu'on en dise, les méditations de tout économiste qui veut étudier les rouages pratiques des établissements financiers.

Nous nous contenterons de rappeler que le Crédit mobilier a coopéré à la fondation et à l'établissement du capital (action ou obligation) de nombreuses sociétés. En fait de société française, nous trouvons les chemins de fer du Rhône à la Loire, du Grand-Central, de Dôle à Salins, des Ardennes, de Saint-Rambert à Grenoble (Dauphiné), de l'Est, de l'Ouest, du Midi, le Crédit foncier de France (pour ses obligations), la Confiance puis la Paternelle (assurances contre l'incendie), la Compagnie générale maritime (depuis transatlantique), les quatre sociétés résultant du fractionnement de l'ancienne Compagnie civile des mines de la Loire, la Compagnie générale des Omnibus de Paris, celle des Magasins généraux et entrepôts de Paris, la Compagnie parisienne d'éclairage et de chauffage par le gaz, la Compagnie de l'hôtel et des immeubles de la rue de Rivoli (depuis Compagnie immobilière de Paris), la Compagnie des Salines du Midi, la Compagnie impériale des Voitures à Paris, etc. En fait de sociétés étrangères : 1° En Belgique, la Société des mines et fonderies de zinc de la Vieille-Montagne (pour l'un de ses emprunts) ; 2° En Allemagne, la Banque du commerce et de l'industrie à Darmstadt, la Société autrichienne I.R.P. des chemins de fer de l'État, la Société I.R.P. des chemins de fer d'Orient de l'empereur François-Joseph ; 3° En Russie, la Grande Société des chemins de fer russes ; 4° En Suisse, la Compagnie de l'Ouest des chemins de fer suisses, et la Compagnie du chemin de fer Central Suisse ; 5° En Espagne, la Société générale de Crédit mobilier espagnol, la Société royale de la canalisation de l'Èbre, la Compagnie des chemins du Nord de l'Espagne, et la Compagnie des chemins de fer de Cordoue à Séville, outre le Phénix espagnol (compagnie d'assurances) et la Compagnie madrilène d'éclairage par le gaz par voie indirecte du Crédit mobilier espagnol ; 6° En Hollande, la Société générale de commerce et d'industrie néerlandaise (Vulgõ Crédit mobilier hollandais) ; 7° En Italie, la Société générale du Crédit mobilier italien ; 8° À Londres, la Société financière internationale ; 9° Enfin en Turquie, la Banque impériale ottomane ; sans compter la participation prise par cette Société, sur une échelle généralement importante, à la souscription de grands emprunts publics, soit en France, soit à l'étranger.

On voit que ce n'est pas l'activité qui a manqué à cette Société.

Nous avons dit que la création du Crédit mobilier français comportait l'émission d'obligations à court et à long termes. Cette société a, sans succès, fait deux tentatives pour compléter, sous ce rapport, l'ensemble de ses moyens d'action. La première en mars 1853 ; elle offrit alors au public une série d'obligations à quarante-cinq jours de vue, portant intérêt jour par jour à raison de 3 % l'an ; les coupures créées étaient de 10 000, 5 000 et 1 000 francs ; elles étaient, à volonté, au porteur ou nominatives. L'intérêt s'ajoutait, jour par jour, au capital suivant un tableau qui se trouvait au dos de chaque titre. C'était une rénovation des billets à ordre de J. Laffitte. Pour obéir aux limites imposées par ses statuts, le Crédit mobilier dut, peu de temps après l'émission de ces titres, les retirer de la circulation et il n'en a plus, depuis, créé à d'aussi courtes échéances.

La seconde tentative fut plus importante. L'exercice 1855 s'annonçait bien et dès le mois d'août 1855, les administrateurs auguraient une répartition, intérêts et dividendes, supérieure à 200 francs par action. Profitant de cette circonstance ils voulurent greffer sur le paiement de cette distribution une émission d'obligations de 500 francs, données au public actionnaire à 280, remboursables en 90 ans et jouissant d'un intérêt annuel de 15 francs. En conséquence ils annoncèrent pour le 12 septembre 1855 une émission de 240 000 obligations, payables, 100 francs en souscrivant, valeur en coupons d'intérêts et de dividende de 1855 (sauf décompte en cas de plus-value ; quant à la moins-value on n'en admettait pas) 100 francs en mars 1856 et 80 francs en septembre de la même année. L'importance de cette opération attira l'attention du gouvernement qui, entrant, dès cette époque, dans la voie rétrograde d'empêchement des opérations financières après leur avoir accordé des immunités exceptionnelles, enjoignit au Crédit mobilier d'avoir à renoncer à cette combinaison. En vain celui-ci réduisit à 120 000 le nombre des obligations à émettre en n'en attribuant qu'une au lieu de deux à chaque action, mais recevant toujours les coupons de 1855 sur le pied de 200 francs ; il dut bientôt, en dépit de cette concession, annoncer au public que « pour entrer dans les vues du gouvernement qui a résolu d'ajourner toute concession et autorisation pouvant entraîner la création de nouvelles valeurs, il venait de décider d'ajourner l'émission de ses obligations. »

Il faut du reste, reconnaître qu'il y avait illégalité à répartir, même sous forme d'obligations, dès septembre 1855, un dividende acquis, nous voulons bien le croire, dès cette époque mais qui pouvait, par des évènements en dehors des prévisions humaines, s'amoindrir avant la clôture de l'exercice. Un comité de censeurs, si le Crédit mobilier avait été doté de cet utile inconvénient, se serait certainement opposé à une nouveauté si peu conforme aux habitudes du commerce et de la banque.

Dans sa période de décadence, cette institution doubla son capital ; cette opération malheureuse fut la dernière d'une certaine importance qu'elle entreprit avant d'entrer en liquidation.

Une seconde société s'est reformée avec le titre et la clientèle de l'ancienne ; mais, comme elle ne sort pas des errements généraux des institutions de crédit inaugurées en Angleterre sous le nom de Joint-Stock-Banks, et continuées en France sous diverses appellations, nous nous abstiendrons d'en parler.

L'esprit d'imitation poussa activement à des créations du même genre ; à l'étranger elles eurent généralement toutes facilités pour se développer. En Allemagne, surtout, il y eut de nombreuses fondations du genre du Crédit mobilier ; elles ne furent pas toutes heureuses, mais les capitaux français ne s'y intéressèrent que médiocrement. Il n'en fut pas de même en Espagne, où trois crédits mobiliers se fondèrent concurremment ; un seul existe encore, c'est celui dû à l'initiative du Crédit mobilier français, et qui semble avoir fait son profit des fautes de ce dernier.

En France il n'y eut, jusqu'en 1864, qu'une société anonyme autorisée pour faire les opérations de Crédit mobilier ; mais plusieurs sociétés en commandite se constituèrent ayant cet objet pour but ; seulement elles eurent généralement peu de succès, ce qu'il faut attribuer en partie aux fautes de leurs directeurs, en partie à l'administration supérieure, qui se montra hostile à ces sociétés avec une partialité trop évidente, en partie aussi à la législation, qui ne semblait avoir été faite indulgente que pour les sociétés anonymes. On comprend combien la lutte dut être inégale, surtout dans un pays aussi fortement centralisé que la France, et sous un gouvernement aussi jaloux de son autorité que celui de 1852.

Parmi les sociétés en commandite faisant les opérations de Crédit mobilier, la plus fameuse, la seule dont nous parlerons, fut la société J. Mirès et Cie. Pour en esquisser l'histoire, il faut remonter à 1848.

Quelques mois après la révolution de février, M. J. Mirès acquit le Journal des chemins de fer, dont la fondation remonte à 1842, et qui fut, depuis 1789[29], le premier journal de ce genre fondé en France.

Plusieurs années après, M. Mirès fonda sous le titre de Caisse des actions réunies, une société dont l'objet était ainsi conçu : « Les opérations sociales consisteront dans l'achat et la vente des effets publics, des actions cotées à la Bourse, de leurs coupons d'intérêts ou de dividendes, des éventualités d'actions ou encore dans les prêts et avances sur les actions et autres valeurs. – Tous les efforts de M. J. Mirès tendront, à l'aide de renseignements que lui fourniront ses rapports, soit avec les compagnies de chemin de fer et l'industrie, soit avec la haute banque, et de sa connaissance anticipée des faits politiques, commerciaux et industriels, à saisir les moments opportuns pour la vente des valeurs qui sont susceptibles d'une dépréciation et l'achat de celles qui doivent s'améliorer. » Pour résumer en deux mots, c'étaient l'activité, l'intelligence, le savoir-faire de M. Mirès mis en action.

Ce but, sans chercher à l'apprécier, était original et nouveau, au moins sur cette échelle. Les résultats de la gestion de cette première affaire furent extraordinairement heureux. En trois ans d'existence (du 1er octobre 1850 au 30 juin 1853), cette société rapporta à ses commanditaires 91 %, outre le remboursement intégral des capitaux engagés.

Ce capital était nominalement de 5 millions en actions de 1 000 francs, pouvant se subdiviser en coupons de 500 francs. Néanmoins le fonds social était variable, chaque actionnaire pouvant, en touchant son dividende tous les trois mois (les répartitions étaient trimestrielles) se retirer ou rester, à sa volonté.

Cette combinaison, ingénieuse en tout cas, ne pouvait être pratiquée que sur une petite échelle ; en grand elle eût offert des dangers, et M. Mirès, ayant réussi sur un terrain restreint, voulait agrandir le champ de ses opérations. À cet effet, il rentra dans la forme ordinaire des sociétés en commandite par actions, et forma, sous le titre de Caisse et journal des chemins de fer, une société au capital de 12 millions, dont 6 émis dès l'origine et ayant pour objet des opérations analogues, quoique plus modestes, à celle du Crédit mobilier. Les opérations de cette société remontaient au 1er juillet 1853. Sous cette seconde forme elle a contribué, sans parler de l'emprunt de 48 millions des crédits fonciers de Nevers et de Marseille, dont il a été question plus haut, à fonder les trois sociétés suivantes : Compagnie du chemin de fer et des houillères de Portes et Sénéchas ; Société des ports de Marseille ; Société de l'éclairage au gaz et des hauts fourneaux de Marseille.

Les succès qu'obtinrent, auprès du public, les souscriptions des deux dernières sociétés, firent concevoir à M. Mirès la possibilité d'atteindre le niveau du Crédit mobilier. Cette ambitieuse prétention sembla d'abord justifiée par le succès. Il augmenta le capital de sa maison ; de 12 millions il le porta à 50, et le public répondit à son appel avec empressement, en juin 1856, en couvrant largement la souscription de cette somme. Le titre devint : Caisse générale des chemins de fer.

Les difficultés suscitées à l'intérieur par l'administration supérieure, poussèrent l'infatigable activité de M. Mirès vers les affaires étrangères ; voici celles qu'il entreprit sous la troisième et dernière forme de sa société de banque : L'emprunt espagnol de 800 millions de réaux ; la Compagnie royale des chemins de fer portugais ; la Compagnie de chemins de fer romains ; la Compagnie du chemin de fer de Pampelune à Saragosse ; enfin l'emprunt ottoman (dit de 1860), dont l'insuccès semble plutôt dû aux évènements qui renversèrent le chef de la Caisse générale des chemins de fer, et par suite cette dernière société, qu'à la nature de la combinaison.

Nous n'analyserons pas les causes de la chute de M. J. Mirès, ni des obstacles continuels que rencontra son énergique opiniâtreté pour protester contre les conséquences de ce malheur ; nous aimons mieux ne nous rappeler que les qualités de cœur qui, jusqu'à sa mort, lui conservèrent tant d'amis.

Une autre société eut, un moment, un genre de célébrité qui rentre trop dans notre sujet pour que nous omettions d'en dire quelques mots ; il s'agit de la Banque d'échange de M. Bonnard. Ce dernier avait débuté à Marseille ; sans remonter à l'origine de l'application de ses idées, disons qu'en janvier 1849, il fonda à Marseille une Banque d'échange de Marseille, sous la raison sociale C. Bonnard et Cie.

Faut-il reporter à l'activité personnelle et à l'intelligence incontestable du fondateur le succès momentané de l'entreprise, nous ne voulons pas l'examiner ici. Nous bornant donc au rôle d'historien, nous dirons que ce système, sur la possibilité duquel nous n'émettons ici ni doute ni affirmation, consista à favoriser et multiplier l'échange de produits entre commerçants et consommateurs par un mode de bons dits Bons d'échange, qui n'étaient échangeables que contre des produits du travail humain.

Établie d'abord à Marseille seulement, la société C. Bonnard, après avoir vu son capital croître, de 1849 à 1852, de 8 050 francs à 1 million, ses opérations s'augmenter de 432 624 francs, la première année, à 3 558 183 la dernière, la société Bonnard voulut essayer d'un théâtre plus vaste, et le fondateur vint à Paris établir le Comptoir central, qui, sous la raison sociale V.C. Bonnard et Cie, fut constitué le 24 mai 1853, la maison de Marseille descendant au rang de succursale. Le capital, sur le papier de 100 millions, ne fut, en fait, que de 20. L'objet de la société fut de faire ou faciliter, comme intermédiaire, principalement la commission et l'échange en nature des marchandises, immeubles, travaux, services et objets de toute sorte, et, comme complément, le paiement des locations et dégrèvements hypothécaires, les prêts sur hypothèques, les dépôts de fonds, les avances de fonds sur consignation de marchandises, le transit, les recouvrements pour compte de tiers et généralement pour toutes les opérations de commerce, à quelques exceptions près, comme, par exemple, les opérations de bourse.

Est-ce vice du système et impossibilité pratique de son extension ou même de sa vitalité, ou bien le tempérament trop ardent du gérant le porta-t-il à négliger son idée première pour s'adonner aux spéculations immobilières (on ne spécule pas qu'à la Bourse), c'est ce que nous ne pouvons décider, pas plus que pour la société de Marseille, les rapports contenant plus l'exposé théorique des idées de M. Bonnard, que celui des opérations détaillées et statistiquement présentées de la société. Le fait est que, sur un capital réel d'une vingtaine de millions, 18 furent, à une époque assez rapprochée de la formation de la société de Paris, employés à des achats d'immeubles. La maison fut paralysée, comme banque d'échange, au moins par ce fait, et depuis, bien qu'elle existe encore, elle ne fait plus parler d'elle, sous ce dernier rapport, au moins. Le fondateur-gérant, d'ailleurs, se retira par suite d'un douloureux accident (il devint aveugle), qui précéda sa mort de quelques années[100].

Avant de retourner à la Banque, reparlons du Comptoir d'escompte de Paris. Le décret du 25 juillet 1854 appliqua au Comptoir d'escompte de Paris la loi du 10 juin 1853, en le prorogeant pour trente années à partir du 18 mars 1857, et retranchant du capital social les participations de l'État et de la ville, ce qui le ramena à 20 millions. Le doublement de ce capital fut toutefois autorisé dès cette époque. Son objet, en vertu des nouveaux statuts, s'étendit non seulement à l'escompte des effets de commerce, comme auparavant, mais encore aux avances sur rentes françaises, actions et obligations de sociétés anonymes françaises, aux paiements et recouvrements à Paris, dans les départements et à l'étranger, etc., à l'ouverture de souscriptions, de comptes courants, d'une caisse de dépôts, etc. Le montant cumulé du passif, y compris les traites ou mandats à échoir et des effets en circulation avec l'endossement ou la garantie du Comptoir, ne dut jamais excéder six fois le capital réalisé.

Un décret impérial plus récent, du 25 mai 1860, a introduit quelques modifications à ces statuts. La plus importante consiste à autoriser le Comptoir d'escompte à établir des agences, tant en France que dans les colonies françaises et à l'étranger. En raison de cette autorisation, le

Comptoir d'escompte de Paris établit des agences à Nantes (1867), Lyon (1868) et Marseille (1869), à la Réunion, la Guadeloupe, la Martinique, la Guyane, Madras, Pondichéry et Calcutta, dès 1862, à Hong-Kong et annexe de Saïgon, à Shanghaï et annexe de Yokohama, à Rangoon et Bombay en 1863, puis à Londres en 1867 et Alexandrie (Égypte) en 1869, enfin à Roubaix-Tourcoing, Mulhouse et Bruxelles (1871-72).

Il émit également le solde des 40 millions, chiffre autorisé dès 1854, mais réalisé seulement en 1860. En 1867, ce capital fut encore doublé et porté à 80 millions, qui est son montant actuel.

Dans le tableau des opérations de ce Comptoir, donné plus haut (p. 176), on trouvera des chiffres qui permettront d'apprécier le développement successif des agences de cette grande institution soit en France, soit dans les colonies françaises et à l'étranger.

Revenons actuellement à la Banque de France.

On se rappelle que, dans le courant de 1850 ou les premiers mois de 1851, les affaires commerciales avaient une tendance sensible à reprendre ; les craintes suscitées par l'imprévu de 1852 (époque de la réélection constitutionnelle du Président de la République) avaient influé sur les esprits d'une manière d'autant plus marquée que la situation se tendait par suite de graves mésintelligences survenues entre les deux grands pouvoirs de l'État, sans contrepoids prévu pour les équilibrer. Le coup d'État du 2 décembre, en tranchant la question[101], fit disparaître cette cause de trouble et d'anxiété, et les transactions, aussitôt l'ordre matériel rétabli, reprirent, comme par enchantement, avec un élan d'autant plus grand que, depuis longtemps, elles étaient à peu près suspendues. Nous avons vu combien le nouveau pouvoir chercha à les développer par des encouragements des plus directs donnés aux institutions de crédit. Malheureusement, en matière de commerce ou d'industrie, encouragements ou prohibitions du gouvernement, sont toujours malencontreux ; tout compte fait, la sécurité est tout ce qu'ils demandent. Noli me tangere, telle pourrait être leur devise. La suite de ce qui nous reste à dire fournira plus d'une preuve à l'appui de ce principe.

1853. Quoi qu'il en soit, les affaires, encore une fois, reprirent de la manière la plus extraordinaire, et les chiffres antérieurs à 1848 ne tardèrent pas à être dépassés en presque toutes choses. Ainsi la somme totale des effets escomptés au commerce à Paris, qui, en 1846 et 1847, avait atteint 1 191 et 1 330 millions, après être tombée à 257 millions en 1849, revient à

1 157 millions dès 1855, et dépassa largement 2 milliards en 1857. Les opérations totales de l'établissement central de Paris (déduction faite des opérations avec le Trésor), qui, pour 1846 et 1847, nous fournit respectivement les sommes de 1 294 et 1 369 millions, tombent en 1848 à 807 millions, en 1849 à 436, puis reprennent et montent en 1855, 1856 et 1857, aux chiffres respectifs de 1 913, 2 452 et 2 331 millions. Ce mouvement de reprise fortement accentué n'est pas spécial à Paris ; toute la France y prend part. Ainsi les banques départementales et les comptoirs de la Banque de France avaient cumulativement escompté au public en 1846 pour 1 200 millions, et en 1847 pour 1 330 ; en 1848 et 1849, ces chiffres tombent à 951, puis 768 millions ; en 1855, ils se relèvent à 2 590 millions, et en 1857 ils atteignent 3 497 millions. Les opérations totales de l'année nous fournissent pour 1846, 1847, 1848, 1849, 1855 et 1857 les chiffres respectifs de 1 216, 1 343, 960, 780, 2 746 et 3 616 millions.

Il faut dire, au sujet des succursales, que la fusion des banques départementales avec la Banque de France, au milieu des inconvénients sérieux qu'elle a engendrés, a eu cet avantage de faire cesser un antagonisme résultant de situations fort mal définies, presque équivoques et de faciliter un développement réel dans les transactions entre département[102]. Un accord, à l'état libre, eût produit, avec la multiplicité des banques, un effet à peu près identique, nous en sommes convaincus ; cependant nous devons constater les résultats acquis sous l'empire du régime de l'unité de banque.

On peut donc conclure de ce qui précède, sans s'occuper de la question de liberté ou de réglementation des banques de circulation, une augmentation prononcée des opérations de crédit causée partie par la simplification dont nous venons de parler, partie par la vive reprise industrielle et commerciale depuis le changement survenu dans les institutions politiques de la France.

1853-54. – L'exubérance des affaires amena, à la fin de 1853 et au commencement de 1854, un certain engorgement de valeurs de papier ; pour le combattre, la Banque de France porte son escompte à 5 % et réduit (17 octobre 1853) le nombre de jours des avances sur valeurs mobilières ; son encaisse (Paris et succursales), de 623 millions en octobre 1851, était tombée à 281 en février 1854 ; par contre le portefeuille (toujours Paris et succursales) de 94 millions (octobre 1851) avait atteint 411 (février 1854). On comprend, à la seule inspection de ces chiffres, la cause de la décision de la Banque relativement au taux d'escompte des effets de commerce (3 %, le 3 mars 1852 ; – 5 %, le 20 janvier 1854).

C'est à cette époque que la Banque de France renonça au système de la fixité du taux de l'escompte. Félicitons-la de cette résolution dont elle s'est applaudie, avec juste raison, dans bon nombre des rapports annuels lus, depuis cette époque, en assemblée générale d'actionnaires. Cela prouve que les opérations de banque, aussi bien que les autres branches de commerce, sont susceptibles de progrès et devrait rendre la Banque de France plus réservée dans les éloges de sagesse et les affirmations de perfection qu'elle n'a jamais cessé de s'attribuer aussi bien la veille que le lendemain des réformes de cette nature.

Le moyen employé par la Banque, la hausse du taux de l'escompte, lui suffit pour le moment et l'encaisse se rapprochant de 500 millions (498 en septembre) elle put revenir, dès le mois de mai, au taux de 4 %.

1855-56. – En 1855, la guerre de Crimée, nécessitant la négociation d'emprunts considérables (ils atteignirent 1 538 millions en capital effectif) raréfia les capitaux disponibles déjà fort sollicités par l'industrie et le commerce, et obligea la Banque à porter à 5, puis à 6 le taux de l'escompte des effets de commerce, et, ce qui fut plus grave, à abaisser à 75 jours la limite maximum de durée des effets admis[103].

Ces mesures, et une autre dont nous nous occuperons tout à l'heure, prises en octobre 1855, se justifiaient par la diminution de l'encaisse de la Banque retombée à 232 millions (même 211 en novembre), et l'augmentation parallèle de son portefeuille qui, de 242 millions (septembre 1854), était arrivé à 480 en octobre 1855. Ces dispositions restrictives, en partie motivées par les fautes commises depuis quelques années par le gouvernement, à raison de sa participation trop grande au mouvement des affaires, conjurèrent momentanément les difficultés de la position, et la Banque de France put faire redescendre de 1 %, en mars 1856, le taux de l'escompte, après avoir remonté le 14 février à 90 jours la durée maximum des effets admis. Mais cette amélioration toute superficielle devait peu durer.

1856. – L'encaisse redescendait, en effet, en novembre suivant à 164 millions ; le portefeuille, au contraire, touchait presque, cette fois, à 520 millions. C'est que la crise n'avait pas disparu ; assoupie un instant, elle reprenait, demandant pour être vaincue des armes d'une autre trempe que celles dont nous venons de parler.

Si, en effet, on se reporte au point de départ de ces difficultés et à la cause qui les avait occasionnées, on trouve des emprunts de 1 538 millions, somme totale, pour soutenir une guerre lointaine et motivant, en conséquence, une exportation de numéraire considérable. Pour se rendre compte, par les faits, de l'étendue de ces exportations de numéraire, on n'a qu'à réfléchir que ce qui les motive le plus, c'est la solde de troupes de terre et de mer. Ce n'est pas la seule cause d'exportation de métaux précieux dans cette occurrence ; l'approvisionnement, une partie des dépenses du matériel, aboutit au même résultat ; mais c'est la cause la plus énergique, la plus efficace. Or les budgets définitifs de 1854, 1855 et 1856, budgets de guerre comme on sait, contiennent, réunis, pour la solde des troupes de terre et de mer une somme de 1 092 millions, et le budget de prévision de 1854, qui avait été établi sur le pied de paix, ne portait pour la solde (ministères de la guerre et de la marine) que 185 millions, soit, pour trois ans, 555 millions. Le fait de guerre a donc accru la solde payée aux troupes de 537 millions ; mais comme une partie de la solde sur le pied de paix a dû également sortir de France avec les troupes qui la recevaient, on peut augurer une sortie totale de 750 millions, rien que pour la solde. Nous ne serons pas taxés d'une bien grande exagération, pensons-nous, en supposant, avec les autres motifs d'expatriation des métaux précieux, une exportation totale de 1 milliard, soit le tiers de la masse du numéraire supposé exister en France. Certes, il a dû y avoir une partie de ce numéraire qui a fait, comme on dit, la navette, revenant pour repartir ; mais en raison de la distance, cette quantité n'a pas dû monter bien haut, et on peut toujours admettre un appauvrissement du stock métallique de la France d'au moins 800 millions.

Dans cette situation, le vrai remède que la Banque de France pouvait appliquer n'était pas tant la hausse de l'escompte ou l'abaissement de durée des effets admis que le rapatriement, par voie de rachat, du numéraire sorti. Disons-le à son éloge, la Banque de France le comprit rapidement et fit tous les sacrifices nécessaires pour remplir cette condition de son privilège, cette clause tacite de son contrat avec la nation. Dès 1855, elle acheta 254 millions 1/2 de numéraire qu'elle paya, prime et transport 3 920 000 fr., soit 1 1/2 %. Cela ne suffisant pas pour empêcher le retour de la crise en 1856, comme on a vu plus haut, elle ne se contenta pas de porter son escompte à 6 %, de faire descendre à soixante jours la limite de durée des effets admis, ou mieux de réduire, durée et somme, les avances sur effets publics ou autres valeurs mobilières, elle acheta de nouveau du numéraire sur une échelle importante ; elle fit venir de l'étranger 560 millions d'espèces monnayées moyennant un sacrifice total (prime, transport, etc.) de 7 294 500 fr., soit 1 1/3 %.

Ce qui la détermina à prendre cette intelligente décision fut probablement le changement survenu, dès cette époque, dans le rapport entre son encaisse (actif liquide) et sa circulation cumulée avec ses comptes courants (passif exigible à vue). D'octobre 1855 à fin 1857, le passif à vue fut presque constamment supérieur au triple de l'actif liquidé. Un moment, le rapport, au lieu de 3, monta à 4,6 (octobre 1856). En 1858 et années suivantes, il revient à la proportion usuelle de 1 à 3, tombant même, la plupart du temps, au-dessous[104].

L'équilibre se rétablit par la force des choses, en même temps que par l'influence favorable du remède dont nous avons parlé en dernier lieu.

Mais revenons à 1856. La guerre de Crimée ne fut pas seule à avoir une influence fâcheuse sur le rapport entre notre stock métallique et les besoins de la circulation monétaire. Les mauvaises récoltes contribuèrent également à activer l'exportation des métaux précieux. À ce dernier sujet, rappelons que les importations de grains et farines (exportations déduites), qui, de 1853 à 1855, varièrent de 3 à 5 millions d'hectolitres, atteignirent près de 9 millions en 1856 ; en même temps le prix moyen de l'hectolitre, qui dépassait à peine 14 fr. (soit 17 fr. 50 le quintal) en 1850 et 1851, atteignit 30 fr. 75 (38 fr. 45 le quintal) en 1856 ; nous avons dit le prix moyen annuel ; le maximum du cours lui fut donc encore supérieur.

Pendant que l'exportation du numéraire causait à la Banque de France et au pays les embarras que nous venons d'esquisser, ces embarras se trouvaient aggravés par deux causes qui imposaient au numéraire restant une surcharge bien inopportune : les grands travaux publics, encouragés, poussés même par le pouvoir avec une certaine précipitation et sur la majeure partie du territoire, et la cherté croissante de tous objets de consommation générale ; ce qui exigeait, pour les petits échanges de détail, plus de numéraire que pour les années précédentes.

1857. – En 1857, comme en 1855 et 1856, le premier semestre fut plus favorable que le second aux opérations commerciales et industrielles. La durée maximum des effets admis était revenue, le 27 février, à quatre-vingt-dix jours, pour ne plus redescendre, depuis cette date, au-dessous de cette limite ; la Banque de France était mise en possession, comme nous n'allons pas tarder à le voir, d'un moyen plus directement efficace contre les affaires susceptibles d'aggraver ou de continuer les embarras monétaires.

Mais 1857, au lieu d'être, après deux exercices si laborieux, une année de répit, vit se former et se développer l'une des crises les plus graves peut-être que le monde commercial ait eu à subir depuis le commencement du siècle. Avant d'en parler, occupons-nous des réformes administratives dont la Banque de France fut alors l'objet, réformes qui, en bien ou en mal, ont eu et auront, dans le présent et dans l'avenir, l'influence la plus directe sur le développement de la richesse publique en France.

On se rappelle que, en vertu du second paragraphe de l'art. 1er de la loi du 30 juin 1840, portant prorogation du privilège de la Banque de France, ce privilège pouvait être modifié ou même prendre fin le 31 décembre 1855, s'il en était ainsi ordonné par une loi votée dans l'une des deux sessions qui précéderaient cette date. On se rappelle également que le décret du 3 mars 1852 avait abrogé ce paragraphe. Conséquemment, le privilège de la Banque de France était valable jusqu'au 31 décembre 1867. Nous sommes en 1857 ; il n'y avait donc pas urgence à s'engager pour une nouvelle prorogation ; en 1840, le privilège n'avait plus que trois ans de durée lorsqu'on rendit la loi de prorogation. Tout concourait à ne mettre en cette affaire aucune précipitation. Il est probable que la Banque, désireuse de voir se prolonger sa vie artificielle (nous parlons ainsi en raison des principes de liberté économique qui protestent énergiquement contre les monopoles et privilèges ne résultant pas de la nature des choses), il est probable, disons-nous, que la Banque de France, désireuse de voir se prolonger sa vie artificielle, va proposer à l'État, au profit du pays, une indemnité sinon équivalente au bénéfice prélevé par elle sur le pays, au détriment de ses intérêts généraux, au moins s'en rapprochant. C'est ainsi que la Banque d'Angleterre paye à l'État, « en considération du privilège exclusif des opérations de banque et de l'exemption de droits de timbre que lui accorde le présent acte (celui de 1844), pendant la durée du privilège et de l'exemption précités une somme annuelle de 180 000 livres sterling (4 500 000, francs). » Cette somme s'accroît même avec le chiffre des rentes possédées par la Banque au-delà de 3 millions sterling (75 millions de francs).

C'est ce que nous allons voir.

Le 9 mai 1857, le gouvernement dépose un projet de loi sur la tribune du Corps législatif, l'appuyant d'un volumineux exposé des motifs. Ce projet est l'objet d'un rapport de M. Devinck, déposé le 26 du même mois ; le 28, ce projet, après diverses modifications, est approuvé par 225 voix contre 18. Promulgué, il est devenu la loi du 9 juin 1857.

Or, que contient cette loi ?

1° Prorogation pour trente nouvelles années du privilège de la Banque de France, expirant, nous l'avons déjà dit, le 31 décembre 1867.

La Commission du Corps législatif, il faut lui rendre cette justice, voulait que le privilège pût être modifié le 31 décembre 1877, s'il en était ainsi ordonné par une loi votée dans l'une des deux sessions qui précéderaient cette époque. C'était une heureuse réminiscence de l'art. 1er de la loi de

1840. Le gouvernement, sous le pseudonyme du commissaire, rejeta cet amendement.

M. Max. Königwaster trouva la prorogation à la fois prématurée et trop longue ; peine perdue ! Le gouvernement répondit des aspirations de progrès de la Banque ; d'ailleurs, n'est-il pas là pour la contraindre, si elle est trop timide à entrer dans cette voie ? On le verra bien plus tard, quand il s'agira d'émettre des billets de 50 francs et de créer des succursales dans les départements qui n'en ont pas.

Continuons : 2° Le capital est doublé par l'émission à 1 100 francs (dont 100 francs applicables à la réserve) de 91 250 nouvelles actions. Très bien ; la Banque, ayant un capital plus considérable, offrira une plus grande garantie. Cet article est bon, car il est conforme à la logique des choses. Le capital de garantie de 1848 est insuffisant en 1857, alors que les opérations ont presque quintuplé. Doublé, il est peut-être encore trop faible. Au moins si ce capital est facilement disponible, ce sera une condition de solidité que nous ne pouvons qu'approuver[105].

Allons plus loin : 3° Sur le produit de cet accroissement de ressources, 100 millions seront versés, dans le courant de 1857, au Trésor public, qui remettra, par contre, des rentes 3 % au prix moyen du mois précédant chaque versement, sans pouvoir être au-dessous de 75 francs. Ces 100 millions seront portés en atténuation des découverts du Trésor. La dette flottante pourra ainsi tomber au-dessous de 800 millions.

Là, tranchons le mot, est toute l'économie du projet. Émettre 4 millions de 3 % sans peser sur le marché de la rente, le faire à 75 francs, c'est-à-dire au plus haut cours fait sous le second empire, l'année 1852 prise à part, trouver 100 millions de ressources tout en soutenant le cours de la rente, c'est l'idéal de l'administration financière de cette époque. « Et c'est assurément, lisons-nous, dans l'exposé des motifs, l'emploi le plus opportun qui puisse en être fait. » Et c'est à cette fin que, dix ans à l'avance, on prolonge de trente ans le privilège de la Banque de France, pour prendre fin le 31 décembre 1897. Mieux qu'alors, nous commençons à connaître aujourd'hui les bénéfices de ce privilège. L'Angleterre s'est fait payer 4 millions et demi de francs par an pour un privilège d'une émission limitée à 15 millions de livres (750 millions de francs, soit 6/10 %)[106], avec faculté de retrait, à partir de 1855, dudit privilège dix ans après avertissement. Pour le prêt de 100 millions relaté plus haut et une recette de timbre de 1/2 ‰ de sa circulation moyenne (1 ‰ depuis le 25 août 1871), la Banque de France a le privilège d'émission illimitée jusqu'à la fin de ce siècle. En dehors de toute discussion sur les avantages ou les inconvénients des monopoles d'émission de billets, est-il possible de résoudre plus légèrement une question aussi importante ?

Passons encore ; tout n'est pas fini.

La Banque de France eut la faculté d'abaisser à 50 francs la moindre coupure de ses billets[107]. Cette faculté, elle n'en usera qu'en 1864, au grand embarras du public, qui en demande à grands cris l'application, et encore sera-t-elle avare de ces nouvelles coupures, à l'émission desquelles elle répugne, comme elle l'a fait, depuis sa fondation, à toute coupure inférieure à 500 francs[108].

Continuons ; nous avançons. Dix ans après la loi de 1857, le gouvernement, dit la loi, pourra exiger de la Banque de France qu'elle établisse une succursale dans les départements où il n'en existe pas. Les exigences du gouvernement, rassurons-nous, ont été fort modestes. La Banque, sans se presser aucunement, n'a établi de succursales que là où elle a rencontré ou cru rencontrer ses convenances ; les difficultés de trouver un local comme l'entendait la Banque, ont même été fort souvent l'unique cause (le croirait-on !) qui empêchait l'ouverture, si ce n'est l'institution, d'une succursale, et cela pendant plusieurs années consécutives. En fait, le 9 juin 1867, 25 départements étaient encore dépourvus de succursales.

Une loi récente (du 12 février 1873) vient de mettre un terme à cette situation, aussi fâcheuse pour les intérêts du pays que pour l'autorité de la loi, en décidant que, sur les 25[109] succursales à instituer pour rentrer dans l'esprit de la loi de 1857, 11 devraient fonctionner d'ici au 1er janvier 1875, 7 autres avant le 1er janvier 1876, le restant au plus tard le 1er janvier 1877. Les décrets d'autorisation devront tous être rendus avant le 1er juillet 1874[110].

Ce qui nous reste à mentionner de la loi du 9 juin 1857 a, fort heureusement, un tout autre caractère que ce qui vient de motiver nos critiques successives ; nous passerons légèrement sur l'article qui permet à la Banque de prêter sur obligations du Crédit foncier de France ; mais l'article 8 de la loi, qui autorise la Banque de France à élever au-dessus de 6 % le taux de ses escomptes et l'intérêt de ses avances[111], nous trouvera franchement disposé à une approbation sans réserve. Il est certain que laisser la loi du 13 septembre 1807 debout à côté de cet article est une anomalie des plus extraordinaires, que la pratique n'a pas longtemps attendu à mettre en relief. Malgré la réponse, tout au moins assez singulière, de M. Baroche[112] (le président de ce Conseil d'État rétrograde qui trouvait le Corps législatif trop libéral en matière de crédit) malgré l'interprétation jésuitique qu'une commission jointe à l'intérêt ne hausse pas le taux de cet intérêt, la difficulté reste intacte, le désaccord entre la loi et les nécessités reconnues est patent, si bien qu'en finissant son discours, M. Baroche éprouvait le besoin d'affirmer « que le Gouvernement s'occupe de la question, et qu'elle ne restera pas longtemps sans être résolue. » Cette promesse, datée, ne l'oublions pas, de 1857, n'a jamais, comme bien d'autres faites sous le même régime, été réalisée.

Les bénéfices résultant de cette surélévation des taux d'escompte et d'avances au-dessus du chiffre de 6 % seront toujours la propriété de la Banque de France, qui devra seulement s'astreindre à ne pas les répartir et à en former une réserve additionnelle au capital social.

Cette réserve spéciale monte actuellement à près de 8 millions, dus aux exercices suivants :

1857	1.510.527
1861	805.976
1863	523.731
1864	4 204.541
1870	8.914
1871	399.416
1872	200.587
1873	255.835
Total	7.909.528

Cette loi, dont on ne saurait qualifier trop sévèrement les principaux articles, proposée, discutée et votée en moins d'un mois, était promulguée depuis deux jours à peine, que le comte d'Argout se retirait, remplacé par le comte Ch. de Germiny, gouverneur du Crédit foncier de France. Le comte d'Argout fut secondé, n'omettons pas de le dire, par deux intelligences d'élite, quoique d'ordre différent : Jules Gautier, esprit fin et pratique, qui fut plus ami de la liberté des banques que sa position de sous-gouverneur ne semblait le comporter, et Charles Vernes, praticien consommé, qui, dans l'administration de la Banque, surtout dans la manière de composer le portefeuille, c'est-à-dire dans l'examen de la valeur des signatures des effets de commerce, apporta une sagacité qui mérite de devenir proverbiale.

Avant de nous occuper de la crise de 1857, résumons en quelques mots les rapports de la Banque de France avec le Trésor de 1851 à 1871.

On se rappelle que, par un dernier traité en date du 3 mars 1852, le Trésor empruntait à la Banque, au taux maximum de 4 %, réduit en 1857 à 3 %, 75 millions garantis par un dépôt de rentes, et les lui remboursait sur le pied de 5 millions par an, le 1er juillet de chaque année, à partir du 1er juillet 1853, date de la première échéance.

En dehors de cette opération, des escomptes extraordinaires de bons du Trésor furent consentis par la Banque, en faveur de l'État, à plusieurs reprises, et pour des sommes de diverses importances. Ainsi, en février 1854, le Trésor se fait escompter 30 millions, qu'il rembourse en juin de la même année. En novembre 1854, nouveau crédit de 30 millions remboursé en janvier 1855. Une avance de 40 millions, consentie en juillet 1855, donne lieu à des renouvellements successifs jusqu'en mars 1857, date de la dernière échéance ; en mai 1859, nouvelle avance, de 25 millions, cette fois, remboursée en janvier suivant ; enfin, en février 1861, une autre avance de 25 millions est faite, mais pour trois mois seulement, et remboursée à l'expiration de cette période.

Quant au prêt fixe de 75 millions, nous voyons le Trésor rembourser régulièrement à la Banque, jusqu'en 1862, les 5 millions annuels convenus par le traité de 1852. En 1862 il ne doit plus de ce chef que 30 millions. Mais, en juillet de cette même année, le débit du Trésor, comme avance, au lieu de tomber à 25 millions, remonte à 60, chiffre auquel il s'est maintenu depuis sans interruption, comme sans variation. Pourquoi ? C'est ce que nous apprendrait une convention du 10 juin 1857, si son texte avait été publié. Malheureusement, ni les rapports annuels de la Banque de France, ni les recueils des dispositions législatives qui la régissent, ni le Bulletin des lois, ni le Moniteur universel (le journal officiel d'alors), ni enfin les documents officiels émanant du ministère des finances, n'ont publié le texte de cette convention, et nous sommes contraints de signaler la dette de 60 millions sans en connaître les conditions de remboursement[113]. Nous reviendrons en 1870-71 sur les rapports de la Banque de France avec le Trésor.

Nous l'avons dit, la crise de 1857 fut l'une des plus graves, commercialement parlant, dont le XIXe siècle ait été le témoin jusqu'alors. C'est en Amérique, aux États-Unis, que le fléau commença à sévir. Nous ne croyons pouvoir mieux en faire connaître les effets dans cette partie du monde qu'en en empruntant le tableau à l'auteur d'un des plus attrayants ouvrages sur la matière que nous traitons[114].

« En 1856, l'Union avait déjà construit 24 000 milles (38 400 kil.) de chemins de fer et 50 000 milles (80 000 kil.) de télégraphes, trois fois autant que l'Angleterre et six fois autant que la France. Le tonnage de sa marine marchande avait à peu près atteint celui de la Grande-Bretagne. Le Congrès avait concédé, dans la seule année 1856, 40 millions d'acres (16 millions d'hectares), c'est-à-dire un territoire grand comme le tiers de la France. Le mouvement dans les ports et sur les chemins de fer s'était accru d'un tiers. Le nombre des banques, de 700 en 1846, s'était élevé, en 1856, à 1 416, avec un capital de 376 millions de dollars (1 880 millions de francs). La dette de l'État avait été réduite à la somme insignifiante de 33 millions de dollars (175 millions de francs), et le produit des impôts laissait un excédent disponible. Ainsi, tandis que les nations européennes dévoraient une partie de leurs épargnes en armements énormes ou sur les champs de bataille, l'heureuse Amérique, jouissant d'une paix profonde, consacrait les siennes à féconder toutes les branches de l'activité nationale, l'agriculture et l'industrie, le commerce et la navigation. »

Comment, de cet état prospère, les États-Unis passèrent-ils à la crise redoutable qui nous occupe ? le même auteur va nous l'apprendre :

« Ce qui prépara la crise aux États-Unis, ce fut l'emploi exagéré du crédit, et notamment les avances énormes faites par les banques, au moyen de leurs dépôts, aux entreprises industrielles, aux chemins de fer surtout ; mais ce qui détermina l'explosion, ce furent les perturbations du commerce extérieur… En 1856, le blé avait été cher en Europe et l'Union avait payé ses créanciers avec ses exportations de céréales. En 1857, une bonne récolte dispensa l'ancien monde de se faire nourrir par le nouveau, et celui-ci se trouva dans l'embarras quand il lui fallut solder ses importations. Des remises en or étaient le seul moyen de rétablir la balance. Le mal n'était pas encore très grand, seulement il en résulta une certaine inquiétude. Or, toute défiance restreint le crédit, qui n'est que la confiance. L'argent et le crédit se raréfiant ensemble, les moyens d'échange devinrent insuffisants. Les prix baissèrent, d'abord ceux des marchandises, puis ceux de toutes les valeurs. Les déposants commencèrent à retirer quelque argent des banques. Ce fut l'origine de la débâcle. »

C'est le 22 août qu'une première suspension vint donner l'éveil.

« Au commencement de septembre, il y eut une éclaircie : on espéra que la crise s'arrêterait. Les banques en profitèrent pour restreindre peu à peu leurs escomptes afin de se mettre à couvert ; mais ces mesures de prudence augmentèrent les alarmes. En quelques semaines, toutes les valeurs, même les meilleures, baissèrent de 30 à 50 %. Le Central-America, steamer chargé d'or californien sur lequel on comptait pour rendre quelque facilité à la circulation embarrassée, fit naufrage, et ce fut, dès lors, un sauve-qui-peut général. À la fin de septembre, les banques de Maryland et de Pennsylvanie suspendirent, entraînant avec elles cent neuf maisons des plus importantes de Baltimore, de Boston et de Philadelphie. Au 3 septembre, 175 banques avaient arrêté le remboursement des dépôts. L'escompte était à 30 ou 40 %. Les fabriques commençaient à se fermer, et les ouvriers étaient renvoyés en foule. Les banques de New York avaient encore une encaisse de 13 millions de dollars (65 millions de francs), et elles tenaient bravement tête à l'orage, restreignant chaque jour leurs avances et retirant leurs billets. Dans les premiers jours d'octobre elles parvinrent à faire rentrer ainsi des billets et du numéraire, mais en diminuant leurs avances, et ces restrictions élevaient de plus en plus le taux de l'intérêt : il monta à 60 et 70 %, ou plutôt tout crédit était mort, tout échange suspendu. Les commerçants, poussés au désespoir, et rendant les banques responsables de l'extrémité où ils étaient réduits, organisèrent un run[115], sur celles qui se tenaient encore debout. Le 13 octobre fut un jour terrible : on assista alors aux émeutes du monde financier, à la prise d'assaut des bastilles du capital. Les banques payèrent pendant quelques heures à bureau ouvert ; le soir, cependant, sur les trente-trois qui restaient, trente-deux suspendirent aussi. Dans tout l'État, puis dans tout le Nord, enfin dans l'Union entière, tout s'écroula comme sous le coup irrésistible d'une trombe. Presque aucun établissement, aucune maison ne resta debout. Tout paiement en argent avait cessé, toute remise était impossible ; nul ne pouvait plus ni vendre, ni obtenir de crédit. Il n'y avait plus ni prêteurs, ni acheteurs. Quand on fit le relevé des désastres, on trouva que, au Canada et dans l'Union, il y avait eu 5 123 faillites, avec un passif de 299 millions de dollars, plus de 1 milliard et demi de francs, dont la moitié environ était définitivement perdue. Chose inouïe, à l'exemple des banques, quatorze grandes compagnies de chemins de fer, écrasées par leur dette flottante, suspendirent aussi avec un passif de 189 millions de dollars (945 millions de francs). Le contrecoup des catastrophes de New York se fit sentir jusqu'aux bords du Pacifique. En Californie, les banques furent de même décimées par un run tout spontané ; cependant, après avoir fermé leurs portes pendant quelques jours, elles reprirent leurs paiements. Dans le reste de l'Union, si la crise fut exceptionnelle par sa généralité, sa soudaineté et son intensité, elle ne fut pas, du moins de longue durée. La baisse extrême des meilleures valeurs et la fabuleuse élévation de l'escompte (60 %) attirèrent l'attention des spéculateurs européens. Les ordres d'achats arrivèrent, et, par suite, les remises en métal. L'or reflua si rapidement que, déjà, au commencement de décembre, la réserve des Banques de New York s'éleva à 26 millions de dollars (130 millions de francs), et qu'elles purent reprendre leurs paiements en espèces. Au 1er janvier toutes les banques de l'Union en avaient fait autant, sauf celles de Pennsylvanie, à qui on accorda un délai jusqu'au 1er avril[116]. »

L'Allemagne du Nord, et surtout l'Angleterre, ressentirent principalement les douloureux contrecoups de cette crise ; la France fut relativement bien moins éprouvée. La Banque de France usa avec une intelligence que nous nous plaisons à reconnaître, de la faculté qu'on lui avait donnée depuis peu de temps, de porter le taux de ses escomptes au-dessus de 6 %, faculté dont sa sœur aînée, la Banque d'Angleterre usa dès 1847, la loi ne le lui défendant pas.

L'Angleterre avait de puissantes raisons pour être plus influencée que tout autre pays des suites de la crise américaine ; elle avait placé, nous assure M. de Laveleye, environ 2 milliards de francs dans les valeurs de l'Union, et ses envois de marchandises dépassaient un demi-milliard. Ce dernier point était le plus grave, car elle avait droit de compter sur cette rentrée, et un retard inopiné devait rendre la situation des Banques anglaises fort critique. Le 27 octobre, une première faillite importante se produisait ; les huit premiers jours de novembre les faillites abondèrent ; le 9, la Western-bank, à Édimbourg (l'Écosse est renommée pour la solidité de ses banques) succombait, et cette chute produisit une impression des plus vives. Aussi la panique se déclara-t-elle, et le 12, la Banque d'Angleterre, comme cela avait déjà eu lieu en 1847, dut demander l'autorisation de suspendre les clauses limitatives de l'acte de 1844, ce qu'elle obtint facilement[117].

Elle ne profita pas de cette faculté en 1847 ; mais, en 1857 elle y eut recours ; il lui suffit, néanmoins, pour répondre aux besoins du moment, de dépasser de 30 millions de francs la limite fixée par l'acte de 1844 dans le chiffre de ses émissions de billets. Son taux d'escompte, le 10 novembre 1857, deux jours avant l'obtention de la suspension de l'acte de 1844, avait été porté à 10 % ; en 1847 elle ne le fit monter qu'à 8 %.

À Hambourg, le taux d'escompte atteignit 9 % ; il ne tarda pas à redescendre à 5. Cette place ressentit moins que Londres les effets de la crise, bien qu'elle en fût plus affectée que notre pays. On y compta 145 faillites avec un passif d'un demi-milliard. Cette crise continua à sévir dans le nord, et eut même des contrecoups jusque dans l'Amérique du Sud.

En France, la Banque, ainsi que nous l'avons dit plus haut, mit rapidement en usage l'instrument nouveau que lui mettait en main la loi de 1857, c'est-à-dire la hausse de l'escompte au-dessus de 6 %.

Dès le 13 octobre, elle le portait à 6 1/2 % ; le 21 du même mois à 7 1/2, enfin, le 11 novembre, le lendemain du jour où la Banque d'Angleterre portait son taux à 10 %, elle établissait, à l'instar de ce qu'elle fit déjà en 1819, une échelle de trois taux, espacés de 1 %, en raison de la durée des échéances ; elle continua ce mode jusqu'au 20 décembre[118], et rendit, par l'application de ce système, un service sérieux au public. Elle en rendit un autre non moins grand en préjugeant intelligemment à l'avance la portée de la crise, et ne marchandant pas les remèdes dès l'origine. Le 21 décembre elle revint au taux unique de 6 %, et le 29 à 5[119] ; on voit avec quelle rapidité le fléau cessait de sévir, sachant prendre à temps des mesures énergiques.

Malheureusement la crise finit trop tôt pour son importance, et les années qui suivirent se ressentirent d'une liquidation incomplète. Un marasme pire que le mal dont nous venons de décrire les phases douloureuses domina longtemps le marché. L'un des indices les plus sérieux de cette langueur est l'augmentation des comptes courants particuliers à la Banque. Ainsi que l'a judicieusement fait remarquer M. Cl. Juglar, que nous aimons à citer : « Le maximum des comptes courants s'observe dans les années qui suivent la liquidation, par suite du défaut d'emploi des capitaux qui ne sont pas demandés, et, à la veille des crises, souvent dans l'année même qui les précède, par suite de la crainte, de l'inquiétude qui empêchent les capitaux demandés de s'engager[120]. » Or, les sommes déposées en comptes courants à la Banque de France par les particuliers, qui n'avaient jusqu'alors dépassé 200 millions que deux fois, en 1854 et 1856, atteignirent 338 millions en 1857. Placée à égale distance de 1857 et de 1861, est-ce à la liquidation de 1857, ou à la crise à venir, qu'il faut attribuer cet important accroissement ? Nous pencherions à croire que les deux causes y ont contribué.

1858-61. Le ralentissement des transactions, qui suivit l'année laborieuse dont nous venons de nous occuper, permit à la Banque de France de faire, durant plusieurs exercices consécutifs, une nature d'opérations plus du ressort d'un crédit mobilier que d'une institution de circulation. Elle y déploya d'abord une certaine habileté. Nous voulons parler de l'émission ou de l'écoulement d'obligations pour le compte des compagnies françaises de chemin de fer.

Voici le résumé, par année, des résultats acquis :

En 1858 elle commença à écouler, par l'entremise soit de l'établissement central, soit des succursales, 617 766 obligations à un prix moyen de 276 fr. 60. Il lui en restait 272 769 qu'elle mit en souscription ; les demandes du public montèrent à 986 887, savoir : 562 298 à Paris, et 424 589 en province ; le prix d'émission était 274 fr. 50. Cette opération procura aux huit compagnies bénéficiaires (Orléans, Méditerranée, Ouest, Dauphiné, Ardennes, Est, Midi, Genève) une somme d'environ 246 millions et demi, sur laquelle la Banque avança 100 millions antérieurement à toute vente.

Malgré le succès de la dernière opération, la Banque de France, pendant tout le cours de 1853, vend directement et petit à petit 881 952 obligations vers 287 fr. 50 à 288 fr. 75, soit pour un capital réalisé de 250 millions.

Mais, en 1860 et 1861, elle reprend la voie des souscriptions. En 1860, elle propose 1 023 000 obligations à 292 fr. 75 ; on lui en demande 1 627 817 pièces. En 1861, elle en offre 786 000 ; la crainte de ne pas obtenir tout ce que l'on demande porte les souscriptions au chiffre de 2 972 449 titres.

En quatre années elle réalise ainsi pour le compte des huit compagnies susnommées, un capital effectif de 1 200 307 500 fr., etc., sans nuire à la hausse constante des titres.

C'est intelligemment conduit ; mais, comme disait un censeur dans son rapport sur les opérations de 1859, « cette opération est tout à fait en dehors des habitudes de la Banque. Elle se justifie par les circonstances exceptionnelles dans lesquelles elle a été proposée et acceptée. » Ce genre de justification n'eût pas été de mise avec la liberté des banques.

Passons, et arrivons aux évènements monétaires de 1860.

Les États-Unis, en raison de la tournure des actes politiques qui annonçaient la guerre civile qui ne tarda pas à y éclater, avaient exagéré leurs exportations et accru ainsi le solde débiteur du vieux continent, de l'Angleterre particulièrement. Tel fut le début de la crise de 1861 qui, dès janvier, motiva la hausse de l'escompte à 7 % ; il ne s'arrêta pas là, et le 14 février il atteignait 8 %, son point culminant d'alors.

Les marchés monétaires sont, on l'a souvent dit, dans la dépendance les uns des autres, comme des réservoirs d'eau communiquant entre eux par des tuyaux souterrains. La tendance est au nivellement, et les capitaux se précipitent comme l'eau dans le vide, là où les appelle le loyer le plus élevé. En Allemagne, en Hollande, en France, les taux d'escompte étant plus bas qu'en Angleterre, l'amélioration du marché d'outre-Manche causa du trouble sur ceux des contrées continentales. La France, entre autres, en eut sa part dans le cours de 1861, et, faute d'avoir assez rapidement élevé le prix de ses services, faute surtout d'avoir, dès cette époque, livré le billet de 50 francs à la circulation, la Banque de France prolongea les difficultés plus que l'on n'eût dû s'y attendre.

À ce moment, une nature d'embarras, sur laquelle on ne comptait guère, se produisit tout à coup. Voici à quelle occasion :

On se rappelle que la Caisse générale des chemins de fer (J. Mirès et Cie) ouvrait une souscription à un emprunt ottoman, dit de 1860, au moment où des faits brutaux déterminèrent sa chute. Le gouvernement turc, privé d'une occasion de consolidation d'une partie de sa dette flottante sur laquelle il comptait, se trouva gêné et dut imposer à ses créanciers, des maisons de Galata, des délais que ceux-ci supportèrent en créant du papier de circulation. La succursale de Marseille prit, avec un peu de légèreté peut-être, ce papier à l'escompte, et, à l'échéance, les maisons grecques qui l'avaient endossé, créancières elles-mêmes du gouvernement turc, débiteur solvable et de bonne foi mais lent à s'exécuter, demandèrent à leur tour des délais à la Banque de France.

Les créances en souffrance par ce fait n'atteignirent pas moins de 27 millions et demi, dont près de 5 remboursés dès 1861 ; les rentrées successives furent effectuées de telle manière que, actuellement, la Banque, croyons-nous, a recouvré l'intégralité de cette créance, qui a fait grand bruit en son temps.

1862-1864. – La guerre de la sécession en Amérique commençait à produire ses effets désastreux sur l'ancien continent. Le coton manquait. Pour se procurer cet élément de travail, on encourageait, surtout l'Angleterre comme première intéressée, par tous les moyens possibles, la culture de cette matière première dans des pays qui, la produisant plus chèrement (transport compris) que le Nouveau-Monde, ne l'avaient jusqu'alors traité qu'en second ordre. L'Égypte, les Indes furent les contrées qui répondirent le mieux à ces besoins. Mais on sait que ces pays absorbent les métaux précieux sans les rendre à la circulation universelle[121]. Les achats faits dans ces contrées, au lieu de l'être aux États-Unis, étaient donc, à égalité de somme, infiniment plus onéreux pour les marchés monétaires européens. C'est ce qui amena la crise de 1863-1864. Les banques d'Angleterre et de France, par un peu d'indécision, au début, dans la hausse du prix de leurs services, aggravèrent la situation pénible qui se prolongea plus qu'elle n'eût fait sans cela. Comme, après tout, ce n'était qu'une difficulté monétaire, le temps apporta un remède naturel et les taux d'escompte, après avoir été à 9 % (en mai et septembre 1864) à Londres, à 8 % (en mai et octobre de la même année) à Paris, sont, à dater du 15 juin 1865, à 3 % sur les deux places.

Avant d'entreprendre de parler des crises et embarras monétaires ou autres qui ont affligé le monde des affaires, la France particulièrement, depuis cette époque, relatons le mouvement général des opérations de crédit et des créations d'institutions de cette nature qui prit, à partir de 1859-1860, un essor tout particulier, et qui a grandement contribué au développement de la richesse publique de notre pays.

Parlons d'abord de la question des chèques qui a une importance de principe.

La création des banques de circulation fut une révolution dans le monde économique ; elle permit à de nombreux capitaux jusqu'alors épars et en partie, temps ou quantité, inoccupés, de contribuer davantage à l'utilité publique et particulière. Si on considère, et on doit le faire, les intérêts de capitaux inoccupés comme une perte dans la ruche universelle des travailleurs, l'avènement des institutions d'émission supprima une partie du coulage, réduisit les frais généraux, accrut les bénéfices, partant le bien-être social.

Mais il ne faut pas croire que les institutions de crédit n'aient qu'une manière d'être utiles à ce point que le billet de banque soit le seul instrument de progrès sérieux, et que là où il s'arrête ou diminue d'importance, il y ait, dans les progrès du bien-être, arrêt ou diminution. Le billet de banque est une des formes du crédit que peuvent permettre les banques, mais il n'est pas la seule. En émettant le billet à vue et au porteur, qu'est-ce que fait une banque ? Elle répand des reçus, des mandats sur elle-même, tout confectionnés comme forme et importance, particulière ou totale. Elle peut laisser au déposant le droit de faire lui-même le reçu, à sa guise comme époque et importance, et l'on a les mandats blancs et rouges de la Banque de France, mais on n'a pas encore le chèque. On a créé un concurrent au billet de banque, il est vrai, mais un concurrent bien faible ; quel stimulant à déposer des espèces en compte courant à la Banque si on ne vous sert aucun intérêt ? On fait vos encaissements, si votre signature est bonne on escompte ceux de vos effets qui rentrent dans les formes réglementaires ; c'est, certes, une commodité qui n'est pas à dédaigner ; mais tout le monde n'a pas besoin de cette nature de service. Le véritable adversaire du billet de Banque c'est le compte à intérêt, ou plutôt son instrument, le chèque. Le chèque est un billet de banque, mais un billet de banque perfectionné. Partout où il triomphe, et c'est une affaire de mœurs financières, le billet de banque est au second rang. Voyez l'Angleterre où la Banque centrale ne sert pas, il est vrai, d'intérêt à ses déposants, mais où les autres institutions de crédit sollicitent par des intérêts plus ou moins forts les dépôts du public ; sa circulation en billets est-elle en rapport avec sa richesse ou son activité industrielle ? nullement. En Angleterre, la circulation ne dépasse pas 750 millions de francs et est généralement dans les 5 à 600 millions. Les quatre cinquièmes des transactions au comptant s'y font en chèques ; sans cet instrument, la circulation devrait atteindre 3 à 4 milliards.

En France, le chèque ne s'est que peu répandu encore ; la preuve en est que, les transactions montant au quart, peut-être, du chiffre qu'elles atteignent en Angleterre, nécessitent, pourtant, une circulation énorme, relativement à ses voisins.

L'extension de la circulation d'une banque d'émission n'est donc un bon signe pour un pays que dans une mesure limitée, et ce n'est pas là l'idéal (définitif, au moins) que l'on doit se proposer dans le développement des institutions de crédit d'un pays.

Mais si le chèque, le reçu d'un compte courant à intérêts, encourageant non seulement l'épargne, mais l'utilisation des capitaux de roulement dormant dans les tiroirs, si le chèque, disons-nous, est un instrument de progrès, il ne peut se développer sérieusement qu'à la condition d'une chambre de compensation, d'un Clearing-House. Si le porteur d'un carnet de chèques, en s'en servant, impose pour être soldé, une course de plus à son créancier, il y a déperdition de forces ; si, au contraire, son chèque, compris dans un bordereau total à la fin de la journée, retourne, par voie de compensation, et non de paiement, à la banque dépositaire des fonds, une simple écriture remplace l'usage de la monnaie ou même du billet de banque, et le progrès que l'on doit attendre du chèque est accompli.

Ce n'est que tout récemment que ce progrès s'est opéré chez nous[122] ; la Chambre de compensation à Paris n'existe que depuis 1872, quand le Clearing-House de Londres remonte à 1775. Ajoutons, pour être juste, que la centralisation bancaire en France rendait moins indispensable qu'au-delà de la Manche un pareil rouage ; la Banque de France, avec ses 81 succursales (dont 68 en activité), la compagnie des agents de change de Paris, avec ses compensations mensuelles qui embrassent les autres bourses de France, l'abaissement des coupures de billets de banque, les rouages de notre ministère des finances avec tout son personnel d'agents de tout ordre, tout cet ensemble a rendu moins pénible pour le pays l'absence d'une chambre centrale de compensation ; mais, nous le répétons, le chèque n'a de raison d'être qu'avec cette dernière institution ; sans cela, au lieu d'être un compte actif, une représentation du fonds de roulement, c'est un compte plus ou moins dormant, le premier acte d'un placement, une simple concurrence à la caisse d'épargne et non au billet de banque.

Une loi rendue le 20 juin 1865 a introduit le chèque dans notre arsenal législatif ; elle l'avait affranchi du droit de timbre pendant dix ans ; une loi fiscale du 23 août 1871 l'a frappé d'un timbre fixe de 10 centimes par chèque ; remercions le législateur de n'avoir pas eu la main trop lourde.

Depuis plusieurs années déjà des institutions de crédit avaient cherché à l'acclimater en France ; le Comptoir d'escompte de Paris avait débuté, mais ses relations d'escompte avec ses clients avaient limité à ces derniers le cercle de ses comptes de dépôt. Une société, en 1859, se fonda avec le but de faire appel au public pour l'expansion des comptes de dépôts avec chèques. « La Société générale de crédit industriel et commercial, disait le président de cette institution à ses actionnaires réunis pour la première fois, le 19 avril 1860, en assemblée générale ordinaire, a été créée à peu près à l'instar des Joint stock banks anglaises, pour compléter, par ce nouveau rouage, jusqu'alors inexpérimenté en France, le mécanisme de nos institutions de crédit. Leur office principal est de recevoir les fonds restés inactifs et stériles dans les mains des capitalistes, pour les tenir fidèlement à leur disposition avec une allocation d'intérêt, et pour les rendre sans retard, contre des engagements à courts termes, aux emplois productifs du commerce et de l'industrie. » Plusieurs autres sociétés se formèrent à Paris sur un modèle analogue. À Lyon, le Crédit lyonnais en 1863 ; puis, en 1865, la Société lyonnaise de dépôts et de comptes courants et de crédit industriel ; à Marseille (en 1865), la Société marseillaise de crédit industriel et commercial et de dépôts, etc., etc., introduisirent le chèque, en province, dans les habitudes du public. Depuis, bon nombre d'institutions financières ont suivi cet exemple ; mais, encore une fois, pour que le chèque se popularise, et c'est à souhaiter, pour qu'il ne soit pas l'instrument d'un compte de placement temporaire, mais l'outil favori de circulation du fonds de roulement, un moyen de liquidation et non un effet de crédit, il lui faut la chambre de compensation. Bonne chance, donc, à celle qui s'est fondée à Paris, il y a près de trois ans, sur l'initiative intelligente des institutions les plus accréditées de la capitale, et que les villes départementales qui tiennent à ne pas rester en arrière, suivent cet exemple[123].

Nous avons vu le Comptoir d'escompte de Paris établir des succursales dans les colonies et à l'étranger. Il contribua également à la fondation d'une institution, d'abord appelée Société de crédit colonial (1860), puis Société de crédit foncier colonial (1863), qui traverse encore à ce moment une période de difficultés desquelles il serait hors de propos de prévoir la solution. Le Comptoir d'escompte, qui s'était d'abord chargé de la direction de cette entreprise, y a, depuis, renoncé.

Nous disions plus haut qu'il n'y eut en France, jusqu'en 1864, qu'une société anonyme autorisée pour faire les opérations de crédit mobilier. Cependant, après la chute de la Caisse générale des chemins de fer en 1861, il se constitua, vers 1862, une réunion, sous forme de syndicat permanent, d'une trentaine de banquiers ou gros capitalistes, en vue de conquérir auprès du public une part de la popularité[124] que le Crédit mobilier possédait d'une façon à peu près exclusive. Elle chercha pendant longtemps à se donner une forme plus compatible avec les mœurs financières de l'époque, c'est-à-dire à se mettre par actions ; pendant longtemps l'influence du Crédit mobilier fit échec, et ce ne fut que le 4 mai 1864 que le gouvernement, sous la pression de l'opinion publique, ne crut pouvoir plus longtemps différer son adhésion aux statuts de la Société générale pour favoriser le développement du commerce et de l'industrie en France, compagnie anonyme au capital nominal de 120 millions, réel de 60, et qui, sans répudier les opérations particulières aux Joint-Stock-Banks anglaises semble s'être plus volontiers adonnée à celles d'un crédit mobilier.

La Société qui a popularisé la dénomination de crédit mobilier dans le monde des affaires, après avoir eu la sagesse, à ses débuts, d'inaugurer la séparation des fonctions d'une banque de circulation de celles d'une banque commanditaire de l'industrie et du commerce, se mit à la poursuite de la première de ces deux natures de fonctions, qu'elle rechercha, à titre d'arme de guerre dirigée contre la Banque de France, à cette seule fin de l'amener à des mesures plus larges dans ses avances sur valeurs mobilières ; elle tourna, pour cet objet, les yeux vers la Banque de Savoie.

Cette dernière institution, naguère italienne, était devenue française depuis l'annexion volontaire de la Savoie et du comté de Nice à notre pays. Elle fut établie sous la forme anonyme en vertu de la loi du 26 avril 1851. La durée de son privilège était de trente années.

Cette société de crédit émettait des billets d'une importance nominale de 20 à 1 000 francs ; sa circulation, jointe à ses comptes courants à vue, ne pouvait dépasser le triple de son encaisse métallique ; son capital était de quatre millions. Ajoutons que cette banque avait deux sortes de comptes courants, les uns à vue et sans intérêt, les autres à plusieurs jours de vue et portant intérêt, que le public avait fini par préférer, et enfin que la Banque de Savoie pouvait escompter du papier à deux signatures. Voici actuellement le tableau de la situation et des opérations de cette banque de 1851 à 1863.

Exercices	Capital versé.	Es-comptes.	Portefeuille effets entrés.	Situation des comptes suivants en fin d'exercice				Répartitions aux actions.
				Encaisse.	Porte-feuille.	Circu-lation.	Comptes courants.	
	millions	millions	millions	millions	millions	millions	millions	0/0
1851	0.4	0.9	2.5	0.1	0.4	néant	0.2	5. »
1852	0.8	5.6	10.5	0.2	1.5	0.4	0.6	5. »
1853	1.4	9.0	17.0	0.2	2.4	0.7	0.6	11.49
1854	1.6	11.1	19.5	0.3	2.8	0.7	0.8	11.20
1855	1.6	14.0	29.7	0.7	3.5	1.8	0.8	12.90
1856	2.0	17.5	33.0	0.7	4.5	2.1	1.2	16.57
1857	2.0	21.9	40.7	0.8	4.4	1.7	1.5	17.57
1858	3.0	24.9	42.6	0.9	5.8	2.1	1.6	13.03
1859	3.0	22.4	37.5	1.1	5.9	3.1	1.0	12.88
1860	inc.	23.1	41.6	inc.	inc.	inc.	inc.	13.58
1861	4.0	23.8	43.2	0.6	5.8	1.9	0.6	13.24
1862	4.0	27.4	48.5	0.6	5.9	1.8	0.6	12.62
1863	4.0	27.2	47.6	0.6	5.4	1.1	0.7	11.92

Une loi du 27 février 1856 avait autorisé cette banque à créer des succursales dans toutes les villes dépendant de la couronne de S.M. Victor-Emmanuel II. D'autre part, les traités qui ont déterminé l'annexion établissaient que les individus et les corps moraux appartenant à la Savoie seraient appelés à exercer en France les mêmes droits qu'ils tenaient de la loi sarde. La banque de Savoie, forte de ces deux stipulations, en déduisit, comme conséquence, le droit d'établir des succursales dans toute la France, avec faculté d'émettre des billets dans la même forme que la Banque de France. Or, la Banque de France avait pour elle des raisons au moins aussi bonnes. Cependant, en prenant à la lettre le texte des actes constitutifs de son monopole, elle ne semblait investie du privilège exclusif d'émettre des billets à vue et au porteur qu'à Paris et dans les cinquante-six villes où, à cette époque, elle possédait des succursales, mais pas au-delà. En dehors de ces circonscriptions, en prenant la loi à la lettre, son privilège n'existait plus[125]. On comprend quels éléments de chicane un intérêt qui, il faut le rappeler, n'avait rien de général, pouvait trouver dans cette situation.

Le Crédit mobilier ne perdit pas l'occasion qui se présentait. Il conclut avec la Banque de Savoie un traité par lequel le capital de cette institution serait porté de 4 à 40 millions, les 36 millions nouveaux étant souscrits par MM. Pereire frères, sauf 4 millions mis à la disposition des anciens actionnaires. Or la Banque de France ne paie pas d'intérêts à ses déposants, elle avait alors pour coupure minimum le billet de 100 fr. ; en plus elle n'admet pas d'effet ayant moins de trois signatures (sauf le cas de remplacement d'une signature par certaines garanties désignées). On comprend la rude concurrence qu'elle pouvait avoir à subir. Elle n'hésita pas. Elle obtint du ministre des finances, M. Fould, une lettre datée du 9 octobre, confirmée par une seconde peu distante de cette première, qui s'opposait, au nom du Gouvernement, aux décisions de l'assemblée générale du 4 octobre, approbative du traité Pereire. Pour éteindre des droits qui ne lui semblaient pas sans quelque danger, elle consentit même à un sacrifice de 4 millions, rachetant à ce prix (Traité du 24 novembre 1864) les prétentions de la Banque de Savoie d'émettre sur un point quelconque de la France, comme en Savoie, des billets de banque payables au porteur et à vue.

Ainsi finit cet incident qui, un instant, mit les esprits en éveil (un peu tard malheureusement) sur l'utilité très relative du privilège exclusif de la Banque de France, tellement en éveil, que, pour satisfaire l'opinion publique, on décréta une enquête sur la circulation monétaire et fiduciaire.

Cette enquête ouverte le 7 février 1865 ne fut fermée que le 30 juillet 1866. Pendant ce temps l'opinion s'était calmée, détournée d'ailleurs de cette importante question par d'autres évènements.

Les volumes dans lesquels sont recueillies les dépositions orales ou écrites à ce sujet n'en sont pas moins un monument dans lequel se rencontrent les opinions consciencieuses, quoique diverses, des notabilités économiques et financières de tous les pays. Ce sera un arsenal dans lequel on trouvera, un peu mêlées, des armes de tout calibre, de toute nature, offensives comme défensives. L'homme d'étude, le banquier, le commerçant, n'en recueilleront pas moins beaucoup de fruits des lectures patientes et répétées qu'ils jugeront devoir faire de telle ou telle partie. Les dépositions, encore une fois, prises en masse, sont honnêtes et désintéressées ; au temps et à l'expérience à mettre en relief celles qui sont éclairées.

Avant de reprendre la suite du mouvement général des transactions, relatons un décret du 13 janvier 1869, dont nous trouvons le texte dans les publications de la Banque de France, après l'avoir cherché en vain dans le Bulletin des Lois et le Journal officiel. « Ce décret, dit le Gouverneur de la Banque de France dans son rapport sur l'exercice 1868, a un double but : celui de recevoir au nombre des titres admissibles à notre bureau d'avances les obligations de la Société algérienne, et celui d'augmenter le nombre et la nature des valeurs admises jusqu'à présent, en remplacement de la troisième signature des effets présentés à l'escompte. Vous savez que ces valeurs étaient limitées aux actions de la Banque de France et aux rentes sur l'État. Le nouveau décret admet, en outre, toutes les valeurs déjà reçues comme garantie de nos avances, c'est-à-dire les actions et obligations des chemins de fer français, les obligations de la ville de Paris et du Crédit foncier, etc., etc. Ce décret est, évidemment, un notable bienfait pour le commerce, qui aura plus de facilité pour l'escompte de ses effets, sans diminuer d'ailleurs les justes garanties de la Banque. » Nous nous associons de grand cœur à cette satisfaction, quoique le mot bienfait nous semble peu en rapport avec cette vérité économique que, dans tout échange, il y a équivalence entre les services troqués par les deux contreparties.

Cela ne nous empêchera pas de féliciter la Banque de donner, depuis 1864, quoique pour Paris seulement, la proportion des effets refusés aux effets présentés. Ce rapport est d'environ 0,96 à 1,29 % de 1864 à 1869 ; en 1870, il est naturellement un peu plus fort, 2 % ; mais, en 1871, il retombe à 1,20, et en 1872 à 0,83[126].

À partir de 1864, également, la Banque de France commença à élever les taux d'intérêt de ses avances au-dessus des taux d'escompte des effets de commerce ; les différences furent de :

Néant antérieurement au 24 mars 1864

1 % du 24 mars 1864 au 5 mai 1864

Néant du 6 mai 1864 au 25 mai 1864

1 % du 26 mai 1864 au 8 sept 1864

Néant du 9 sept 1864 au 2 nov 1864

1 % du 3 nov 1864 au 8 mars 1865

1/2 % du 9 mars 1865 au 31 mai 1865

1 % du 1er juin 1865 au 8 oct 1865

1/2 % du 9 oct 1865 au 1er nov 1871

1 % du 2 nov 1871 à ce jour.

Nous approchons d'un des évènements les plus étranges, d'une des crises les plus imprévues que fournisse l'histoire des banques de circulation ; et bien que Londres en ait été, presque exclusivement, le théâtre, il n'en est pas moins fort instructif de s'y arrêter pour l'étude des rapports forcés des deux marchés que sépare la Manche. Nous voulons parler de la crise si connue en Angleterre sous le nom de the black Friday (le vendredi noir), à la date néfaste du 11 mai 1866.

Elle démontre que, en matière de crédit, les terreurs paniques, même au sein de populations aussi flegmatiques que les énergiques travailleurs de la Grande-Bretagne, sont des faits possibles, tout comme au milieu des foules armées ou pacifiques, et rappelle ce que Dupont de Nemours disait, en 1800, dans cet ouvrage fait sur la demande de la Chambre de commerce de Paris, et mis à l'index avant lecture par le socialiste qui nous gouvernait alors. « Il est nécessaire que chacun sache qu'une banque d'escompte ne saurait être entièrement sûre de ne jamais éprouver un engorgement, etc.[127]. »

Au milieu de l'année 1865, les taux d'escompte des deux banques de France et d'Angleterre étaient modérés (3 %) et la situation des deux établissements satisfaisante. Le passif exigible à vue atteignait à peine le double de l'encaisse à la Banque de France, et la réserve de la Banque d'Angleterre, c'est-à-dire la somme dont elle peut encore disposer pour l'escompte et les avances avant d'atteindre à la limite absolue fixée par l'acte de 1844, touchait 10 millions sterling (250 millions de francs). Rien ne faisait donc, de ce côté, prévoir le bouleversement qui affligerait le marché un an plus tard.

Cependant, à Londres, les conditions de l'escompte se tendirent peu à peu, presque insensiblement. Par des élévations de 1/2 % à chaque fois, on était arrivé à 5 % le 2 octobre, sans entraîner Paris qui était toujours à 3 %. Le 5 octobre on éleva ce taux de 1 % sur les deux places ; puis, le 9 à Paris, le 12 à Londres, encore de 1 %. En novembre, ces deux taux fléchissent parallèlement de 1 % ; mais, à Londres, on revient, le 28 décembre à 7 %. L'écart des deux places se trouvait ainsi à 3 %, différence assez forte comparativement aux temps antérieurs.

Le 4 janvier 1866 les taux, dans ces deux capitales, s'élèvent simultanément de 1 % ; mais, à partir de ce moment, l'écart des deux places se tend d'une manière de plus en plus sensible. Le 22 mars, la Banque de France est revenue à 3 1/2 % ; à Londres, après être retombé le 15 mars à 6 % on monte successivement, par étape de 1 % chaque fois, les 3, 8, 11 et 12 mai. C'est que la réserve (on a vu plus haut ce que les Anglais entendent par ce mot), encore de 9 millions sterling (225 millions de francs) en mars, s'est fondue dès les premiers jours de mai, de façon à mettre la Banque d'Angleterre dans la nécessité de suspendre, pour obéir aux injonctions de l'acte de 1844, toute opération d'escompte ou d'avances, si ce n'est en remplacement d'opérations anciennes de ce genre arrivées à remboursement.

Cette aggravation si rapide des conditions de l'escompte était motivée par des demandes répétées faites par des banques de dépôt en vue de satisfaire à leurs créanciers en comptes courants. Ces derniers étaient même si pressants, si menaçants, que quelques Joint Stock banks, prises au dépourvu, durent suspendre. L'alarme se répandit ; il y eut ce qu'on appelle, au-delà de la Manche, une course sus aux banques (run upon the bank)[128], mais due, en entier, à la peur, non à la malveillance. Bientôt la terreur grandit et fut à son comble quand on apprit que le 10 mai, à deux heures et demie de l'après-midi, la grande banque (un colosse dans son genre), Overend, Gurney et Cie venait de suspendre. Son passif montait à 250 millions de francs.

La stupeur qui suivit cette suspension amena quelques réflexions, au milieu de ce délire sans frein ; on sentit qu'une liquidation gigantesque allait s'opérer si on ne s'arrêtait pas, et cette liquidation empruntait une gravité toute particulière à ce fait, que Londres est la place de liquidation de toute l'Angleterre, ce qui fait du Clearing-House une institution plus nationale que locale.

Cette crise, sur les causes de laquelle nous nous expliquerons tout à l'heure, devait une partie de son développement, si ce n'est le principe de sa création, aux défectuosités de l'organisation de la Banque d'Angleterre.

On le sait, la charte de 1844, pour préserver le billet de banque de toute atteinte, a limité les services que l'on est en droit d'en attendre, surtout aux époques de crise. Chacun sait, à Londres, que, si la situation est sereine, la Banque d'Angleterre sera gracieuse pour qui lui offrira des garanties sérieuses ; mais vienne un grain, et toutes ces garanties, si sérieuses qu'elles soient, ne l'empêcheront pas de limiter de plus en plus ses services, pour ne pas enfreindre les termes de l'acte de 1844. Que résulte-t-il de là ? Chacun prend largement ses précautions, si largement qu'il n'y a plus place pour tout le monde ; on commet des excès de prudence. La peur prend ceux qui avaient droit de compter sur le crédit, et à qui il fait faute, bien qu'offrant des sûretés sérieuses, et la crise, que l'on ne faisait que craindre, que l'on pouvait prévenir peut-être, se déclare. Un peu d'aide aurait probablement détourné ce nuage ; la Banque, bien malgré elle, mais pour obéir à l'acte de 1844, le fait crever, et Forage, grâce à l'organisation tant vantée, établie par Robert Peel en 1844, fond sur le commerce et l'industrie.

Alors la Banque d'Angleterre, sentant sa conscience lui faire quelques reproches, se tourne vers le Gouvernement, et lui demande l'autorisation de suspendre l'exécution rigoureuse des clauses de l'acte de 1844, comme chez nous la Banque de France demande à l'autorité supérieure le droit de suspendre le remboursement de ses billets. Il est trop tard pour refuser. C'est ce qui arriva à Londres, le 11 mai 1866 le vendredi noir. La Banque écrivit au chancelier de l'Échiquier, qui, dans la nuit du 11 au 12, accorda l'autorisation demandée, à la condition de ne pas porter son taux d'escompte au-dessus de 10 %.

Voyons l'effet de cette mesure ; c'est M. Mac Leod qui parle :

« La Banque (cette faculté obtenue) éleva à 10 % le taux de son escompte, et le calme revint ; quelques suspensions se produisirent encore ultérieurement, mais, savoir que la Banque avait le pouvoir de faire des avances sur de bonnes garanties, suffit pour abattre la panique. »

Ainsi donc la crise, née peut-être de l'acte de 1844, accrue tout au moins par l'effet des dispositions de cette loi, est conjurée, ou à peu près ; la suspension de cet acte opère comme un charme, pour nous servir de l'expression du continuateur de Gilbart. Est-ce bien le moment de célébrer avec l'auteur de « La Banque d'Angleterre et les banques d'Écosse, » l'immense service rendu par la Banque ? Eh quoi ! pour apaiser la crise il faut suspendre l'acte qui devait la conjurer, l'étouffer, qui, au contraire, l'a accrue, peut-être enfantée, et l'on dira, avec M. L. Wolowski, dans ce style si attrayant, mais trop brillant puisqu'il l'éblouit lui-même, qu'au milieu du désarroi général, un seul établissement restait inébranlable. Il faudrait alors oublier 1847, 1857 et 1866. Non, ainsi que l'a si bien dit, en 1840, M. Richard Cobden, il est plus facile de contenir la mer et dominer les vents, que d'imposer une réglementation efficace à la circulation des billets de banque.

La panique cessa, avons-nous dit ; la crise elle-même se calma, et le montant des demandes tendit à diminuer. Mais l'attention du monde commercial était réveillée ; la confiance, une fois ébranlée, prit du temps, beaucoup de temps, pour retrouver son équilibre. On semble profiter de l'occasion pour juger toutes les signatures avec une sévérité toute particulière, telle que la majeure partie des anciennes affaires n'eût pu se boucler. La hardiesse intelligente disparut pour quelque temps ; on vécut, commercialement parlant, terre à terre. Aussi, la Banque dut-elle maintenir, pendant quelque temps, son taux d'escompte à 10 %. Le fait est que le 16 août seulement elle le fit revenir à 8 %, le 23 à 7, le 30 à 6, et ainsi de suite, pour se retrouver, le 7 février 1867, au pair avec la Banque de France, soit à 3 %. Oui, au pair, mais après avoir été, remarquons-le, à 6 et même 6 1/2 % d'écart sur sa voisine, et cela pendant plus de trois mois !

Ainsi, le 12 mai 1866, l'escompte est à 10 % à Londres, à 4 à Paris. Différence des deux taux : 6 %. Le 16 juillet, l'escompte qui est toujours à 10 % à Londres, est abaissé de 1/2 % à Paris. Différence 6 1/2 %, et ce n'est que le 16 août que les deux taux se rapprocheront de 2 %.

Il y a là un phénomène économique des plus curieux et des plus inattendus, jusqu'alors tout au moins. On avait bien vu 3 % d'écart entre les taux d'escompte des deux places voisines, en 1847, 1857, 1858, 1861 et 1865, et pour un mois à peine ; mais jamais 6 %, jamais pendant trois longs mois consécutifs. Cela ne s'était, encore une fois, jamais vu, et cela semblait impossible[129].

Pour l'expliquer, il nous faut recourir, avec M. Clément Juglar (Journal des Économistes de mai 1867, 3ᵉ série, tome VI, page 267), à l'examen des changes entre Londres et les diverses places cambistes.

Les exportations d'or, de France en Angleterre, qui auraient dû, semble-t-il, résulter de l'écart des taux d'escompte ne se sont pas produites, par la raison que l'or était aussi recherché à Paris qu'à Londres, fait peu gênant pour nous qui avons l'étalon d'argent. Le papier-court, que l'on peut, sur les deux places cambistes, considérer, à peu de choses près, comme l'expression du prix de l'or, était au même cours, c'est-à-dire très faible, non seulement en Angleterre, mais en France. Le France-court, peu recherché à Londres, attestait que c'était de l'or et non de l'argent dont on avait besoin, et le Londres-court était délaissé à Paris, parce que nous étions assez indifférents, avec l'argent pour étalon, à la crise survenue sur l'or. Il en était de même à Hambourg, de même à Amsterdam, Bruxelles, etc., mais non de même à Calcutta. La moyenne du change sur Londres à Calcutta avait été 23 (23 deniers pour une roupie) de 1841 à 1850 : de 1851 à 1866 elle monta à 25, soit 8 % d'augmentation. On comprend dès lors que les demandes incessantes et croissantes d'or en Asie[130], auxquelles, dans l'ardeur des transactions locales, on n'avait prêté qu'une attention fort distraite jusqu'ici, aient détonné, comme la foudre un jour d'été, sur le marché anglais, sans apporter un trouble correspondant sur les diverses places du continent, toutes à étalon d'argent généralement.

On le voit, la question est plus complexe que ne la présentaient les sommités de la Banque parisienne en 1865, et, à côté des taux d'escompte, il faut tenir compte de la question des étalons et de la cause génératrice de la crise.

Cette digression expliquera, en dehors des vérités qu'elle nous démontre, pourquoi la Banque de France a pu rester à peu près indifférente à ce qui s'est passé à Londres en 1866.

À part, d'ailleurs, l'émotion légère que lui causa cette crise intense et originale, dans son genre, le peu de variations, en France, du taux d'escompte, qui, descendu à 2 1/2 % le 31 mai 1867, est resté à ce taux jusqu'en juillet 1870, traduit assez bien l'atonie déplorable dans laquelle le commerce végéta pendant les trois dernières années du second empire. Les causes sont principalement politiques : l'insécurité de l'avenir, si ce n'est du présent, à l'intérieur et à l'extérieur, fruits d'un règne qui voulut s'amender, mais ne le put, le principe même de son institution s'y opposant.

Quand on voyage dans certaines contrées, à des parties habitées, cultivées, parsemées de villes florissantes ou de villages prospères, succèdent parfois des landes, des sables, des déserts plus ou moins étendus ; après un paysage souriant, un horizon morne et inquiétant. Telles nous apparaissent, pour le sujet qui nous occupe, les années 1866 à 1868, relativement à la prospérité qui a suivi les belles réformes économiques de 1860. Affaiblissement du portefeuille (de 742 millions en 1866 il tomba à 410 en 1868) ; malgré l'avilissement du taux de l'escompte (c'est la première fois en France qu'on le voit si bas), accroissement des dépôts (524 millions en 1868) et augmentation simultanée (10 septembre 1868) de la circulation (1 222 millions) et de l'encaisse métallique (1 302 millions). Les causes de cette langueur, redisons-le, furent plus politiques que financières : l'affaire du Grand-duché de Luxembourg, à l'extérieur, un sentiment de défiance, souvent inconscient, à l'intérieur. La bonne solution de la première, l'espoir d'une amélioration dans le sens libéral pour le second, redonnent un certain ton aux affaires, et l'année 1869, ainsi que le premier semestre de 1870, font augurer une reprise, quand éclate, comme un coup de foudre, la guerre à tout jamais néfaste de 1870-71, accompagnée et suivie de toutes ses douloureuses conséquences.

Le lecteur aura dû voir, depuis quelque temps, à la concision de notre narration, au raccourci de nos exposés, que nous avons hâte de déposer la plume. Ce n'est pas fatigue de notre part, loin de là ; un tel sujet est, en lui-même, trop attrayant pour nous, pour ne pas redoubler nos forces ; nous avons même dû nous faire violence pour être bref. Mais, plus nous approchons de l'époque actuelle, plus nous sentons que nous risquons de perdre la froide impartialité qui est le devoir principal de l'historien, et qui, seule, peut nous faire pardonner les imperfections de la forme.

Arrivés au terme de notre route[131], jetons un coup d'œil d'ensemble sur les étapes successives qu'a parcourues notre établissement national de crédit pour arriver à ce degré de puissance dont on ne peut, après tout, méconnaître la grandeur, si l'on doit déplorer les principes au nom desquels elle s'est établie.

La catastrophe des assignats et celle des mandats territoriaux avaient plongé le monde commercial, et même l'industrie grande ou moyenne, dans un chaos dont on ne se fait pas une idée bien nette, quand, étant de bonne foi, on rend froidement la liberté responsable des désordres de cette époque trop peu étudiée[132]. En tout cas, on comprend que tant que l'on put être inquiété pour avoir négocié de l'or à prime, il ne pouvait s'élever d'institution de crédit et de circulation.

Cependant, un an s'était à peine écoulé depuis que la loi du 25 avril 1795 avait rétabli la circulation du numéraire, qu'une banque de circulation (la Caisse des comptes courants) s'était créée par l'initiative des anciens administrateurs de la Caisse d'escompte de 1776, supprimée en août 1793.

La Caisse des comptes courants est, à vrai dire, la première forme de la Banque de France, forme libérale qui ne cessera qu'en 1803. On sait que la Caisse d'escompte ne jouissait d'aucun monopole, n'était investie d'aucun privilège. Il ne s'éleva vis-à-vis d'elle aucune concurrence, parce que d'abord elle suffisait aux affaires de l'époque, parce qu'ensuite elle eut la sagesse de chercher ses bénéfices dans la satisfaction des besoins du public et non dans une mesquine et rapace exploitation du commerce[133]. Ses administrateurs, formés à bonne école, comme on voit, apportèrent à la nouvelle banque leurs connaissances techniques, leur méthode, et surtout leur sympathie pour la liberté commerciale, et la concurrence que leur firent la Caisse d'escompte du commerce, le Comptoir commercial, la Factorerie, etc., ne les émut que médiocrement.

Sa conversion en Banque de France, en 1800, avec le concours du gouvernement, fut une faute dont elle ne comprit pas d'abord toute la portée, les caisses concurrentes continuant d'exister. « Si l'on créait une cordonnerie nationale, a dit quelque part M. de Cormenin, il n'y aurait plus de liberté de la cordonnerie. » Si l'État aide qui que ce soit de ses deniers ou plutôt de ceux des contribuables, les conditions loyales de liberté sont faussées. Faute d'avoir reconnu de suite le piège tendu, la Banque de France en arriva, en 1803, à étouffer la concurrence, qu'elle ne voulait plus subir. D'ailleurs, la Banque de France, dès cette époque, c'était l'État, et une banque d'État ne peut admettre qu'il existe dans la circulation d'autre papier que le sien.

On se rappelle ce que ce régime amena : la crise de 1806. Malheureusement, la leçon ne profita pas. Loin de là, on en conclut, c'est la pente, qu'il y avait encore trop de liberté. On serra davantage les freins. M. Lecouteulx-Canteleu, l'ancien président de la Caisse d'escompte, le fondateur principal de la Caisse des comptes courants, se retira désespéré. Désormais il n'y avait plus d'actionnaires[134] : il n'y avait que des intéressés ne pouvant plus rien sur l'administration de la Banque, et devant approuver tout par ordre supérieur.

Ainsi donc, en dix ans, la transformation avait eu lieu, et la révolution était accomplie. En 1796, banque libre et particulière ; en 1800, concours de l'État, premier échec à la liberté ; en 1803, monopole, second échec plus accentué ; en 1806, enfin, administration par l'État, confiscation complète de toute liberté en matière d'institution de crédit et de circulation.

En 1814, le régime impérial s'affaisse une première fois sous le poids de ses fautes, et la Banque, jusqu'alors comprimée violemment, s'efforce de se soustraire à une tutelle aussi autoritaire. Elle ne demande pas la liberté de 1796, pas même celle de 1800 ; le régime de 1803 lui suffit. Elle accepte la surveillance de l'État, mais elle veut s'administrer elle-même. Elle tolère, comme le faisaient les statuts de germinal an XI, d'autres banques de circulation, pourvu qu'elles n'opèrent pas dans la Capitale. Elle veut être à Paris banque unique, mais commerciale, et non d'État. La Restauration fut un gouvernement parlementaire, c'est possible, mais non libéral, surtout économiquement parlant. Elle détendit les ressorts, mais ne rendit pas la liberté à la Banque, qui continua de vivre sous l'administration de l'État, commanditée et surveillée par des actionnaires. Seulement, la création de banques départementales, de théorique qu'elle était sous l'empire, entra dans le domaine des faits, et, chose à noter, la Banque, qui liquidait, de son propre mouvement, ses trois comptoirs de Rouen, Lyon et Lille, vit avec plaisir ces nouvelles institutions qui, n'étant que locales, ne l'effrayaient pas, elle qui ne pensait qu'à être Banque de Paris ; nous avons même vu qu'elle chercha à en faire naître, offrant de les commanditer.

Cependant, elle reprend, en 1836, le système des comptoirs d'escompte qui ne lui avait pas réussi sous l'Empire et qu'elle avait abandonné après quelques années de succès médiocre ; mais ces comptoirs, elle ne les établit encore que dans des villes d'importance fort secondaire, les villes principales possédant des banques locales.

Ce retour vers d'anciens errements indique une modification dans la politique financière de la Banque. Les banques départementales, après des débuts difficiles, commencent à donner des résultats ; les populations les voient d'un bon œil ; leur capital, faible à l'origine, s'augmente peu à peu ; tout atteste qu'elles s'implantent dans le sol et travaillent pour l'avenir non moins que pour le présent. Cela donne à réfléchir à la Banque, dont l'activité commence à se trouver à l'étroit dans Paris. Néanmoins, elle ne dévoile pas trop tôt l'ambition qui la dévore, et quand il s'agit, en 1840, de renouveler son privilège, elle se contente de faire en sorte que les demandes des banques départementales soient repoussées ; elle se défend, elle n'attaque pas encore.

L'ordonnance royale de 1841 lui donne sur ses comptoirs une autorité moins contestée ; aussi, les multiplie-t-elle, espérant s'en faire des armes lorsque le moment de la lutte contre les banques départementales sera arrivé ; car elle veut lutter et conquérir ; elle pourrait étendre ses affaires et satisfaire sa soif d'activité par de larges traités soulageant sa responsabilité en même temps que respectant la liberté ; elle préfère viser au monopole ; par ses relations, elle empêche, à partir de 1838, l'établissement de toute nouvelle banque départementale, ayant eu soin de faire inscrire dans l'acte de renouvellement de son privilège la clause qu'une loi serait désormais nécessaire pour autoriser pareille création. Elle connaît la faiblesse de l'esprit provincial ; elle sait qu'une loi préparée, présentée, discutée, amendée, votée par deux chambres successives, enfin promulguée, effrayera plus les notabilités commerciales des localités départementales qu'une simple et rapide ordonnance royale.

Pendant que ses adversaires ne gagnent plus de terrain, elle s'étend par ses comptoirs ; elle en avait quatre en 1838 contre neuf banques départementales ; elle en a quinze en 1848, toujours contre neuf banques départementales. Elle ne se dissimule cependant pas la faiblesse de ces agences[135] et ne semble pas avoir eu l'intention de les comparer à ses rivales ; d'ailleurs, si tout nous atteste les prétentions unitaires de la Banque de France, rien ne nous prouve qu'elle avait une idée arrêtée sur la manière d'arriver à ses fins. Elle guettait l'occasion et ne se croyait pas si près du but au commencement de février 1848.

Le renversement de ses protecteurs, la branche cadette, lui profita néanmoins. Le gouvernement de juillet ne pouvait plus rien pour elle ; les banques de province prospéraient, rendaient des services ; comment, sans soulever un tollé général, une protestation des intéressés, banques et clients, comment arriver à une absorption brutale ? Quant à une fusion volontaire, il n'y fallait pas songer, l'esprit de liberté locale s'y opposant par principe. On le voit, la crise de 1848, si fatale à la prospérité de la France, mit la Banque au comble de ses vœux. Elle était enfin véritablement BANQUE DE FRANCE[136]. Une nouvelle ère commençait pour elle. Les cris des patients se perdirent dans le bruit général, et l'annexion, bien qu'il fallût s'y reprendre à deux fois, fut enfin consommée bon gré mal gré.

Que va faire la Banque, une fois revenue à une situation normale, une fois le calme retrouvé, une fois, enfin, que les évènements ne lui imposent plus d'obligations en dehors de l'ordre naturel des choses, question de privilège à part ? Son devoir, l'unité admise ou plutôt consommée, est bien tracé : donner le pas, en tout, à l'intérêt général sur l'intérêt particulier.

Avant d'aller plus loin, envisageons deux natures d'arguments que les partisans du monopole ne manquent pas de mettre en avant.

Soyons justes d'abord. Au point de vue que nous pourrions appeler mécanique, la Banque de France a réalisé des progrès importants. Son ordre est admirable, sa ponctualité d'une fidélité sans exemple ; ses services sont contrôlés aussi sévèrement que ceux de l'administration des finances de l'État : c'est tout dire. Elle peut, en plus, les étendre selon les besoins du public. Nos revers, en 1870-71, ont pu faire apprécier l'importance des services qu'elle est à même de rendre à l'État et aux particuliers comme administration financière. Négligeant les détails, ne prenant que l'ensemble, la Banque de France est réellement au-dessus des éloges que nous pouvons, que nous devons lui accorder. Mais, sous ce point de vue, il y a eu, dans d'autres temps ou dans d'autres pays, des exemples d'un ordre aussi admirable au sein d'une activité, pour le moins aussi ardente. Les adversaires comme les admirateurs du Système ont reconnu que la Banque royale était administrée avec un ordre parfait, et cependant, tout le monde, excepté Law, avait la fièvre à cette époque. La Caisse d'épargne de Paris, par le nombre et la ténuité de ses comptes, est, pour son ordre et sa rapidité d'exécution, un modèle que l'on ne saurait trop admirer. Le Clearing-House de Londres et la Banque d'Angleterre, l'administration des finances fédérales des États-Unis du nord sont aussi des modèles dans le même genre et d'une importance bien autrement considérable. Depuis un certain nombre d'années, enfin, grâce à la forme par actions, les grandes compagnies (chemins de fer, banques, etc.) se sont multipliées et offrent l'exemple d'application de procédés aussi perfectionnés et conduisant à des résultats presque aussi remarquables. L'ordre magnifique, imposant même de la Banque de France, soit à son siège, soit dans ses succursales, n'est donc point un argument de fait qui puisse infirmer ou appuyer le monopole.

Il en est de même des services rendus par cet admirable outil ; jusqu'à quel point la reconnaissance du public français doit-elle engager la question de monopole ? Oui certes il y a eu, dans les personnalités qui étaient à la tête de cette institution, du dévouement à la chose publique pendant les évènements néfastes de 1870-71. Mais elles ne sont pas les seules et, devant l'immensité du malheur, la généralité du désastre, il faut songer à ne recueillir de ces actes que la récompense intérieure d'avoir fait son devoir.

Ceci accordé, que reste-t-il ? Des services financiers sérieux, des risques considérables, mais aussi des bénéfices inattendus. N'y a-t-il pas compensation, et la reconnaissance doit-elle arrêter notre plume inhabile, mais convaincue ? Nous ne le croyons pas, et notre critique sera d'autant plus l'expression sincère de notre pensée qu'elle est essentiellement impersonnelle, qu'elle n'a en vue aucune individualité.

Eh bien ! depuis 1848, depuis que la Banque de France n'a plus de rivale à redouter (l'incident de la Banque de Savoie fut trop éphémère pour en parler), a-t-elle, encore une fois, fait prédominer l'intérêt général sur l'intérêt particulier ?

Nous ne voulons pas faire revenir le lecteur sur l'histoire détaillée de cette grande maison de commerce ; aussi nous ne parlerons que de deux ordres de faits : les coupures de billets de banque et les succursales.

Le public, une fois qu'il a confiance en une institution d'émission, aspire aux petites coupures qui lui évitent bien des embarras. Les lui refuser, lorsqu'on est en possession d'un privilège, c'est le faire souffrir souvent cruellement ; que de transactions manquées, parfois, par suite de l'obligation de transporter avec soi un numéraire plus ou moins lourd. Eh bien ! la Banque de France a constamment combattu cette légitime réclamation du commerce de détail. Si on n'avait suivi que ses aspirations, on en serait peut-être encore au billet de cinq cents francs, comme avant 1847, comme en 1800.

Les évènements brutaux ne lui ont pas permis de se soustraire à l'émission des coupures de 200 francs et de 100 francs que la loi du 10 juin 1847 et le décret du 15 mars 1848 l'autorisaient à créer.

Une fois l'impulsion donnée, nous reconnaissons que la Banque en a pris son parti, et elle semble avoir laissé ces deux coupures se développer librement selon le gré du public. Mais il n'en est pas de même des coupures inférieures. Ainsi la loi de renouvellement de son privilège stipulait (art. 9) que la Banque de France aurait la faculté d'abaisser à 50 francs la moindre coupure de ses billets. Cette invitation du pouvoir législatif, malgré ses formes adoucies, était significative. Accepter certains articles de cette loi, évidemment avantageuse, pour en repousser d'autres que l'on jugeait onéreux ne semblait pas très loyal. C'est cependant ce que fit la Banque de

France, et ce ne fut qu'en 1864, sous le gouvernement de M. Ad. Vuitry, qu'apparurent les premières coupures de 50 francs. La Banque en fut même assez avare jusqu'en 1871. À ce moment la force des choses, comme en 1848, lui imposa les coupures de 20, 10 et 5 francs. Elle les émit bien (sauf celle de 10 francs), mais à regret, et actuellement elle les retire, dût-elle nuire aux transactions publiques ou particulières. Ici, il faut le dire, ce sont ses idées[137] qu'elle ne veut pas immoler aux intérêts du public, abandonner sur les ordres du législateur ; mais, pour les créations de succursales, ce sont ses intérêts qu'elle ménage ou croit ménager.

En effet, son argument est qu'elle perd avec de nouvelles succursales et qu'elle doit à ses actionnaires (pauvres gens ! bien à plaindre en effet) de ne pas s'imposer, à la légère, de pareils sacrifices. Elle oublie de dire que son privilège lui crée des devoirs et qu'elle trouve, d'autre côté, de bien larges compensations des sacrifices qu'elle s'imposerait ainsi, au grand avantage du public.

Avant 1848, nous l'avons vue plus brave et nous avons dit pourquoi. De 1848 à 1857, époque de renouvellement de son privilège, l'ouverture de deux succursales par an, en moyenne, est autorisée. Nous ne disons pas que ces succursales sont ouvertes, il faut un certain temps entre l'institution et la mise en activité ; mais à cette époque la Banque prenait rarement plus d'un an pour installer une succursale.

La loi de 1857, stipulant (art. 10) que « dix ans après sa promulgation le gouvernement pourra exiger de la Banque de France qu'elle établisse une succursale dans les départements où il n'en existerait pas, » donna un petit coup de fouet à l'organisation de ces agences, et en 1857, 1858 et 1860 (1859 n'en vit pas éclore une seule), quatre succursales furent instituées par chaque année. Malheureusement la mise en activité commença à se faire attendre ; ainsi Agen dut patienter deux ans et trois mois et Chalon-sur-Saône trois ans et deux mois après l'institution de leur établissement de crédit, pour le voir enfin fonctionner. Ce n'est encore rien. En cinq ans (1859 et 1861 à 1864) il n'y eut qu'une succursale d'instituée, et encore fallut-il quatre ans et huit mois avant qu'elle fonctionnât ; la rivalité de la Banque de Savoie sembla réveiller la Banque de France (la concurrence est toujours bonne à quelque chose), et en quatre ans (de 1865 à 1868), 17 succursales furent instituées, mais les quatre années suivantes (1869 à 1872) furent des années de repos, et 5 succursales seulement vinrent s'ajouter à celles existant antérieurement. Il a fallu la loi du 25 janvier 1873 (sera-t-elle religieusement suivie !)[138] pour réveiller de nouveau la Banque assoupie, et non seulement il a été nécessaire que cette loi déterminât que tous les décrets d'institution, pour obéir à l'art. 10 de la loi du 9 juin 1872, fussent rendus avant le 1er juillet 1874, mais encore que sur les 25 succursales à fonder au moment de la loi de 1873, 11 fussent mises en activité avant le 1er janvier 1875, 7 avant le 1er janvier 1876 et 7 un peu plus tard. En effet, nous avons vu la Banque, même après l'institution, éluder l'esprit de la loi en retardant la mise en activité d'une manière qui autoriserait une appréciation sévère. Les retards dilatoires que nous avons cités ne sont plus des maxima ; les succursales de Lorient, Périgueux, Saint-Brieuc, Montauban, Rodez et surtout Valence, ont mis de cinq à sept ans à se fonder ; celles de Perpignan et Moulins, instituées en 1867 et 1868, sont encore à ouvrir, et c'est sous les plus misérables prétextes que la Banque en agit, vis-à-vis du public de province, avec ce sans-façon révoltant.

Concluons :

Les monopoles nuisent plus par le bien qu'ils empêchent que par le mal qu'ils font ; aussi est-il généralement nécessaire, pour mieux faire apprécier tous les bénéfices à venir de leur abolition, de recourir aux principes absolus, à la théorie pure, tandis que leurs partisans intéressés ou aveugles abordent volontiers le côté des chiffres, le terrain des affaires ; ils se proclament ou, tout au moins, se croient des gens pratiques ; ils ne sont que des esprits étroits.

Ils affirment que le monopole est l'ordre, appelant volontiers désordre la compétition des intérêts en présence, s'entendant sur la ligne de démarcation logiquement tracée par la nature des choses, en vertu des lois économiques.

Ils prétendent que le privilège est moral, prenant l'hésitation et la lenteur propres à la réglementation pour des gages de moralité. On sait trop qu'il est de convention, en certains lieux, que toute affaire promptement traitée est mal faite et immorale ; agir avec rapidité n'est, tout au moins, pas sérieux ; témoins les chemins de fer, l'électricité, etc.

« Supprimez le monopole, ajoutent-ils avec le sang-froid imperturbable de l'ignorance donnant la main à la prétention, et tout est perdu : ordre, moralité, progrès de la prospérité publique, etc., etc. Par son établissement, au contraire, le monopole, par une sage réglementation, établit une loi là où, jadis, il n'en existait pas, et tout service méritant un salaire, il en résulte un bénéfice que l'on a tort de lui reprocher. »

Du bien empêché, pas un mot, et toujours cette erreur fondamentale que le désordre est dans la nature et que sans la force, quelle qu'en soit la forme, il n'y aurait que de l'anarchie ici-bas, la Providence ayant oublié, paraît-il, de réglementer l'activité morale, comme elle l'a su faire dans le monde physique.

Lisez les rapports que la Banque de France présente chaque année à ses actionnaires, mais qui sont écrits, non pas tant pour eux que pour le public en général, et vous y trouverez à chaque ligne des affirmations de la même nature que celles plus haut ; la forme change ; l'énonciation n'en est pas parfois directement formulée ; mais, sous-entendu ou non, le fond y est. Une certaine bonhomie, un air paterne, recouvrent ces sophismes d'un léger vernis d'intérêt public[139] ; la masse s'y laisse prendre ; elle croit volontiers aux affirmations de désintéressement. Mais est-il, ô gens pratiques ! dans l'habitude que l'intérêt de chacun se contrôle lui-même, ou qu'il soit contrôlé par l'intérêt opposé. En matière de bénéfice, est-on tenu de s'en rapporter à celui qui le recueille pour son compte, ou a-t-on des raisons valables pour examiner sa source et apprécier son droit ? On connaît l'axiome de jurisprudence : Nul ne peut être juge et partie dans sa propre cause !

1 La Caisse des comptes courants étant sous la forme de société en commandite, déjà admise et usitée avant le Code de commerce de 1807, la responsabilité des actionnaires ne participant pas à la gérance n'existait pas de droit. Cela explique la portée de l'acte raconté plus haut.

2 Dictionnaire de commerce, édition de 1805.

3 Quelques-uns de ces détails nous ont été fournis par l'ouvrage suivant, de M. Paul Coq : Le sol et la haute banque, ou les intérêts de la classe moyenne, Paris, 1850, où la cause de la liberté des banques est défendue avec la verve et la logique habituelles à cet économiste distingué.

4 Le Premier Consul fut un actionnaire actif de cette nouvelle compagnie, qu'il appelait complaisamment « ma banque », en causant avec Mollien.

5 Le placement des actions ne s'opéra que lentement. Ainsi le premier semestre, 7 590 actions seulement, dont même 5 000 appartenant à la Caisse d'amortissement, furent parties prenantes au dividende ; ce n'est qu'en l'an X (1801-2) que le total des 30 000 actions fut placé.

6 M. Courcelle-Seneuil affirme, dans son Traité des opérations de banque (4e édit., p. 220), que la Banque de France payait un intérêt à ses déposants : 5 % jusqu'en l'an XII ; 4 % de cette époque à 1806. Il s'agit probablement de dépôts faits à la Caisse de placements et d'épargnes, car nous ne trouvons aucune trace dans ses comptes-rendus officiels d'intérêts payés à ses comptes courants commerciaux ou industriels, à ce que l'on appelle simplement actuellement comptes courants.
Ces dépôts semblent d'ailleurs avoir été bien peu importants, puisqu'on supprima, en 1808, l'institution qui les autorisait.

7 Cinq millions, comme on a vu dans une note précédente.

8 Rapport de Perrégaux, président de la Banque de France, à l'Assemblée générale du 25 vendémiaire an IX (17 octobre 1800).

9 En l'an X (1801-2) le Gouvernement avait vendu la majeure partie de ses actions ; il n'en possédait plus que 500, et cependant la limite du découvert de la Banque envers l'État pouvait toujours aller jusqu'à cinq millions.

10 Cette modification fut la seule que les administrateurs de cet établissement n'acceptèrent qu'à regret.

11 « Vous avez un capital versé de 30 millions, disait-elle à la Banque, et une circulation de 30 millions également ; et nous, contre 6 millions de versés, nous avons émis pour 20 millions de billets. L'unité des banques n'est donc pas si désirable pour le public que vous le prétendez. » Voir les Observations des actionnaires de la Caisse d'escompte du commerce, en date du 24 floréal an X (14 mai 1802). Mais le Premier Consul le voulait, il fallut céder, et plus à la force qu'au droit, reconnaissons-le.

12 Au pair réciproque des versements effectués (traité du 7 fructidor an XI, 25 août 1803). La Caisse d'escompte du commerce clôtura ses opérations à la fin de l'an XI (23 septembre 1803).

13M. Gautier, déjà cité, affirme que la majeure partie du portefeuille était, à cette époque, composée d'effets provenant directement ou indirectement du Gouvernement. « En décembre 1805, dit-il, sur 97 millions de valeurs escomptées que renfermait le portefeuille, il y en avait pour 80 composés d'obligations des receveurs généraux prises à 6 %, et que personne, si la Banque eût cherché à les réescompter, n'eût voulu accepter, même à 12 %. » Ces obligations ne furent pas payées à leur échéance, on les renouvela ; et c'est là ce qui amena le premier resserrement, dont nous parlerons quelques lignes plus loin.
14Nous ne parlerons ici que des rapports directs de la Compagnie des négociants réunis avec la Banque de France, reportant à l'Histoire du budget et du crédit public en France, le récit plus détaillé de cet incident qui faillit avoir des suites si graves.
15L'Empereur était déjà parti pour la campagne d'Allemagne.
16Mollien, Mémoires d'un ministre du Trésor, t. I, p. 413. On pourrait être tenté de penser que la Banque aurait pu recourir aux petites coupures. L'Angleterre et l'Irlande, depuis 1797, l'Écosse, cent ans plus tôt, voyaient circuler des billets de 1 livre sterling. Mais, outre la difficulté résultant du temps nécessaire pour fabriquer ces coupures avec le soin voulu, il ne faut pas omettre que l'on était trop près des assignats pour demander au public ex abrupto, et en pleine crise, ce vote de confiance.
17Voir pour le prix des actions de la Banque de France, année par année, nos Tableaux des cours des principales valeurs, de 1797 à 1873. 2e édition, 1873.
18Le premier rapport de Crétet contient la phrase suivante : « Les effets que cet évènement (la limitation du remboursement des billets) a produits sur le crédit public et sur celui du commerce, sont devenus un avertissement salutaire. On a cru que désormais la Banque devait être préservée des retours de toute erreur qui pourrait compromettre son crédit, et qu'il fallait le mettre sous le régime positif de la loi, et sous la garde d'une administration comptable envers l'autorité publique de l'exécution de cette même loi. » Rapport lu à l'Assemblée du 13 mai 1806. Rappelons que Crétet eut le malheur de prendre part, sous le Directoire, à la réduction des rentes au tiers (8 nivôse, an VII, 28 décembre 1797). C'était une triste recommandation pour arriver au gouvernement de la Banque. Elle n'effraya pas Napoléon.
19Donnons de suite, pour n'y plus revenir, la liste des gouverneurs et sous-gouverneurs de la Banque de France, rappelant d'abord que de 1800 à 1806 la Banque de France eut pour présidents J.F. Perrégaux et J.B. Lecouteulx-Canteleu (de l'ancienne Caisse d'escompte créée en 1776).

	Gouverneurs.	Sous-gouverneurs.
25 avril 1806......	Crétet.	
28 avril —	—	Baron Thibon.
4 mai —	—	Baron Rodier.
9 août 1807.......	Comte Jaubert.	
6 avril 1814.......	Jacques Laffitte.	
6 avril 1820.......	Duc de Gaëte (Gaudin).	
15 décembre 1832..	—	Charles Vernes.
3 décembre 1833...	—	J. E. Gautier.
4 avril 1834.......	Comte d'Argout.	
25 février 1836....	Baron Davillier.	
5 septembre 1836..	Comte d'Argout	
10 juin 1857.......	Comte de Germiny.	
1er août —	—	Andouillé.
3 février 1858.....	—	Antonelli.
23 juillet 1859.....	—	Ch. P. Doyen.
15 mai 1863.......	Adolphe Vuitry.	
28 septembre 1864..	Gustave Rouland.	
30 avril 1866......	—	Cuvier.
19 octobre 1867....	—	Marquis de Plœuc.
4 janvier 1871.....	—	O'Quin (s'est retiré).

[20] La loi qui établit ces statuts donna lieu, en Conseil d'État, à une discussion à laquelle Napoléon lui-même prit une part très active. On a vu les causes qui amenèrent la crise d'octobre 1805 à janvier 1806. Voici comment l'Empereur les explique à la séance du 26 mars : « Je suis convaincu que ce sont les banquiers eux-mêmes qui ont causé la crise de la Banque ; les uns ne cherchent qu'à s'enrichir aux dépens du Gouvernement, les autres sont entraînés par de faux systèmes, témoin l'écrit de M. Dupont de Nemours ; je ne me suis pas donné la peine de lire son opuscule, tant je suis persuadé qu'on ne doit pas faire la moindre attention à ces faux systèmes. » À la séance du 2 avril, reprenant le même sujet : « Il n'y a pas en ce moment de banque en France, il n'y en aura pas de quelques années, parce que la France manque d'hommes sachant ce que c'est qu'une banque. C'est une race d'hommes à créer. » Oui, c'était une race d'hommes à créer ; en majeure partie elle l'est même encore. Mais ce n'est pas à l'école du premier empire qu'elle pouvait se former. Napoléon Ier lui-même, qui réfutait les ouvrages adverses sans les lire, appartenait à la race d'hommes à créer, c'est-à-dire étudiant préliminairement les sujets avant de les traiter avec la faconde imperturbable dont nous venons de produire un échantillon

(Voir dans l'excellent Traité des opérations de banque de M. Courcelle-Seneuil la reproduction en entier des deux discours que nous venons de citer, extraits des Opinions sur divers sujets de politique et d'administration, recueillis par le baron Pelet de la Lozère, ancien conseiller d'État sous le premier empire).

[21] Gautier, Des banques, etc.

[22] Il fallait un commerçant, on prit un conseiller d'État.

[23] À ce pathos administratif opposons quelques pensées extraites de cet opuscule de Dupont de Nemours, que Napoléon condamnait sans lire, et qui avait été néanmoins fait et publié sur les ordres de la Chambre de commerce de Paris d'alors : « Il est très nécessaire que chacun sache qu'aucune banque d'escompte ne saurait être entièrement sûre de ne jamais éprouver un engorgement, de n'être jamais réduite à tirer ses paiements en longueur pendant quelques jours. – L'émission des billets de banque a une borne naturelle, celle de la somme que la circulation peut admettre. Les gouvernements ne peuvent pas emprunter avec avantage à un banquier ; et cependant les banques sont naturellement d'une grande utilité au crédit des gouvernements, en facilitant les emprunts quand elles n'y prennent aucune part, et en rendant leurs conditions moins onéreuses. »

Tout cela est, nous en convenons, d'une éloquence moins théâtrale, si ce n'est moins académique, que les discours du Premier Consul, devenu plus tard Empereur, on sait comment. Mais c'est plus pratique, plus conforme aux faits usuels, et, en fait de crédit particulièrement, cela vaut beaucoup mieux.

[24] Toujours un conseiller d'État, étranger aux affaires commerciales.

[25] La durée maximum des effets admis a été plus d'une fois abaissée au-dessous de cette limite ; voici le tableau des variations qu'elle a subies depuis l'origine de la Banque de France :

20 ventôse an VIII (11 mars 1800).............	60 jours.
5 vendémiaire an XI (27 septembre 1802)......	75 —
7 novembre 1806.............................	60 —
14 Décembre 1806...........................	90 —
29 avril 1813................................	60 —
2 décembre 1813............................	75 —
6 janvier 1814..............................	90 —
7 novembre 1816............................	75 —
16 janvier 1817.............................	90 —
15 octobre 1818.............................	60 —
29 octobre 1818.............................	45 —
12 novembre 1818...........................	60 —
19 novembre 1818...........................	70 —
3 décembre 1818............................	75 —
17 décembre 1818...........................	90 —
4 octobre 1855.............................	75 —
14 février 1856.............................	90 —
13 octobre 1856.............................	60 —
25 décembre 1856...........................	75 —
27 février 1857.............................	90 —

Depuis cette dernière date, ce moyen de défense n'a pas été employé.

[26]La rétribution imposée aux déposants était de 1/8 % pour six mois de garde ou moins, 1/4 % pour plus de six mois ; jusqu'en 1853, les métaux seuls furent reçus en dépôt.

[27]On ne parle plus, dans ces statuts, du projet de Caisse de placements et d'épargnes dont il est question en l'an VIII et qui, appliqué avec un peu plus de persévérance, eût donné vingt-deux années de plus, en France, à la pratique des caisses d'épargne, ces banques de salut, savings banks, comme les appellent les Anglais.

[28]Avant 1808 il se composait des régents et des censeurs seulement.

[29]Les restrictions indiquées en caractères italiques ont été supprimées par l'ordonnance royale du 25 mars 1841 qui a réglementé à nouveau le régime des comptoirs d'escompte (actuellement succursales) de la Banque de France.

[30]Il ne sera pas hors de propos de donner au sujet de cette organisation spéciale à la place de Lyon des détails empruntés à un mémoire du Conseil de commerce de cette place, daté du 24 ventôse an X (15 mars 1802).

« Les Quatre-paiements de cette place, appelés paiements des Rois, de Pâques, d'Août et des Saints, se trouvaient placés à égales distances dans chacune des quatre saisons de l'année. L'ouverture s'en faisait publiquement dans la Loge des Changes, le premier jour des mois de mars, juin, septembre et décembre, par le prévôt des marchands, assisté du greffier du tribunal de commerce, qui en dressait procès-verbal en présence de quatre syndics du commerce et des négociants qui voulaient y assister.

Entre le 1er et le 7 des mois ci-dessus cités, on présentait les lettres de change pour en exiger l'acceptation. En cas de refus, le porteur était en droit de faire faire, le 7, un protêt à défaut d'acceptation et de se pourvoir en garantie contre le tireur et les endosseurs.

Le 16 et jours suivants, jusqu'au 30 inclusivement, les négociants se rendaient avec leurs commis dans la Loge des changes et là, pendant deux heures, communiquant avec leurs créanciers et leurs débiteurs, ils procédaient, tout à la fois, au paiement et à la recette par forme de virements ou de compensation et par un transport effectué de son débiteur à son créancier.

Le 30 du mois était encore un terme fatal pour le protêt des lettres de change non acceptées, ou qui étaient survenues depuis le 7.

Les trois premiers jours non fériés du mois suivant étaient consacrés à solder en espèces ce qui n'avait pu être payé en virement, et le dernier de ces trois jours on faisait protester les lettres de change acceptées qui n'avaient pas été payées.

Ces règles et ces formes sont établies par un règlement de la place de Lyon revêtu des anciennes formes légales.

Un débiteur qui ne payait pas au terme fatal de ce troisième jour était, par le fait, réputé failli. Celui qui ne paraissait pas dans la Loge des changes dès les premiers jours consacrés aux virements, contractait une mauvaise note, indice presque certain de l'état douteux de sa fortune et avant-coureur de sa déroute. À cette sévérité de principes se joignait l'obligation, salutaire pour chaque négociant, de se rendre compte lui-même, quatre fois au moins par an, de ses entreprises et de ses moyens, de son actif et de son passif. La Loge des changes [Elle était établie dans un élégant édifice construit par Soufflot et actuellement affecté au culte protestant.] était en quelque sorte un théâtre public sur lequel chaque négociant venait, librement et de son plein gré, se faire juger par ses pairs et mériter, riche ou non, leur confiance et leur estime par la manière avec laquelle il satisfaisait à ses engagements. »

À l'époque de la Révolution, le dernier paiement de cette nature fut celui de Pâques 1793. Les évènements suspendirent alors cette forme de liquidation ; nous ignorons si les Quatre-paiements avaient repris quand la Banque de France établit un comptoir dans cette ville ; ce qu'il y a de certain, le rapport dont nous venons de donner un extrait l'atteste, en mars 1802 ils n'avaient pas encore été rétablis.

Ajoutons que Boisguillebert (vers 1700) évaluait à 80 millions par an les échanges faits à ces foires (voir Économistes financiers du XVIIIe siècle, dans la collection des principaux économistes de Guillaumin, 1843, p. 398). L'écossais Gilbart, celui qui a créé en Angleterre la première banque de dépôts avec chèques, en fondant, en 1834, la London and Westminster Bank, attribue en partie, dans son excellent ouvrage The principles and practice of banking, l'idée de la fondation, en 1775, du Clearing-House de Londres à l'exemple des Quatre-paiements de Lyon.

31 La totalité des effets escomptés par ce comptoir durant son existence, soit pendant neuf années, atteint les chiffres suivants :

```
Effets payables à Paris..............  102.097.100
    —         à Rouen..............   54.425.000
    —         au Havre.............    3.099.300
                                      _____
                                      159.621.400
```

32 Voici pour les trois comptoirs de cette époque, le résultat net en bénéfices pour les huit premières années de leur existence :

```
1809......  119.838 fr.      1813......  356.994 fr.
1810......  273.116          1814......   62 695
1811......  104.983          1815......    3.215
1812......  192.947          1816......   54.422
```

Le résultat de 1817 fut une perte nette d'une centaine de mille francs.

33 Voici, depuis l'origine de la Banque de France, les taux successifs d'escompte (% par an) des effets de commerce :

20 fév. 1800......	6			
17 août 1801....	5	11 nov. 1857....	{ 10	(3 m.)
13 janv. 1805...	4		9	(2 m.)
14 nov. —	5		8	(1 m.)
5 août 1807.....	4	26 nov. —	{ 9	(3 m.)
1er mars 1814...	5		8	(2 m.)
1er août —	4		7	(1 m.)
1er sept. —	5	7 déc. —	{ 8	(3 m.)
1er juin 1819....	{ 4		7	(2 m.)
	5	(1 m.)	6	(1 m.)
		(30 à 90 j.) 21 déc. —	6	
1er février 1820...	4	29 déc. —	5	
14 janv. 1847....	5	6 février 1858...	4 1/2	
27 déc. —	4	18 février — ...	4	
3 mars 1852.....	3	10 juin — ...	3 1/2	
7 octob. 1853....	4	24 sept. — ...	3	
20 janv. 1854....	5	3 mai 1859......	4	
12 mai —.....	4	4 août —	3 1/2	
6 octob. 1855....	5	12 nov. 1860....	4 1/2	
18 octob. —	6	2 janv. 1861....	5 1/2	
1er avril 1856....	5	8 janv. —	7	
26 sept. —	6	14 mars —	6	
26 juin 1857....	5 1/2	21 mars —	5	
13 oct. —	6 1/2	26 sept. —	5 1/2	
24 oct. —	7 1/2	1er oct. —	6	

Date	Taux	Date	Taux
21 nov. 1861	5	9 mars 1865	3 1/2
21 janv. 1862	4 1/2	1er juin —	3
6 févr. —	4	5 oct. —	4
27 mars —	3 1/2	9 oct. —	5
6 nov. —	4	23 nov. —	4
15 janv. 1863	5	4 janv. 1866	5
12 mars —	4 1/2	15 févr. —	4 1/2
26 mars —	4	22 févr. —	4
7 mai —	3 1/2	22 mars —	3 1/2
11 juin —	4	11 mai —	4
8 oct. —	5	26 juill. —	3 1/2
6 nov. —	6	30 août —	3
12 nov. —	7	31 mai 1867	2 1/2
24 mars 1864	6	18 juillet 1870	3 1/2
6 mai —	7	21 juillet —	4
9 mai —	8	30 juillet —	5
20 mai —	7	9 août —	6
26 mai —	6	20 juillet 1871	5
9 sept. —	7	2 nov. —	6
13 oct. —	8	28 février 1872	5
3 nov. —	7	15 oct. 1873	6
24 nov. —	6	10 nov. —	7
8 déc. —	5	20 — —	6
22 déc. —	4 1/2	27 — —	5
9 févr. 1865	4	5 mars 1874	4 1/2

34 C'est à cette époque que fut écrite la fameuse note du Havre, du 21 mai 1810, imprimée pour la première fois dans le Moniteur universel du 29 janvier 1857, et qui fit alors grand bruit. Elle ne nous apprend rien que nous n'ayons déjà trouvé dans les écrits de cette période, particulièrement les mémoires du comte Mollien.

35 Nous accompagnons d'un astérisque (*) les chiffres dont nous ne répondons pas. – Le titre de la colonne 13 (escomptes au commerce) doit être pris à la lettre, au moins à partir de 1820, n'ayant pas même compris dans les sommes de cette colonne les effets de particuliers escomptés au Trésor. Quant aux années 1819 et antérieures, nous n'avons pu faire le départ des escomptes gouvernementaux (bons du trésor ou autres effets) de ceux au commerce.

36 Vingt et un millions sur les trente-cinq en obligations des Droits-réunis, prises à l'escompte, avaient été remboursés en 1813.

37 La Banque fut obligée, à cette époque, d'emprunter 6 millions pour ne pas suspendre totalement ses paiements. Le rapport qui parle de cette opération ne dit pas qui fut le prêteur, mais ce qu'il y a de certain c'est que ce ne fut pas le Trésor, puisque ce dernier devait encore à la Banque 40 millions qu'il ne pouvait lui rembourser.

38 La panique qui s'empara, à cette époque, du public, est analogue à celle qui, en 1848, produisit les mêmes résultats. Beaucoup de gens craintifs, voulant quitter Paris, se pressaient de convertir leurs billets en or ; la preuve

en est que, à ces deux époques, la prime de l'or se tendit singulièrement. En 1814, les évènements qui renversèrent l'empire accomplis, les craintes s'effacèrent, et un des principaux motifs des embarras momentanés de la Banque s'évanouit.

39Le Gouvernement déposa, le 16 novembre 1814, à la Chambre des députés, un projet de loi qui supprimait toute ingérence de l'État dans l'administration de la Banque. Un autre projet de loi, présenté le 13 avril 1818, était conçu dans le même esprit de réaction contre les décrets impériaux relatifs à cette matière, quoique avec plus de prudence et de réserve. Ces deux projets n'aboutirent pas.

40Toutes les opérations des comptoirs cessèrent le 1er avril 1817, en vertu d'une ordonnance royale du 7 février précédent, qui prononçait leur suppression.

41Nous regretterions que le lecteur induisît de là que nous sommes partisans de la fixité du taux de l'escompte, si ce n'est d'une manière absolue, au moins tel qu'il a été pratiqué en Angleterre de 1746 à 1822, et en France de 1800 à 1847. Le taux de l'escompte doit, en principe, varier comme le prix des marchandises. Mais nous pensons que, dans la crise de 1818, ce taux était, pour le public, une considération d'autant plus secondaire, que l'on était assuré qu'il ne serait pas longtemps maintenu à un chiffre élevé. La diminution de durée des effets admis avait, au contraire, une portée plus efficace ; elle portait à réfléchir en élaguant les engagements de ceux qui se liaient eux-mêmes pour un trop long terme. Elle rappelait à la prudence, rôle utile d'une banque de circulation en temps de crise.

Si la crise, au lieu d'être principalement commerciale, avait été purement monétaire, alors les variations du taux de l'escompte auraient rendu efficacement le même service, comme avertissement ou menace ; les exportations de numéraire jouant un grand rôle dans cette sorte de resserrement, ce n'est pas tant la durée des effets qui importe, que le prix auquel on peut se procurer du numéraire, et ce dernier, par suite des échanges incessants de billets contre de l'or, suit les variations du prix du billet de banque, c'est-à-dire de l'escompte des effets de commerce, de leur échange, en un mot, contre du papier au porteur et à vue.

42En 1819 le défaut d'affaires engagea la Banque à entrer plus largement en rapport avec le Trésor :

« L'exposé de ces considérations et de ces faits a dû vous prouver la nécessité où a été l'administration de la Banque de chercher ailleurs que dans l'escompte des effets de commerce, l'emploi de partie de ses capitaux et de son crédit, pour la mettre à même de supporter les frais considérables qu'elle est obligée de faire et trouver de quoi donner un dividende à ses actionnaires ; c'est dans ces circonstances que le ministre des finances proposa à la Banque, le 13 mai 1820, l'escompte extraordinaire de 100 millions de bons royaux, pour faire le dernier paiement aux étrangers ; la situation de la Banque était telle, alors, que, dans son intérêt et dans celui de l'État, elle devait et pouvait, sans risque, se charger d'une partie de cette opération, puisqu'elle n'avait en portefeuille que pour 15 millions de lettres de change et 24 millions de bons royaux de un à trois mois d'échéance ; qu'elle avait en caisse 212 millions d'espèces, et seulement pour 164 millions de ses billets au porteur en circulation. Le Conseil général accepta cette proposition pour une somme de 60 millions, avec la garantie de rentes 5 %, au cours de 75,50. Depuis, le Conseil général a traité avec le même ministre de l'escompte d'autres parties de bons royaux à trois mois ou moins d'échéance, et avec garantie de rentes, soit pour compléter les paiements aux étrangers, soit pour le service du paiement des rentes. Ce sont ces opérations qui ont le plus contribué à vous faire avoir le dividende de 34 fr. 50 par action, attribué au second semestre de 1820, indépendamment des 2 fr. 25 versés au compte de la réserve. » (Rapport des Censeurs, fait par A. Odier, l'un d'eux, à l'assemblée générale du 25 janvier 1821).

Ainsi donc, par deux fois, l'administration de la Banque avoue que c'est en vue du dividende à servir à ses actionnaires qu'elle s'est laissée aller à escompter au Trésor des bons royaux dans une proportion extraordinaire. Qu'eût-elle dit, cependant, à cette époque, à un de ses Comptes courants admis à l'escompte qui, pour justifier des opérations anormales reconnues dangereuses en d'autres temps, eût allégué le prétexte de ne pas diminuer la somme allouée annuellement à ses frais personnels ? Elle lui eût coupé les vivres, en lui supprimant la faculté d'escompte, et cela, non pas tant comme pénalité, que par mesure de prudence, et elle aurait eu parfaitement raison.

43Cette réserve était indépendante des 7 760 650 fr. 76, que la Banque, aux termes de la loi de l'an XI, avait employés en 1806 en achats de rentes.

44M. Robert, depuis caissier à la compagnie des chemins de fer du Nord, actuellement décédé, voulut bien nous confier dans le temps un remarquable rapport adressé par lui le 30 mars 1841, à M. de Rambuteau, alors préfet de la Seine. C'est de ce rapport manuscrit, dont les originaux ont été probablement anéantis par le double incendie du ministère des finances et de l'hôtel de ville de Paris, en mai 1871, que nous avons extrait les détails que nous donnons.

45En déduisant de cette somme les bénéfices nets de cette période, soit 71 477 fr. 71, on arrive à 276 126 fr. 95, perte que le Trésor et la Ville se partagèrent dans la proportion suivante :

$$40/53^{es} \text{ à la ville de Paris} \ldots \ldots \quad 208.397 \text{ fr. } 50$$
$$13/53^{es} \text{ au Trésor} \ldots \ldots \ldots \ldots \quad 67.729 \quad 45$$

Nous ne savons ce qui, depuis, a pu rentrer sur cette somme.

46Nous n'avons pas encore parlé du nombre des effets admis à l'escompte à l'établissement central. Rapprochant ce nombre de la somme, on arrive par

une simple division à l'importance moyenne des effets, élément utile pour connaître la marche d'une banque. Malheureusement les comptes-rendus de la Banque de France ne fournissent que de temps à autre les éléments de ces calculs. Nous pouvons cependant, en les feuilletant avec soin, signaler que la moyenne annuelle du montant des effets admis à l'escompte à l'établissement central, qui était, en 1826, de 2 637 fr., en 1828 de 2 516, en 1830 de 2 246, et en 1831 de 1 893, fut de 1833 à 1852 inclusivement, respectivement année par année, de 1 922, – 1 829, – 1 549, – 1 868, – 1 709, – 1 390, – 1 639, – 1 517, – 1 422, – 1 407,
– 1 154, – 1 076, – 1 155, – 1 285, – 1 380, – 1 314, – 1 191, – 990, – 869 et 974 francs.

De 1853 à 1859, cette nature de renseignement nous fait faute, mais, de 1860 à 1873, nous trouvons : 960, – 1 035, – 1 190, – 1 199, – 1 291, – 1 107, – 1 103, – 972, – 928, – 1 070, – 1 295, – 1 413, – 1 312 et 1 327 francs.

Quant à l'échéance moyenne des effets, tout ce que les rapports officiels nous permettent de dire, c'est que, de 1835 à 1841, leur durée varie de 58 à 54 jours, et, de 1843 à 1851, de 54 à 37. Depuis 1851, cette nature de renseignement manque totalement aux documents officiels publiés par la Banque de France, du moins en ce qui concerne l'établissement central, le seul, encore une fois, dont cette note s'occupe.

[47] Il est à remarquer que la Banque ne vit pas, tout d'abord, d'un mauvais œil la création de ces banques. Ainsi, en 1836, elle admit à l'escompte le papier des banques départementales, sous la seule condition de désigner une maison de Paris pour le remboursement des effets qui ne seraient pas payés à l'échéance, de domicilier, en un mot. Elle leur fit aussi, comme on le verra, des avances sur effets publics. Enfin, c'est sur le refus de la Banque de France d'établir des comptoirs (succursales) dans certaines villes, que les négociants de ces cités commerciales se réunirent pour fonder une banque. Il n'en sera pas toujours ainsi.

[48] Voir dans l'ouvrage intitulé Des banques départementales en France, de leur influence sur les progrès de l'industrie, etc., par le comte d'Esterno (Paris, 1838) l'histoire piquante de la gestation et de l'avortement d'une Banque locale à Dijon.

[49] Ce n'est qu'en 1855 que l'on établira une succursale de la Banque de France à Dijon ; Foix attend encore ! Espérons pour elle que la loi du 27 janvier 1873 mettra un terme à cette négligence, intéressée, nous le verrons plus loin.

[50] Les banques départementales, en 1847, ont escompté 35 fois leur capital ; dans la même année, la Banque de France n'a pas escompté 27 fois le sien. Ajoutons que les relations des banques départementales avec la Banque de France, relations qui commencèrent en 1837, représentent de 1837 à 1877 inclusivement, 315 978 000 francs, savoir 66 836 000 fr. à titre d'avance sur

dépôts de valeurs, et 249 142 000 fr. à titre d'escompte d'effets de commerce. Cinq banques seulement (dans l'ordre d'importance de leurs opérations : Le Havre, Rouen, Orléans, Marseille et Lille) eurent avec l'établissement de Paris des opérations de l'une et l'autre nature. Nantes et Bordeaux se tinrent à l'écart, Lyon et Toulouse ne participèrent pas aux opérations d'escompte, mais contractèrent des avances.

51 Nous avons, aussi, remplacé par un astérisque (*) les numéros d'ordre des trois succursales (Mulhouse, Strasbourg et Metz) supprimées en 1871 par suite des destinées de la guerre.

52 La forme anonyme leur aurait, certainement, été refusée par le Conseil d'État, très mal disposé, à toute époque, pour les établissements pouvant tenir tête à la Banque de France.

53 Son titre primitif fut banque générale du commerce et de l'industrie ; mais la Banque de France voulant se réserver, à elle et, bien malgré elle, aux banques départementales, le monopole du mot banque, força la société J. Laffite et Ce à prendre le titre de caisse. Elle en a agi depuis de même vis-à-vis de toute société qui a voulu prendre le titre de banque. Quand nous disons que la Banque a forcé, nous entendons par les moyens de contrainte qu'un établissement privilégié de crédit peut employer, à savoir en menaçant de refuser toute opération avec la maison qu'elle veut amener à accéder à son désir.

Quant à la loi, elle est muette à l'égard de l'usage de ce mot ; aussi, de nos jours, voyons-nous des sociétés braver impunément les injonctions de la Banque de France, pouvant se passer de son despotique concours.

54 Depuis 1814 la Banque de France a été la banque des banquiers plus que celle des commerçants, à plus forte raison que celle des industriels, comme en Écosse.

55 C'était un premier pas vers le chèque. Laissez le titulaire du compte confectionner lui-même son billet et le chèque est trouvé.

56 Les sommes sont par unités de millions de francs ; les quantités d'effets par unités de mille effets.

57 Guerre du président Jackson contre la Banque unitaire et centralisatrice des États-Unis, actuellement, simplement, Banque de Philadelphie.

58 Cette appréciation du mouvement monétaire est extraite d'un remarquable travail intitulé : Des crises commerciales et monétaires de 1800 à 1857, due à la plume d'un laborieux et savant économiste statisticien, M. Clément Juglar, et inséré dans le Journal des Économistes de 1857. – Le même sujet, mais beaucoup plus développé, est traité dans l'ouvrage du même auteur : Des crises commerciales et de leur retour périodique en France et aux États-Unis, couronné par l'Institut (Académie des sciences morales et politiques). Faisons, cependant, toutes nos réserves relativement à la loi de périodicité affirmée par l'auteur. D'ailleurs, comme le fait très bien remarquer, après

Gilbart, un des économistes français les plus distingués et les plus compétents en ces matières, cette périodicité plus ou moins régulière des crises est un fait de la réglementation préventive des banques et disparaîtrait avec la liberté du crédit. (Voir De la monnaie, du crédit et de l'impôt, par M. Gustave du Puynode. 2ᵉ édit., tome Iᵉʳ, p. 326.)

59 Entre autres, en 1835, à l'époque où le papier de banque se plaçait sur le marché à 3 1/2 % et même 3 %. Le Trésor trouvait alors facilement de l'argent, sur ses bons, à 2 % d'intérêt seulement.

60 En dehors des chambres, M. J.-G. Courcelle-Seneuil, l'un des partisans les plus éclairés de la liberté des banques de circulation, publiait à cette occasion son premier ouvrage sur la matière : Le Crédit et la Banque. Les travaux de ce savant économiste nous ont beaucoup aidé dans le cours du présent essai.

Peu après, parut dans la Revue des Deux-Mondes (sept 1842), un article qui, étendu, remanié, fut publié en 1849, avec de considérables développements sous la forme d'un volume intitulé : Du Crédit et des Banques. L'auteur, Charles Coquelin, économiste de talent, prématurément enlevé à la science et à ses amis, était sympathique à la liberté absolue des banques d'émission.

La même thèse (la liberté d'émission des billets de banque) avait été soutenue, avant la création de la Banque de France (en 1795) par un auteur peu connu (Saint-Aubin) et mal apprécié par ses contemporains, au moins s'il en faut juger par le peu de renom de l'ouvrage « Des banques particulières, » dont nous extrayons les passages suivants auxquels nous ne trouverions que bien peu de choses à modifier :

« On forme assez communément des systèmes, où les finances publiques se trouvent combinées avec les finances des particuliers ; je suis d'avis qu'il faut les isoler. Toutes les fois qu'on les a confondues, j'ai observé constamment qu'elles étaient plus mal administrées, tandis que l'administration était plus coûteuse ; que la responsabilité devenait illusoire, et que les intérêts d'une partie étaient toujours sacrifiés à ceux de l'autre. Il est presque impossible de veiller à deux grands intérêts à la fois, d'où je conclus que le meilleur parti que le Gouvernement puisse prendre est de faire ses propres affaires et de laisser aux particuliers le soin de faire les leurs ; que ces derniers en agissent de même à l'égard du Gouvernement et ils s'en trouveront très bien.

… J'ai déjà dit que je n'approuvais pas que la Banque fût administrée pour le compte du Gouvernement, parce que je pensais qu'un gouvernement ne devait pas devenir banquier, pas plus que marchand ou manufacturier. On connaît, généralement, les mauvais effets de la folie de quelques gouvernements ou princes, qui ont joué un de ces derniers rôles ; et, en se chargeant de celui de banquier, il en résulterait probablement les mêmes inconvénients.

Mais quoique le Gouvernement ne doive pas se charger directement de l'administration entière de la Banque, ne serait-il pas convenable d'établir quelque liaison entre eux ? Le Gouvernement ne pourrait-il pas avoir un intérêt dans la Banque, et ne serait-il pas possible de combiner un système de finances publiques et particulières ? Je ne le pense pas, parce que cette liaison ne me paraît ni nécessaire ni utile.

Elle n'est pas nécessaire, car les particuliers sont aussi bien en état de gouverner leurs finances que de conduire toute autre affaire domestique, et le Gouvernement peut conduire les finances de l'État sans avoir besoin de se mêler, en aucune manière, des arrangements que les particuliers font entre eux. Je ne prétends pas empêcher, par là, le Gouvernement et les banques particulières de s'assister mutuellement, ou de faire des opérations avantageuses à l'un et aux autres ; je voudrais seulement que la base, l'administration et la responsabilité des systèmes de finances publiques et particulières fussent absolument séparées et distinctes.

La liaison entre le Gouvernement et les banques particulières n'est pas utile, parce que l'intervention du Gouvernement dans les finances des particuliers complique ce qui, auparavant, était simple, et produit, par là, une foule d'inconvénients.

1° Elle occasionne plus de frais dans l'administration, tandis que celle-ci est ordinairement plus mauvaise. Les particuliers sont plus économes dans la conduite de leurs affaires que les Gouvernements ne peuvent l'être. Il est, d'ailleurs, probable qu'ils administreront avec plus de soin et de zèle, quand ils travailleront entièrement pour leur propre compte, que lorsque ce sera, au moins en partie, pour celui du Gouvernement, dont, sous ce rapport, ils ne seront que les commis, qu'ils soient salariés ou non.

2° La responsabilité des administrateurs court risque de devenir illusoire, en ce qu'ils sont exposés à la tentation continuelle de favoriser le Gouvernement dans leurs opérations, en se fiant sur la protection qu'il leur accordera pour les mettre à l'abri de toute poursuite. C'est par cette raison que les administrateurs de la Caisse d'escompte se laissèrent engager à prêter des fonds à M. Necker, et qu'ils le firent avec impunité, quoiqu'à l'insu des propriétaires, et contre les statuts formels de la Caisse. C'est encore par la même raison que la Compagnie des Indes Orientales, en Angleterre, s'écarte si souvent de ses règlements pour favoriser le ministre, dont le crédit tire toujours d'affaire les administrateurs qui prévariquent.

3° Cette liaison donne à certains individus une influence illégale dans l'État ; elle les expose à la tentation continuelle de sacrifier les intérêts des propriétaires, pour favoriser les projets des gens en place.

4° Elle donne de même une influence illégale au Gouvernement, et érige un pouvoir dont il peut grandement abuser, surtout en temps de troubles. Un négociant estimable peut, comme nous avons vu, être réduit à la détresse, parce que ses opinions ne cadrent pas avec celles des hommes en place.

Il peut être privé des ressources et des avantages dont jouissent ses voisins, uniquement parce qu'il est plus honnête et plus délicat qu'eux.

5° Cette liaison diminue la sûreté du public. Une banque assistée par le Gouvernement sera toujours tentée d'augmenter l'émission du papier au-delà des limites convenables, dans la confiance que si on la gêne pour les paiements, le Gouvernement viendra à son secours. Law, j'en suis persuadé, aurait plutôt résigné sa place que d'étendre l'émission de son papier-monnaie comme il fit, s'il n'avait pas compté sur les secours du Gouvernement. Dans ce cas, une partie considérable du papier émis par la Banque finit par n'avoir plus d'autre hypothèque que le caprice du ministre, ou la réussite des directeurs de la Banque dans leurs intrigues pour obtenir sa faveur.

6° Finalement, cette intervention du Gouvernement confond deux intérêts différents qui, loin d'être toujours les mêmes, sont souvent diamétralement opposés. Or la Banque ne peut servir deux maîtres, comme ses administrateurs ne peuvent veiller également à deux grands intérêts à la fois. Il sera toujours de l'intérêt du Gouvernement de rendre les opérations de la Banque secondaires aux siennes ; ce qui ne saurait se faire sans sacrifier les intérêts des propriétaires.

L'histoire de la Banque de Law prouve le danger de ces liaisons entre le Gouvernement et une banque particulière. Celle de la Caisse d'escompte, que le Gouvernement, cependant, ne comptait contrôler en aucune manière, donne de nouvelles preuves à cette assertion. La Caisse fut florissante, tant qu'elle demeura un établissement particulier ; mais, dès qu'on l'eut engagée à prêter, en 1783, 6 millions au Gouvernement, elle fut réduite à la détresse et forcée de suspendre ses paiements. Après s'être remise de cet échec, elle se forma sous un nouveau plan, et elle fleurit encore une fois pendant très longtemps, jusqu'à ce qu'en 1789, les administrateurs furent induits de nouveau par les sollicitations de M. Necker, à avancer 15 millions au Gouvernement, à l'insu des propriétaires. Peu de temps après on demanda un nouveau prêt ; les emprunts ne finirent pas, et les affaires de la Caisse tombèrent dans une confusion totale. Ce qui est vraiment curieux c'est de trouver, en lisant les détails de ces évènements, que le Gouvernement qui, par ses arrêts, avait excessivement restreint la caisse, et gêné ses opérations par plusieurs règlements inutiles, fut le premier à séduire les administrateurs pour en enfreindre les plus sacrés, lorsque cette infraction était à sa convenance. Tels ont toujours été les effets de ces liaisons dangereuses entre le Gouvernement et les banques particulières.

Dans quelques-unes des Banques d'Écosse, le capital est fixé et ne peut être augmenté sans la permission du Gouvernement, mais jamais celui-ci n'exerce aucune inspection sur les Banques. Leur propre intérêt et leur caractère de probité connu, suffisent pour les empêcher d'émettre trop de papier. La multitude de rivales qu'a chaque Banque, lui renverrait, sur-le-champ, le surplus à charge et cette garantie vaut mieux, pour le public, que tous les inspecteurs du monde. Si de pareilles banques étaient instituées en France, elles devraient être établies sur des principes semblables. La seule chose que le Gouvernement pourrait avoir à démêler avec elles serait uniquement, vu leur nouveauté dans ce pays, de leur donner sa sanction, en reconnaissant leur existence dans une charte. Cette charte aurait pour objet : 1° de fixer le minimum des fonds de chaque banque afin d'empêcher les aventuriers d'en imposer au public ; 2° de leur défendre d'émettre des billets au-dessous d'une certaine valeur, quoique je doute qu'un pareil règlement soit utile [Dans la situation actuelle où se trouve la France, et où il est essentiel surtout d'alimenter l'industrie en détail, je crois qu'il ne faudrait aucunement restreindre les banques à cet égard, mais leur permettre d'émettre des billets pour des valeurs aussi petites qu'elles jugeraient à propos. (Note de Saint-Aubin.)] ; et 3° de déterminer si les propriétaires seront rendus responsables ou non pour plus que leurs portions primitives à la Banque.

Comme il ne faut pas que la Banque soit conduite par le Gouvernement, il ne faut pas, non plus, qu'on en fasse un monopole en faveur d'une seule classe d'individus. Smith soutient que de pareils établissements doivent être laissés parfaitement libres.

"Si on empêche les banquiers de mettre dans la circulation des billets de banque ou des billets payables au porteur, au-dessous d'une certaine somme, et si on les oblige à payer sans déport et sans condition, ces sortes de billets, dès qu'ils sont présentés, on peut, en toute sûreté pour le public, laisser leur commerce libre à tout autre égard. La sûreté du public, bien loin de diminuer, n'a fait qu'augmenter par la multiplication des compagnies de banque dans les deux royaumes unis de l'Écosse et de l'Angleterre, évènement qui a donné l'alarme à tant de monde. " Smith, liv. II, chap. II, à la fin (Tome Ier, p. 409 de l'édition Guillaumin, 1843.).

Beaucoup de gens instruits en France ont adopté les mêmes principes.

Le citoyen Dupont de Nemours proposa à l'Assemblée nationale, en 1789, "d'abandonner l'entreprise des banques aux lois de la liberté du commerce. " »

Saint-Aubin affirme que Lecoulteux-Canteleu, plus tard l'un des fondateurs de la Banque de France, était de son opinion sur la question de la liberté des banques d'émission. On sait que ce dernier se retira de la Banque de France en 1806, à l'époque où cette institution échangea sa liberté contre les bénéfices frelatés d'un monopole.

61 De sa fondation à 1841, la Banque ne publia que son rapport annuel, sans tableaux. De 1841 à 1848, elle inséra dans le Moniteur des situations moyennes trimestrielles. Depuis 1848, à une légère interruption près, elle livre à la publicité son bilan entier arrêté le jeudi au soir de chaque semaine.

La Banque d'Angleterre, depuis 1844, publie également, chaque semaine, son bilan très sommaire d'ailleurs ; mais ses rapports annuels n'ont jamais été imprimés, croyons-nous.

62Cependant deux banques départementales, celles de Rouen et de Bordeaux, au sujet du renouvellement de leurs privilèges sur le point d'expirer, motivèrent, la première en 1842, la seconde en 1847, le dépôt de projets de loi dont le premier seul aboutit à la loi du 9 juin 1842. La révolution de 1848 coupa court aux délibérations relatives au second. Les discussions qui eurent lieu à ce propos, dans les deux années 1842 et 1848, sont fort intéressantes, mais ne mirent en lumière aucun fait nouveau, aucun point de vue jusqu'alors inconnu, même à la tribune.

63Quoique exposées dans des vues intéressées, convenons que ces propositions étaient un progrès relativement à l'ordre des choses existant. C'est la punition du monopole d'être, forcément, inconséquent dans ses actes. Il ne pourrait, fort souvent, servir le public qu'à la condition de se nuire à lui-même, et ce dernier cas est si dur, qu'il ne s'y résout jamais.

64Les Securities (portefeuille et avances) à la Banque d'Angleterre montaient, le 27 août 1839, à 25 141 000 l. s. (628 525 000 fr.) ; le plus bas de 1839-47 fut, le 29 février 1844, 20 648 450 l. s. (516 211 250 fr.).

65Le gouvernement proposa la coupure de 250 francs. La commission de la Chambre préféra, avec juste raison, celle de 200 francs comme plus conforme à notre système décimal. Les discussions dans les deux Chambres, à propos de ce projet de loi, furent plus animées qu'elles ne le sont de coutume pour ces sortes de sujets. Jusqu'alors on avait reconnu que les coupures départementales doivent être inférieures à celles mises en circulation dans la capitale. « Comme dans un village une pièce de 5 francs, avait dit Rossi en 1840, peut être un moyen d'échange aussi considérable qu'une pièce de 20 francs dans une ville, de même la coupure de 250 francs peut être à Nantes ou à Lille un instrument d'échange aussi élevé que 500 fr. à Paris. » En autorisant la Banque, soit à Paris, soit dans ses comptoirs, et les banques départementales à aborder égalitairement la coupure de 200 francs, on rompait cette proportion. M. Clapier, député des Bouches-du-Rhône, qu'il représente encore aujourd'hui à l'Assemblée nationale, en fut frappé et transmit son impression à la Chambre : « Le véritable intérêt de la mesure, dit-il à cette occasion, ce n'est pas un intérêt immédiat d'escompte, c'est un intérêt d'avenir. La Banque de France nourrit un projet qu'elle ne dissimule pas : elle veut absorber dans son sein toutes les banques de province, et c'est pour atteindre ce résultat qu'elle veut attirer dans ses coffres tous les écus du pays… C'est donc l'immense question des banques de province qui s'agite sous cette question de détail. C'est le premier pas à faire pour arriver à ce résultat. » Puis, passant aux conséquences : « De deux choses l'une : ou cet établissement sera dans le gouvernement, ou il sera hors du gouvernement. S'il est hors du gouvernement, il sera plus fort que lui, il l'écrasera ; s'il est dans le gouvernement, le gouvernement sera plus fort que lui, il nous écrasera. » La Chambre ne sembla pas comprendre l'importance de la question, puisqu'elle repoussa l'amendement de M. Lestiboudois, qui demandait pour la province la coupure de 100 francs. Elle repoussa la même coupure lorsque Léon Faucher la demanda pour toute la France.

66Les actionnaires ont touché, depuis l'origine (1820) à 1846 : 1820 à 1823, néant ; – 1824 à 1827, 6 % par an ; – 1828, 5 % ; – 1829, 2 3/4 % ; 1830 à 1835, 3 %, enfin, 1836 à 1846, 3 1/2 % par an.

67Nous ferons remarquer que la Révolution de 1848 est ici appréciée au point de vue économique. Sous le rapport politique, l'évènement auquel la France devra, pour toujours peut-être, le suffrage universel, mérite d'être à jamais mémorable dans son histoire. C'est également à la Révolution de 1848 que nos colonies doivent l'abolition définitive de l'esclavage.

68Bon nombre de personnes ont été, et sont encore, d'avis que la Banque de France eût pu secourir les trois institutions dont nous parlons et que, en le faisant, elle eût diminué de beaucoup l'intensité de la crise commerciale et facilité la liquidation finale. Mais, ajoutent-elles, la Banque avait intérêt, en raison des billets de caisse qu'elles émettaient, à les voir sombrer. Sans croire plus qu'il ne le faut au désintéressement de la Banque de France, nous avouons ne pas partager cette manière de voir.

69Lyon, 20 millions ; – Rouen, 15 ; – Bordeaux, 22 ; – Nantes, 6 ; – Lille, 5 ; – Marseille, 20 ; – Le Havre, 6 ; – Toulouse, 5 et enfin Orléans, 3. En tout pour les neuf banques réunies, 102 millions.

70« Un des plus grands vices de notre système de banque tel qu'il existait avant la Révolution de 1848, c'est qu'il ne se trouvait entre les banques départementales, comme entre ces institutions et les établissements dépendants de la Banque de France, aucune correspondance, aucun lien qui les reliât ensemble [L'auteur fait observer dans une note qu'il y avait bien quelques relations, mais fort limitées comme opération, et ne s'étendant pas à toutes les banques départementales (voir page 139 en note). Ajoutons que leurs statuts, amendés par le Conseil d'État, entravaient ces rapports par une mesquine réglementation.]. C'était le régime des anciennes douanes provinciales appliqué au crédit. Il ne suffit pourtant pas à un vaste État de posséder quelques bassins de circulation partielle, fussent-ils doués d'une merveilleuse activité ; il lui faut une circulation générale qui, partout répandue, soit partout fécondante. Comment s'étonner dès lors qu'un billet de Lyon fût refusé hors du département du Rhône, qu'un billet du Havre ne trouvât pas de preneur à 40 lieues du comptoir qui le devait rembourser ? Par là, tout à la fois, le change d'une place à l'autre restait très cher parmi nous, tandis que personne ne le paye depuis longtemps aux États-Unis ou en Écosse (M. G. du Puynode, De la monnaie, du crédit et de l'impôt 2e édit., t. I, p. 354.)

71Ce qu'il y a de curieux, c'est que, le 23 mars 1848, un arrêté du gouvernement provisoire avait autorisé l'établissement d'une Banque de Limoges. Or, cette banque fut fondée, comme nous l'apprend M. J.-G. Courcelle-Seneuil, pour faire face aux idées erronées professées alors en haut lieu et pour montrer qu'en matière de crédit le laisser-faire vaut mieux qu'une intelligente réglementation. Son installation toute récente lui valut d'être oubliée dans les décrets de fusion, mais elle put rendre quelques services avant de devenir, en février 1859, succursale de la Banque de France. Cette fondation se rattachait à un projet d'ensemble que l'institution des comptoirs nationaux d'escompte remplace d'une manière, croyons-nous, moins avantageuse pour l'intérêt public.

72Nous ne parlons pas, leur importance n'ayant été que toute de circonstance, de trois décrets qui prorogèrent de dix jours l'échéance des effets de commerce payables du 22 fév. au 15 mars pour Paris (décret du 26 fév.), pour les départements de la Seine et de la Seine-Inférieure (décret du 28 février) et pour toute la France (décret du 3 mars.)

73Voici la liste des villes qui en furent dotées ; nous avons indiqué par des caractères italiques celles où la durée du comptoir fut prorogée en 1851 ou 1852, et par des caractères gras celle où des comptoirs d'escompte, qui n'étaient plus alors nationaux, succédèrent, sous forme anonyme, aux comptoirs nationaux, ainsi nommés de la coopération de l'État et des villes à la formation de leur capital. Nous disons sous forme anonyme, car, dans d'autres villes, les mêmes établissements furent continués, généralement avec succès, sous forme en commandite.

Nous avons suivi l'ordre d'entrée en opérations de ces établissements en en indiquant la date entre parenthèses, à la suite du nom de la localité.

Enfin, les noms des villes accompagnés d'un astérisque (*) sont ceux des localités possédant une succursale de la Banque de France (anciens comptoirs et banques départementales) au moment de l'ouverture des bureaux :

1	**Paris*** (Seine)	(18 mars 1848);
2	Marseille* (Bouches-du-Rhône)	(22 mars 1848;
3	Nantes* (Loire-Inférieure)	(25 mars 1848);
4	*Reims** (Marne)	(28 mars 1848);
5	*Clermont-Ferrand** (Puy-de-Dôme)	(30 mars 1848);
6	**Mulhouse*** (Haut-Rhin)	(30 mars 1848);
7	*Troyes* (Aube)	(31 mars 1848);
8	Bordeaux* (Gironde)	(mars 1868);
9	Rethel (Ardennes)	(mars 1848);
10	**Alais** (Gard)	(1er avril 1848)
11	*Nîmes** (Gard)	(1er avril 1848);
12	Nancy (Meurthe)	(3 avril 1848);
13	*Rouen** (Seine-Inférieure)	(4 avril 1848);
14	*Strasbourg** (Bas-Rhin)	(4 avril 1848);
15	Rochefort (Charente-Inférieure)	(8 avril 1848);
16	*Lyon** (Rhône)	(9 avril 1848);
17	*Avignon* (Vaucluse)	(11 avril 1848
18	**Colmar** (Haut-Rhin)	(12 avril 1848);
19	Poitiers (Vienne)	(12 avril 1848)
20	Beauvais (Oise)	(15 avril 1848);
21	**Lille*** (Nord)	(15 avril 1848 ;
22	Niort (Deux-Sèvres)	(15 avril 1848);
23	La Rochelle (Charente-Inférieure)	(15 avril 1848);
24	**Sainte-Marie-aux-Mines** (H.-Rhin)	(15 avril 1848);
25	Angers (Maine-et-Loire)	(17 avril 1848);
26	*Le Havre** (Seine-Inférieure)	(19 avril 1848);
27	*Vire* (Calvados)	(19 avril 1848 ;
28	*Chalon-sur-Saône* (Saône-et-Loire)	(20 avril 1848)
29	*Metz* (Moselle)	(21 avril 1848);
30	*Saint-Lô* (Manche) ;	(22 avril 1848);

31	*Granville* (Manche)	(25 avril 1848);
32	*Cambrai* (Nord)	(28 avril 1848);
33	*Louviers* (Eure)	(28 avril 1848);
34	Condé-sur-Noireau (Calvados)	(29 avril 1848);
35	Abbeville (Somme)	(1er mai 1848);
36	Carcassonne (Aude)	(1er mai 1848);
37	Charleville (Ardennes)	(1er mai 1848);
38	Elbeuf (Seine-Inférieure)	(1er mai 1848);
39	Neufchateau (Vosges)	(1er mai 1848);
40	*Orléans** (Loiret)	(1er mai 1848);
41	Saint-Quentin* (Aisne)	(4 mai 1848);
42	**Saint-Jean-d'Angély** (Charente-Inf.)	(10 mai 1848);
43	Amiens (Somme)	(15 mai 1848);
44	**Angoulême*** (Charente)	(15 mai 1848);
45	*Arles* (Bouches-du-Rhône)	(15 mai 1848);
46	*Le Mans** (Sarthe)	(15 mai 1848);
47	*Saint-Dié* (Vosges)	(20 mai 1848);
48	**Dôle** (Jura)	(25 mai 1848);
49	*Toulon* (Var)	(29 mai 1848);
50	*Auxerre* (Yonne)	(1er juin 1848);
51	**Issoudun** (Indre)	(1er juin 1848);
52	*Vienne* (Isère)	(1er juin 1848);
53	**Caen *** (Calvados)	(2 juin 1848);
54	*Mirecourt* (Vosges)	(5 juin 1848);
55	Saint-Omer (Pas-de-Calais)	(1er juillet 1848);
56	*Fougères* (Ille-et-Vilaine)	(12 juillet 1848);
57	*Cette* (Hérault)	(juillet 1848)
58	**Epinal** (Vosges)	(1er août 1848);
59	*Toulouse** (Haute-Garonne)	(1er août 1848);
60	*Bayonne* (Basses-Pyrénées)	(15 août 1848);
61	*Dunkerque* (Nord)	(21 août 1848);
62	*Nevers* (Nièvre)	(15 septembre 1848);
63	*Saint-Claude* (Jura)	(25 septembre 1848)
64	*Pontoise* (Seine-et-Oise)	(30 septembre 1848);
65	**Sablé** (Sarthe)	(1er décembre 1848);
66	Douai (Nord)	(1er juillet 1849);
67	Alger	(1849).

74M. d'Argout nous apprend dans son rapport sur les opérations de la

Banque de France en 1848 (page. 5), que l'arrêté du 15 mars 1848 fut signé dans la nuit, le jour ne suffisant pas au gouvernement provisoire pour l'expédition des affaires.

75Traité des magasins généraux (docks), des warrants et des ventes publiques des marchandises en gros, un volume avec introduction de M. Maurice Block. Guillaumin et Ce.

76M. de Kératry avait proposé, lors de la discussion de cette loi, que le gouvernement insistât auprès de la Banque de France pour que la marchandise représentée par le warrant tînt lieu de la troisième signature exigée par les statuts de cette institution. Il semble que, malgré ce vœu auquel s'associa la commission du Corps législatif par l'organe de son rapporteur, la Banque de France soit toujours libre d'accepter ou refuser cette facilité au public. Nous ne regrettons pas que la Banque de France soit libre, étant responsable, mais nous voudrions que le public le fût aussi en ce qui concerne le droit d'émission des billets à vue et au porteur.

77En 1848, le dividende des deux semestres n'atteignit que 75 francs ; il est vrai que l'on passa par profits et pertes 4 038 500 fr. comme amortissement de pertes probables sur les effets tombés en souffrance. L'année suivante une somme de 412 500 fr. fut passée de la même manière et au même titre, soit en tout 4 451 000 fr. Il ne faudrait pas conclure de là que les pertes de la Banque, en effets impayés par suite de la crise de 1848, atteignirent cette somme.

Voici d'ailleurs le calcul des pertes subies de ce chef par la Banque de France.

En 1830-31 la masse des effets tombés en souffrance atteignit 6 344 500 francs ; en 1840 des recouvrements réduisaient cette perte à 1 600 000 francs ; depuis elle a encore certainement diminué, mais nous ne savons au juste de combien.

En 1848, les résultats de part et d'autre furent beaucoup plus importants. La masse des effets tombés en souffrance, à cette époque, atteignit 58 millions pour l'établissement central de Paris et 27 millions pour les 24 succursales, soit un total général de 85 millions. Les rentrées annuelles sur cette masse effrayante (lorsque nous écrivions ces lignes les évènements de 1870-71 n'avaient pas encore eu lieu) et le solde restant à recouvrer au 31 décembre de chaque année forment le sujet du tableau suivant :

Exercices.	Rentrées.	Époques.	Solde restant dû.
1848-49	76.082.000	31 déc. 1849	8.419.000
1850	3.852.000	— 1850	4.567.000
1851	1.510.700	— 1851	3.056.300
1852	1.278.500	— 1852	1.777.800
1853	278.000	— 1853	1.499.800
1854	285.000	— 1854	1.214.800
1855	342.000	— 1855	872.800
1856	100.300	— 1856	772.500
Total...	83.728.500		

Depuis cette dernière époque nous ignorons les rentrées précises résultant de ce chef, mais nous avons tout lieu de croire que l'on peut, sans exagération, fixer au-dessous de 500 000 fr. la perte réelle de la Banque ; remarquons que cet établissement ayant porté 4 451 000 fr. au compte de profits et pertes, les rentrées sont, depuis 1850, de vrais bénéfices qui contribuent à grossir le dividende.

Un demi-million de pertes sur 85 d'effets en souffrance, soit 6 p. mille ! ce résultat peu prévu est dû, non seulement à la régularité des opérations de la Banque, mais encore à sa position de banque unique et prépondérante qui lui donne un privilège que n'a pas tout autre négociant. Tout débiteur, à moins de renoncer au commerce, doit, un jour ou l'autre, compter avec cet établissement et finir par s'acquitter envers lui, sinon, pour employer une locution vulgaire, mais expressive, il vous coupe les vivres en vous supprimant le crédit et n'adhérant à aucun concordat.

78 Il n'est pas sans intérêt de relever les bilans qui ont produit ce phénomène insolite :

	Encaisso. millions.	Circul. mill.	Diff. mill.		Encaisso. millions.	Circul. mill.	Diff. mill.
Fév. 1850.	466	465	1	Sept. 1851.	620	519	101
Mars. —	477	466	11	Oct. —	623	536	87
Mars. 1851.	521	506	15	Nov. —	601	545	56
Avril. —	541	526	15	Déc. —	567	564	3
Mai. —	554	515	39	Fév. 1852.	575	572	3
Juin. —	586	504	82	Mars. —	591	553	38
Juill. —	587	531	56	Juin. —	621	612	9
Août. —	602	539	63				

79 Une loi du 4 août 1851 en autorisa une nouvelle en approuvant le traité passé le 28 juillet précédent entre la Banque et la ville de Paris, stipulant que la première avancerait à la seconde une somme de 20 millions.

80 Rapport du comte d'Argout sur l'exercice 1850.

81 Une banque avait déjà été établie en 1827 à la Pointe-à-Pitre ; mais elle est morte d'une maladie fréquente chez les institutions de ce genre dirigées avec inexpérience : de l'immobilisation de son capital dans des opérations hypothécaires. La banque actuelle n'a pas donné dans cette erreur mortelle,

mais vulgaire en matière de crédit.

82Ainsi qu'à la Guadeloupe, une banque de circulation fut créée dans cette île à la fin de la Restauration. Cette banque avait également le tort de s'occuper d'opérations hypothécaires, et ses excès dans ce sens la conduisirent à vivre moins d'un an ; la planche destinée à la fabrication de ses billets était encore à Paris entre les mains de l'artiste habile chargé de la gravure (M. Barre), que déjà elle n'était plus.

83Tout récemment (D.P. du 14 juillet 1874) une Banque de la Nouvelle-Calédonie vient d'être fondée à Paris au capital de 4 millions et pour une durée prenant fin le 16 octobre 1922, mais avec un privilège de 20 ans seulement. Cette institution doit se conformer aux prescriptions de la loi du 24 juin 1874, qui régit les cinq banques coloniales précitées. Son établissement principal est à Nouméa.

84Les nombres de ce tableau ne sont pas toujours en parfait accord avec ceux des comptes-rendus officiels de la Commission de surveillance des banques coloniales séant à Paris et instituée en vertu de l'article 13 de la loi du 11 juillet 1851 ; mais ils sont directement extraits des rapports officiels publiés annuellement par chacune des cinq banques, ce qui nous rassure un peu.

85Actuellement ces billets ont cours légal et forcé (loi du 12 août 1870) ; la limite de la circulation a été successivement reculée de 18 millions (loi du 12 août 1870) à 24 (3 sept 1870), 34 (26 oct 1870) et 48 (26 mars 1872).

86Nous prions le lecteur de bien considérer que nous traitons un sujet limité par son cadre ; au point de vue politique, pour nous qui croyons qu'il n'y a qu'une morale, le coup d'État du 2 décembre fut un crime, sans la nécessité pour prétexte.

87Ils se calculaient, dès 1848, sur le solde débiteur de Trésor, compte courant compris, et non uniquement sur le prêt convenu à nouveau par le traité du 3 mars 1852, comme l'affirmait naguère, un peu légèrement, M. le marquis de Plœuc (séance de l'Assemblée nationale du 16 mars 1872).

88M. L. Wolowski fut choisi pour remplir les fonctions de directeur ; M. Ch. Laurent, l'un des anciens gérants de la Caisse centrale du commerce et de l'industrie (Baudon et Cie), occupa le poste de sous-directeur.

89Nous ne garantirions pas que, dans d'autres villes que Marseille et Nevers, à Rouen par exemple, des sociétés n'aient pas été découragées par le gouvernement dans leur intention de fonder un crédit foncier local.

90Cet établissement eût peut-être mieux aimé conserver le titre de Banque foncière en se contentant de convertir le mot Paris en celui de France. Mais la Banque de France, jalouse même du mot, insista pour avoir le monopole de l'expression banque.

91Les trente autres furent émis en 1862. Une troisième émission, opérée en 1869, augmenta de 30 nouveaux millions le capital social, qui fut ainsi formé de 180 000 actions de 500 francs au versement de 250 francs seulement. Notons qu'en 1869 les 250 francs à verser sur les nouvelles actions furent pris sur la réserve et que les souscripteurs en reçurent ainsi les certificats sans bourse délier.

92Depuis cette époque les titulaires des fonctions de gouverneur et sous-gouverneur de cette société sont : 1° Gouverneurs, M. le comte Ch. de Germiny, 6 juillet 1854, puis M. Louis Frémy, 3 juillet 1857, et 2° Sous-Gouverneurs, MM. Crépy et Daverne, 6 juillet 1854, puis sur la retraite du premier et le décès du second, M. le baron G. de Soubeyran (19 mai 1860) et M. Ernest Leviez (4 juin 1860).

93Un détail assez piquant, c'est que la direction du Crédit foncier, frappée de l'intelligence avec laquelle M. Mirès savait attirer le public à ses guichets, passa avec cet habile financier un traité pour l'écoulement de ses obligations non placées. Mais le gouvernement installé le 6 juillet 1854 ne voulut pas reconnaître cette partie des actes de ses honorables prédécesseurs, et, de nouveau, M. Mirès dut courber la tête sous le despotisme administratif d'en haut.

94Ces traités de fusion, plus ou moins librement signés, sont datés : pour le Crédit foncier de Nevers des 21 et 22 novembre 1854 et pour celui de Marseille des 6 et 22 décembre 1855. Les actionnaires de ces deux sociétés avaient versé 250 francs sur 500. Ils échangèrent leurs titres, action pour action, contre des actions du crédit foncier de France.

95Entré tout récemment en liquidation, le Crédit agricole s'est substitué à lui activement et passivement, et a remboursé l'intégralité du capital versé par les actionnaires avec les intérêts échus.

96Gust. Du Puynode. De la monnaie, du crédit et de l'impôt. T. Ier, p. 395.

97Nous devons dire que telle ne fut pas l'opinion des créateurs du Crédit mobilier français, car nous trouvons dans le rapport lu par M. Isaac Péreire à l'assemblée générale du 23 août 1856, la phrase suivante : « L'expérience amènera la démonstration des inconvénients de la concurrence dans un genre d'affaires où les moindres fautes peuvent devenir la cause de ruines fâcheuses pour un grand nombre de familles. »

98Cette combinaison, plus ingénieuse qu'utile à la prospérité de l'entreprise, si même elle ne la retarda pas, rappelle les mères, les filles et les petites-filles de Law.

99Il en existait, avant la Révolution, plusieurs dont nous parlerons dans l'Histoire de la Bourse de Paris et des Sociétés par actions.

100Cette tentative semble avoir pris naissance dans la fameuse Banque du peuple qu'un célèbre sophiste, plein de verve et d'énergie critique, voulut, mais ne put, fonder après la révolution de 1848. Cependant remarquons que P.-J. Proudhon se faisait fort d'opérer sans numéraire, voulant chasser du marché ces vils métaux et toute autre marchandise qui les suppléerait et les remplacer par un papier non remboursable. Un essai fut tenté par notre fougueux socialiste, mais les pertes (légères d'ailleurs) qui en résultèrent, ne furent supportées que par lui. M. Bonnard, quoique se trompant en généralisant trop son idée, fut plus pratique que lui, mais moins désintéressé, et, ce qui prouve la profonde honnêteté de l'auteur du fameux pamphlet la Propriété c'est le vol, c'est que, en dépit du succès de ses ouvrages il mourut pauvre et estimé d'hommes délicats et sévères de mœurs qui l'ont connu soit dans l'exil soit en France.

Nous trouvons, dans les notes complémentaires du Traité d'économie politique de M. Joseph Garnier, de très intéressants détails sur les Banques d'échange et entre autres cette indication qu'un novateur, du nom de Mazel, tenta une entreprise de ce genre en 1837, après en avoir émis l'idée dès 1818. Mais, ajoute l'auteur, « l'entreprise de M. Mazel ne s'est pas développée. »

101 Voir la note de la page 196.

102 Ce développement se trahit d'une manière sensible par l'importance des produits nets de la Banque (déduction faite des arrérages des rentes possédées par elle). En voici la proportion par année de 1848 à 1873 :

Années.	Paris. 0/0	Succ. 0/0	Années.	Paris. 0/0	Succ. 0/0
1849	54	46	1862	59	41
1850	60	40	1863	57	43
1851	66	34	1864	53	47
1852	73	27	1865	51	49
1853	56	44	1866	56	44
1854	47	53	1867	53	47
1855	39	61	1868	59	41
1856	45	55	1869	56	44
1857	38	62	1870	54	46
1858	48	52	1871	85	15
1859	48	52	1872	65	35
1860	44	56	1873	63	37
1861	44	56			

Nous avons supprimé l'année 1848 comme viciant le tableau par son caractère exceptionnel. On remarquera également que 1871 sort de la règle, qui reprend une partie de ses droits en 1872.

103 Depuis 1818, cette limite avait été constamment maintenue à 90 jours ; même en 1848, on ne l'avait pas modifiée ; il est vrai que, à cette dernière époque, c'était par élimination que l'on procédait, quelque bonnes, d'ailleurs, que fussent les signatures du présentateur et des endosseurs, tandis que, une fois la tourmente politique passée, on ne refusa plus qu'en raison de la qualité médiocre des signatures.

104 Nous croyons utile de donner ici le tableau des rapports mensuels de

l'actif réalisé (en caisse) au passif exigible à vue (billets au porteur et à ordre, récépissés à vue et soldes créditeurs des comptes courants des particuliers) de la Banque de France (Paris et succursales) depuis 1848.
La peine du lecteur s'en trouvera allégée.

Années.	Janv.	Fév.	Mars.	Avril.	Mai.	Juin.	juill.	Août.	Sep.	Oct.	Nov.	Déc.
1848...	...	...	2.8	4.0	4.2	3.1	3.0	2.6	2.2	2.1	2.1	2.0
1849...	1.9	1.9	1.7	1.7	1.6	1.6	1.6	1.4	1.3	1.3	1.3	1.3
1850...	1.3	1.2	1.2	1.3	1.3	1.2	1.3	1.3	1.2	1.3	1.3	1.3
1851...	1.3	1.2	1.1	1.2	1.1	1.1	1.1	1.1	1.0	1.1	1.2	1.2
1852...	1.3	1.2	1.2	1.4	1.4	1.3	1.3	1.3	1.2	1.3	1.5	1.6
1853...	1.7	1.7	1.6	1.6	1.6	1.5	1.7	1.8	1.8	2.2	2.5	2.5
1854...	2.6	2.7	2.6	2.2	1.9	1.7	1.6	.6	1.5	1.6	1.8	1.9
1855...	2.2	1.9	1.8	1.9	1.9	1.9	2.6	2.2	2.8	3.5	3.7	3.2
1856...	3.7	3.6	3.5	2.8	2.9	2.7	3.6	3.3	3.1	4.6	4.4	3.6
1857...	4.0	3.7	3.2	3.1	3.1	2.5	2.9	3.1	2.9	3.4	3.8	2.9
1858...	3.0	2.7	2.1	1.9	1.7	1.5	1.5	1.5	1.4	1.6	1.6	1.6
1859...	1.8	1.9	1.7	1.8	2.0	1.8	1.8	1.5	1.4	1.5	1.5	1.5
1860...	1.7	1.7	1.7	1.8	1.9	1.8	1.9	1.8	1.9	2.1	2.2	2.2
1861...	2.8	2.4	2.3	2.3	2.3	2.2	2.4	2.4	2.3	3.0	3.1	2.6

Années.	Janv.	Fév.	Mars.	Avril.	Mai.	Juin.	Juill.	Août.	Sept.	Oct.	Nov.	Déc.
1862...	3.1	2.6	2.6	2.5	2.4	2.2	2.5	2.5	2.2	2.7	3.4	2.8
1863...	3.8	3.4	2.7	2.5	2.5	2.5	3.2	3.2	3.1	3.6	4.7	4.2
1864...	5.8	5.1	5.1	4.1	3.9	2.9	3.5	3.4	3.2	3.5	3.2	2.5
1865...	3.0	2.9	2.3	2.2	2.1	2.0	2.2	2.2	2.1	2.5	2.5	2.4
1866...	2.9	2.7	2.2	2.1	2.2	2.1	2.0	1.8	1.7	1.8	1.9	1.8
1867...	1.9	1.8	1.7	1.6	1.7	1.6	1.6	1.5	1.5	1.6	1.7	1.5
1868...	1.6	1.5	1.4	1.4	1.4	1.4	1.3	1.4	1.3	1.3	1.4	1.4
1869...	1.6	1.5	1.4	1.4	1.5	1.4	1.5	1.4	1.4	1.4	1.4	1.4
1870...	1.5	1.5	1.4	1.4	1.4	1.4	1.5	2.1	2.7	»	»	»
1871...	»	»	»	»	»	5.0	3.9	3.7	3.9	3.1	4.1	4.0
1872...	4.3	4.3	4.0	3.8	3.6	3.5	3.6	3.9	3.4	3.5	3.6	3.6
1873...	3.9	3.8	3.8	3.7	3.7	3.9	4.3	4.3	4.3	4.4	4.4	4.1
1874...	4.1	3.4	2.9	2.7	2.5	2.4	2.3	2.2	2.2	2.2	»	»

105 Remarquons que ce doublement du capital social de la Banque de France se fit par décision supérieure sans consulter les actionnaires. À quoi bon ? Ils reçoivent de si beaux dividendes qu'il serait vraiment puéril de supposer un refus de leur part. Aussi se passe-t-on, assez cavalièrement, de leur assentiment.

106 Si on considère que, en réalité, la circulation de la Banque d'Angleterre flotte aux alentours de 600 millions, c'est 3/4 et non 6/10 % que la banque d'Angleterre paye à la nation pour l'exercice de son privilège.

107 Nous croyons utile de reproduire ici, depuis l'époque où la Banque de France fournit dans ses rapports cette nature de renseignements, l'importance totale d'année en année de chaque coupure de billets de banque aux mains du public.

Coupures de francs.	Janv. 1862.	Janv. 1863.	Janv. 1864.	Janv. 1865.	Janv. 1866.	Janv. 1867.	Janv. 1868.	Janv. 1869.	Janv. 1870.	Janv. 1871.	Janv. 1872.	Janv. 1873.	Janv. 1874.
	mill.	mill.	mill.	mill.	mill.	mill.	mill.	mill.	mill.	mill.	mill.	mill.	mill.
1.000...	461.0	499.2	447.9	436.3	538.3	647.9	721.2	826.5	880.1	868.5	802.1	775.4	719.3
500...	91.6	94.5	91.3	92.5	107.5	115.8	126.0	139.5	145.3	183.6	212.0	213.7	202.2
200..	28.8	47.2	43.4	44.6	39.9	27.4	14.6	8.0	4.7	3.0	2.4	1.4	1.0
100	191.9	194.0	217.0	204.6	250.3	275.5	314.4	366.5	397.6	569.6	710.0	806.0	884.5
50..	»	»	»	27.5	35.2	34.1	34.2	38.8	42.9	170.3	264.4	306.8	274.7
25...	»	»	»	»	»	»	»	»	»	186.6	260.7	111.4	28.6
20...	»	»	»	»	»	»	»	»	»	32.1	201.8	536.8	628.8
5...	»	»	»	»	»	»	»	»	»	»	»	106.6	93.6
Diverses	1.8	1.8	1.8	1.7	1.7	1.6	1.6	1.8	0.5	0.5	0.5	0.5	0.1
Total..	785.2	836.6	802.1	803.3	972.8	1102.3	1212.0	1381.3	1471.1	2014.3	2454.0	2858.6	2832.2

<u>108</u>C'est ainsi qu'elle retire, en ce moment, aux grands regrets du public, non seulement les billets de 5 fr. (elle n'a jamais émis ceux de 10), mais encore ceux de 20 fr.

<u>109</u>Ce chiffre de 25 succursales à établir en 1873, n'a aucun rapport avec les 25 départements où aucune création de succursale n'avait été décidée en juin 1867. C'est un hasard que les deux chiffres soient identiques.

<u>110</u>Hélas ! le 1er juillet 1874 est passé et aujourd'hui (5 novembre 1874) il reste encore huit départements (Ariège, Basses-Alpes, Corrèze Hautes-Alpes, Landes, Lozère, Seine-et-Marne et Vendée) n'ayant pas de succursale, nous ne dirons pas ouverte, mais instituée. Voilà comment le gouvernement, se portant fort des aspirations de progrès de la Banque, est là pour la contraindre à exécuter même la simple lettre de ses engagements.

<u>111</u>Cette faculté, dans l'esprit de la loi, a pour objet de permettre à la Banque de ne pas recourir au funeste moyen de la réduction de durée maximum des effets admis, sans cependant interdire à la Banque dans les moments vraiment critiques l'usage de cette arme.

<u>112</u>« Qu'adviendra-t-il enfin, en dehors de la Banque, tant que la loi de 1807 ne sera pas modifiée ? La réponse est simple. Tant qu'une loi n'est pas modifiée, elle doit être respectée et obéie ; la loi de 1807 devra continuer de recevoir son exécution. » Séance du Corps législatif du 28 mai 1857 (Monit. univ. du 30).

<u>113</u>Nous trouvons cependant, dans la Table analytique des dispositions législatives qui régissent la Banque de France, l'analyse suivante, dont le texte manque au recueil officiel en tête duquel est cette table : « Art. 2. Les avances à faire au Trésor par la Banque pourront s'élever à 80 millions. Elles seront réduites à 60 millions par les remboursements annuels résultant du traité du 3 mars 1852. Elles seront garanties par des bons du Trésor renouvelables de trois en trois mois. – Art. 3 et 4. Le montant de ces avances se compensera avec le montant du crédit du compte courant du Trésor. Les intérêts, dont le taux maximum ne pourra pas dépasser 3 p. 100, ne porteront que sur le solde réellement débiteur. » On voit que cette analyse ne dit rien

des conditions de remboursement. (Voir plus bas pages 250 et 251).

114 Le Marché monétaire et ses crises depuis cinquante ans, par Émile de Laveleye. Paris, 1865.

115 Irruption. Irruption des créanciers d'une banque, sur l'institution débitrice ; à qui arrivera le plus tôt pour être remboursé.

116 Nous avons cru devoir reproduire in extenso cette description d'une des crises les plus intenses qu'ait subie l'Union américaine, d'abord parce qu'elle s'est vivement fait sentir sur tout le continent européen ; ensuite parce que la description que nous en extrayons est fort bien faite, enfin que, émanant d'un des plus intelligents adversaires de la liberté des banques d'émission, elle arrive cependant forcément à prouver : 1° que les suspensions momentanées des banques sont des malheurs impossibles à éviter, en temps de crises sérieuses en général, même dans les pays où, comme la France, l'unité des banques est en faveur ; 2° que dans les pays où la liberté des banques est le principe dominant, le retour à l'état normal se fait au moins aussi rapidement si ce n'est plus, que dans ceux où elles sont le plus sévèrement réglementées, et qu'alors, l'absence de liberté n'empêchant pas le mal, n'en diminuant, pour le moins, ni l'intensité ni la durée, mieux vaut un régime qui laisse à l'individu son initiative, ayant, en tout cas, la responsabilité, qu'un autre où on lui mesure, par prudence, l'air respirable, celui qui fait un pays aussi riche et prospère, que M. De Laveleye nous a éloquemment montré les États-Unis au commencement de l'année 1857.

117 L'acte de 1844 stipule (nous n'entrons pas dans les détails) que la Banque d'Angleterre ne pourra émettre plus de billets que la somme cumulée de la dette fixe de l'État (275 millions 1/2 de francs), des consolidés à elle appartenant (74 millions 1/2 de francs de 1844 à 1855, 88 1/2 à 89 de 1856 à 1861, 91 de 1862 à 1865, et 100 de 1866 à ce jour), et de son encaisse métallique. Cet acte tant vanté avait pour objet de permettre à la Banque d'Angleterre de résister aux crises, si ce n'est de les prévenir. Trois fois déjà, le 25 octobre 1847, le 12 novembre 1857 et le 11 mai 1866, soit au moment décisif, le gouvernement a autorisé la Banque à dépasser les sages limites posées en 1844. Que dirait-on d'une armée admirablement formée, mais se dérobant au moment de se montrer ? Telle est, en peu de mots, l'organisation de la Banque de circulation, appelée à devenir unique en Angleterre.

118 Remarquons, en passant, toute l'inconséquence de notre législation en matière de limite légale du taux de l'intérêt. La Banque de France, en portant son taux d'escompte à 10 %, obligeait la foule des banquiers-escompteurs à monter le leur à 11 et 12 % ; or la loi de septembre 1807 pouvait les faire condamner comme usuriers lorsque la Banque, qui ne s'alimentait que de leur papier, ne devait qu'à la loi de juin 1857 de ne pas passer pour leur complice et d'être à l'abri des arrêts de la police correctionnelle. Nous savons qu'aucun jugement n'a été rendu à cette

époque dans le sens de la loi de 1807 ; mais est-il bien moral, bien conforme à l'ordre public, que la loi ait deux poids et deux mesures. Ne serait-il pas d'un bon exemple d'en finir, une fois pour toutes, avec une loi aussi antiéconomique que celle promulguée sous le premier empire, et de proclamer que le prêt à intérêt est un acte commercial qui doit être libre pour que les bénéfices en résultant soient légitimes.

119 N'omettons pas de dire qu'à ces moyens elle joignît l'achat de lingots pour une somme totale de 565 millions de francs, au coût, prime et transport, de 4 675 100 francs, soit 1/8 %.

120 La Banque de France et la Banque d'Angleterre en 1847, 1852 et 1861. – Journal des Économistes, décembre 1861, 2e série, t. XXXII, p. 384.

121 C'est là un fait économique qui appelle encore une explication satisfaisante. En attendant, empruntons à M. C. Roswag la description des contrées où ce phénomène se produit : « L'Asie, l'Afrique et la plupart des îles de la Malaisie et de l'Océanie ne participent encore que d'une façon passive et incomplète aux transactions de notre civilisation. Il se fait bien des échanges, mais surtout des marchandises contre de l'argent, peu de marchandises contre marchandises. Le métal soldeur qui intervient, va donc s'ensevelir, comme dans des lacs perdus, au fond de ces régions, où la thésaurisation est à son maximum. Ces zones absorbantes constituent comme deux immenses taches dans la carte du monde. La tache africaine est limitée par la côte occidentale marocaine, depuis Ceuta jusqu'au Cap Blanc. Elle longe septentrionalement le Sahara, descend le long du Nil, traverse l'Abyssinie jusqu'au pays des Galla, dessine un contour parallèle à la côte orientale de l'Afrique, en traversant le Zanguebar, le Mozambique, s'étend ensuite en pointe jusqu'aux pays des Hottentots, et rejoint le Cap blanc ci-dessus mentionné ; traçant une autre ligne parallèle à l'Atlantique, la courbe traverse le Benguela, le Congo, la Guinée et la Sénégambie. La zone absorbante asiatique envahit le contre de la Turquie, longe l'Hedjaz, remonte le long du golfe Persique jusque près de Bagdad, couvre la Perse et l'Afghanistan, l'Himalaya, fait une pointe dans le royaume de Siam, borde intérieurement l'Annam, s'étendant sur la Chine tout entière et le Japon, jusqu'au fleuve Amour, longe la Daourie, borne l'Altaï et vient, en rasant les bords méridionaux du lac Aral et de la mer Caspienne, rejoindre le point de départ turco-asiatique ci-dessus signalé. » (Journal officiel du 30 octobre 1872). La civilisation pourra seule modifier cet état anormal.

122 M. P.-J. Coullet, par ses travaux spéciaux sur la matière, y aura grandement contribué.

123 Les opérations de cette chambre de compensation sont encore bien limitées. Du 7 mars 1872 au 28 février 1873 elle a eu un mouvement de virements de 1 602 727 344 fr., et du 1er mars 1873 au 28 février 1874 de 2 142 302 845 fr. La première année dix-sept maisons seulement ont

coopéré à ces opérations ; la seconde année a vu le retrait de trois de ces maisons, mais la Banque de France y a participé depuis le 19 mai 1873 ; le nombre des associés est donc de quinze pour ce second exercice. Depuis trois autres maisons se sont encore retirées du syndicat ; de sorte que les échanges ne se font qu'entre douze maisons ; comment s'étonner alors si du 1er mars au 30 novembre 1874, soit pour les neuf premiers mois de 1874-75, les échanges n'ont atteint que 1 487 628 526 fr. ? Les opérations de ce rouage utile ne prendront une sérieuse extension que lorsque l'habitude des dépôts en banque et de la domiciliation se seront répandues.

124 Cette popularité était très effective ; une affaire par actions n'avait la faveur du public qu'avec l'étiquette du Crédit mobilier. Ce fut une grande gêne pour le développement du marché des valeurs mobilières, les directeurs de l'institution dont nous parlons usant de cette situation privilégiée d'une manière inquiétante et qui, de fait, a fini par porter malheur à eux et surtout à leurs actionnaires, ainsi qu'à ceux de quelques-unes des affaires patronnées par eux.

125 Pour plus de détail à ce sujet, voir plus bas la 2e note de la p. 255.

126 On jugera mieux l'importance de l'amélioration réalisée en notant que, de 1823 à 1832, ledit rapport varia de 14 à 18 % ; en 1833 il était encore de 8,9 %, et en 1834 de 6,4 %. Nous ignorons les nombres se référant aux autres années, les rapports officiels ne les fournissant pas. La Banque de France a enfin compris, on le voit, que, avec la nécessité de trois signatures et la formalité préalable d'une admission, après enquête, au bénéfice de l'escompte, elle pouvait se montrer large, puisque la Banque de l'Algérie et les Banques coloniales, par exemple, quoique dans un milieu plus scabreux, font encore de bonnes affaires, tout en se contentant de deux signatures et allant, quant à la durée à courir des effets admis, jusqu'à 100 et même 120 jours.

127 Voir plus haut, en note, page 103. Nous avons cru utile de citer à nouveau la phrase de Dupont de Nemours ; ce sont de ces vérités que l'on ne saurait trop répéter en face de ceux qui croient à la sécurité absolue en matière de crédit et qui pensent l'avoir trouvée dans la réglementation, souvent dans le monopole. Ils oublient que tous les 25 ou 50 ans, la totalité des billets de Banque du pays se trouve devenue effets en souffrance, sauf à être remboursés plus tard si le porteur le veut, mais après une défaillance de la Banque unique, sanctionnée, il est vrai, par l'autorité publique, mais qui, pour cela, n'en est pas moins, en substance, une suspension de paiement, une faillite suivie de concordat pour trancher le mot. Il n'y a pas là de quoi être bien fier.

128 Voir la première note plus bas, page 229.

129 Le 31 octobre 1865, la plus haute notabilité de la banque européenne, M. le baron J. de Rothschild, déposait devant le Conseil supérieur de

l'agriculture, du commerce et de l'industrie dans l'enquête sur la circulation monétaire et fiduciaire : « Si vous fixez l'escompte à 4 % et qu'en Angleterre il soit à 7 ou à 8 %, que fera-t-on ? On retirera tout l'argent de la Banque de France et on le portera en Angleterre. » On va voir que cela ne s'est pas ainsi passé en 1866 ; mais il faut dire à la décharge de l'éminent banquier, que cette phrase venait en réponse à la question de la fixité du taux de l'escompte, contre laquelle il protestait avec raison ; il répondait en homme d'affaires qu'il était, et non en penseur qu'il n'était pas, et ses observations même ne sortaient pas du courant de ses affaires personnelles. Pour donner à sa réponse la rectitude que la science exige, il eût dû ajouter que cette solidarité des marchés ne se produit qu'entre places ayant le même étalon, et lorsque la cause de la crise n'est pas spéciale à la rareté de l'or et de l'argent. Autrement l'écart peut se tendre presque indéfiniment.

130 Les paquebots de la Compagnie péninsulaire et orientale et les paquebots français ont transporté d'Angleterre et de divers ports de la Méditerranée par l'Égypte (voie accoutumée) dans l'Inde et la Chine, l'extrême Orient, les sommes ci-dessous en or pendant les périodes quinquennales suivantes :

	de la Grande-Bretagne. fr.	des ports Méditerranéens fr.	Ensemble. fr.
1852-56..	110.750.000	10.375.000	121.125.000
1857-61..	91.925.000	49.400.000	141.325.000
1862-66..	198.275.000	432.075.000	630.350.000

On jugera par ce détail de l'énergie de ce courant d'exportation non seulement en Angleterre, mais dans toute l'Europe continentale.

131 Nous croyons utile pourtant de donner ici la nomenclature des actes officiels concernant la Banque de France depuis août 1870.

12 août 1870. – Cours légal et forcé des billets de la Banque de France qui est, également, autorisée à ne pas les rembourser. Limite de l'émission 1 800 000 000 fr. – Abaissement à 25 fr. de la coupure minimum du billet de banque.

14 août 1870. – La limite de l'émission est portée à 2 400 000 000 fr.

12 déc 1870. – La coupure de 25 fr. est remplacée par celle de 20 fr.

29 déc 1871. – La limite de l'émission est portée à 2 800 000 000 fr. – La Banque de France est autorisée à émettre des coupures de 10 fr. et 5 fr. Elle n'a jamais émis que ces dernières qu'elle retire, en ce moment, ainsi que celles de 20 fr.

15 juill 1872. – La limite de l'émission est portée à 3 200 000 000 fr.

27 janv 1873. – La banque doit établir, à bref délai, des succursales dans les départements qui en sont privés.

La Banque de France, sous forme d'escompte de bons du Trésor, a fait à l'État un premier prêt dont la limite légale a été fixée à 1 530 000 000 fr. par le traité du 3 juillet 1871 ; en plus une autre avance de 150 millions en or, a été spécialement consentie par un autre traité du 2 juin 1873 ; mais, comme elle est intégralement remboursée depuis le commencement de février 1874, nous n'en parlerons plus.

Quant au prêt de 1 530 millions, voici les dates des avances successives qui le constituent.

18 juill. 1871.......	50 millions.
18 août —	50 —
19 août —	40 —
24 sept. —	75 —
5 déc. —	100 —
5 déc. —	100 —
11 janv. 1872........	400 —
13 mars —	50 —
30 mars —	90 —
15 avr. —	75 —
17 mai —	150 —
10 juin —	50 —
Total.....	1230 millions.
Ancienne avance de 1857..	60 —
Avances aux trésoriers généraux de Metz et Strasbourg................	30 —
Total........	1320 millions.
Traité de juillet 1871...	210 —
Ensemble......	1530 millions.

L'intérêt de ce prêt d'abord à 6 %, puis à 3 %, est réduit, depuis le 1er janvier 1872, à 1 %. L'amortissement doit avoir lieu sur le pied de 200 millions par an, à partir de l'année 1872 inclusivement. Il ne monte plus, en ce moment, qu'à 887 millions. Une avance de 210 millions faite à la ville de Paris est aujourd'hui entièrement remboursée.

Un troisième prêt vient d'être consenti au Trésor par la Banque de France en vertu de la convention du 4 août 1874. Il pourra atteindre 80 millions et est applicable aux exercices 1875 et suivants. L'intérêt consenti est 1 % ; il est garanti par des bons du Trésor et est remboursable dans les termes du prêt de 1 530 millions et après amortissement de ce prêt, à moins que les budgets aux besoins desquels il sera affecté soldent en excédents de recettes, auxquels cas ces excédents de recettes reviendraient à la Banque, en amortissement de la somme due du chef de cette opération.

Les effets prorogés faisant partie du portefeuille de la banque du 13 août 1870 au 12 juillet 1871, montèrent pour Paris seulement à 630 millions, représentés par 416 000 effets ; 105 000 effets au capital de 361 millions rentrèrent avant l'expiration de la dernière prorogation ; ce qui accusait un solde d'effets réellement restés en souffrance à Paris de 311 000 effets représentant une somme de 269 millions,

En province il y eut 238 760 000 fr. d'effets prorogés, réduits à l'expiration de la dernière prorogation à 4 086 459 fr. tombés alors à l'état d'effets en souffrance.

Voici pour Paris et les départements les résultats de ce compte arrêté à la fin de 1873 :

	Paris.	Province.
Solde en juillet 1871.....	269.000.000	4.086.500
Accroissements en 1872...	4.312.000	185.500
	273.312.000	4.272.000
Remboursements en 1872.	266.520.000	3.549.500
Solde fin 1872............	6.792.000	722.500
Accroissements en 1873...	3.750.000	640.000
	10.542.000	1.362.500
Remboursements en 1873.	1.867.000	322.000
Solde fin 1873............	8.675.000	1.040.500
Ensemble........		9.715.500
Sur lesquels passés par profits et pertes.....................		7.652.000
Reste.....		2.063.500

Solde couvert par une réserve spéciale de 6 626 300 fr.

Ajoutons comme renseignement utile à consigner, que les lois et décrets des 13 août, 10 et 13 septembre, 11 octobre, 5 et 20 novembre, 9 et 12 décembre 1870, 8, 12 et 27 janvier, 9 février, 10 et 24 mars, et enfin 26 avril 1871, ont successivement prorogé les échéances des effets de commerce jusqu'au 1er juillet 1871, date de rigueur de la fin de la dernière prorogation. Les chiffres fournis ci-dessus montrent que, à cette date, le commerce français a pu, grâce à sa prudence, s'exécuter loyalement et liquider une situation sans exemple jusqu'alors.

132« Mon fils, on va faire mourir ton père ; si l'on te dit que c'est la liberté qui l'a tué, n'en crois rien et montre-toi toujours fidèle à sa cause. » Dernières paroles du père du duc Victor de Broglie à ce dernier, au moment de monter sur l'échafaud révolutionnaire.

133Pendant les 17 années de son existence, la Caisse d'escompte a payé, en moyenne, à ses actionnaires 7 1/4 % du capital versé.

134On ne les consultera même pas quand, en 1857, on doublera le capital de la Banque de France. Rien ne peint mieux que ce fait leur situation effacée et leur servitude réelle, quoique compensée par de riches avantages. Chaîne dorée, mais chaîne après tout.

135Ainsi, en 1847, le bénéfice net des quatorze comptoirs alors en activité est, à peu près, le même que celui des neuf banques départementales. Mais en face de cette égalité de résultats, quelle différence de services rendus au public, ainsi que le prouvent les chiffres suivants :

	Neuf banques départementales.	Quatorze comptoirs.
Bénéfices nets................	3.045.850	3.383.000
Circulation...................	90.400.000	9.500.000
Portefeuille..................	85.000.000	76.500.000
Comptes-courants.............	16.800 000	4.400.000
Escomptes annuels (Total)...	851.600.000	478.800.000

Il ne nous est pas possible de comparer les capitaux de commandite ; nous savons bien que, pour les neuf banques départementales, le chiffre est 23 330 000 fr. ; mais les comptes rendus de la Banque de France ne nous disent pas à combien ils montaient pour les quatorze comptoirs qui avaient ouvert leurs guichets à cette époque.

136Ceci mérite cependant une explication, car la version littérale ne motive pas cette acception. En effet, l'article 1er de la loi de 1803 dit bien que « l'association formée à Paris sous le nom de Banque de France aura le privilège exclusif d'émettre des billets de banque aux conditions énoncées dans la présente loi », mais l'article 31 porte que « aucune banque ne pourra se former, dans les départements, que sous l'autorisation du gouvernement qui pourra leur en accorder le privilège. » Le privilège exclusif ne s'entend donc alors que de Paris. Le décret impérial du 18 mai 1808, par son article 9 ainsi conçu : « La Banque de France aura le privilège exclusif d'émettre des billets de banque dans les villes où elle aura établi des comptoirs », étend ce privilège aux villes de province où la Banque plantait son étendard ; elle ne le possédait donc pas dans les autres. L'établissement de banques départementales avec privilège exclusif, de 1817 à 1838, démontre surabondamment que c'est bien ainsi qu'il faut entendre le privilège exclusif de la Banque de France. Or la fusion des banques départementales avec la Banque de France n'a rien changé à ces dispositions, pas plus que la loi du 9 juin 1857 sur le renouvellement du privilège de la Banque de France ou tout autre acte législatif ou d'administration. Donc, encore aujourd'hui, on peut dire que la Banque de France ne possède le privilège exclusif d'émettre des billets payables au porteur et à vue qu'à Paris et dans les villes (nous ne disons pas les départements) où elle possède des succursales.

137Il n'est pas inutile de dire deux mots de ces idées, car elles fournissent à la Banque de France des arguments sans valeur, mais qui imposent au public, et dont il est bon de faire justice.

La Banque dit que plus les coupures sont petites, plus, dans les moments de panique, la queue des porteurs qui demandent leur remboursement est considérable, danger qu'elle ne trouve moyen de conjurer qu'en combattant les petites coupures au détriment des intérêts et de la commodité du public. Il est certain qu'avec des coupures de 5 fr. la queue peut être deux cents fois plus forte qu'avec des coupures de 1 000, et que l'importance d'une longue queue de porteurs de billets demandant leur argent, fait grand effet sur le public. On ne l'a que trop vu en 1848. Eh bien, que la Banque mette sur ses billets que, si elle le juge convenable, elle ne remboursera à chaque porteur que pour un nombre de billets faisant au moins une somme totale de 1 000 fr. et le résultat sera pour elle le même que si elle n'avait en circulation que des billets de 1 000 fr.

La Banque dit encore qu'une circulation totale trop forte est pour elle un danger. En cas de crise monétaire (comme à Londres en 1866) il lui est beaucoup plus dangereux, tout en observant la proportion sacramentelle de un à trois, d'avoir une encaisse importante et une circulation considérable, qu'une encaisse moindre et une circulation plus faible. Cela encore est vrai. Mais quoi de plus simple pour la Banque que de fixer par appréciation la circulation normale qu'elle croit prudent de ne pas dépasser, puis de ne plus excéder cette circulation sans conserver une somme nouvelle en numéraire parfaitement identique à celle de la circulation supplémentaire. C'est une question de comptabilité bien facile à établir sans même en rien dire au public. Quant aux moyens de défendre son encaisse, elle les a dans la hausse du taux de l'escompte, l'abaissement du maximum de l'échéance des effets admis, moyens suffisants, en toute circonstance, quelque critique qu'elle soit,

138Ceci était écrit avant le 1er juillet 1871. Voir plus haut la troisième note de la page 224.

139« Toujours le privilège s'est présenté sous des formes bénignes ; il ne veut rien pour lui ! il n'est qu'un dévouement, un sacrifice ! mais laissez-le grandir et s'endurcir, et vous le verrez bientôt opprimer tous les droits, parce qu'il est incorrigible. » Discours de Royer-Collard dans la session de 1819.

Addenda et errata

Page 1, 3e ligne du 2e paragraphe. Au lieu de : bien avant cette institution d'autres banques, etc., Lire : Plus au nord, la Banque de Jean Palmstruck émet à Stockholm, dès 1661, des billets au porteur sans intérêts dont on se sert comme monnaie courante. Bien avant ces deux institutions, d'autres banques, etc.

Page 1, 2e ligne du 3e paragraphe. Au lieu de :... se fonder la Banque d'Angleterre à Londres, en 1690, etc., Lire :... se fonder la Banque de Palmstruck à Stockholm en 1656, réorganisée en 1701 sous forme de banque d'État, la Banque d'Angleterre à Londres en 1690, etc.

Page 5, 6e ligne. Au lieu de :... et en rente de, etc., Lire :... ou en rente de, etc.

Page 11, en note et page 33 ligne 23. Au lieu de : Barême, Lire : Barrême.

Page 32, note 4. Supprimer pour le rétablir page 33, en tête du premier paragraphe : En France, la plaisanterie se met volontiers de la partie.

Page 110, note 4. Ajouter aux taux d'escompte : 4 juin 4 %.

Page 113, année 1823, colonne 13. Au lieu de : 310. 1, Lire : 320. 1.

Page 113, année 1827, colonne 13. Au lieu de : 566. 1, Lire : 556. 1.

Page 144, à la liste des succursales, joindre 82 : Mende (Lozère), 6 janvier 1875, non ouverte.

Page 144, à la mention : non ouverte, substituer la date du 26 janvier 1875 pour les succursales suivantes : 68 Moulins (Allier), 71 Chartres (Eure-et-Loir), 73 Vesoul (Haute-Sâone), 75 Beauvais (Oise).

Page 171, avant-dernière ligne. Au lieu de : remplace, Lire : remplaça.

Page 177, année 1863-64. Total général. Au lieu de : 1 784. 4, Lire : 1 754. 4.

Page 177, année 1865-66 Escomptes, etc. Au lieu de : 1 060. 7. Lire : 1 060. 1.

Page 182, année 1856 colonne 3-4. Au lieu de : 236. Lire : 226.

Page 182, année 1857 colonne 3-4. Au lieu de : 230. Lire : 222.

Page 182, année 1863 colonne 24. Au lieu de : 8 311. Lire : 8 321.

Page 182, année 1865 colonne 9-10. Au lieu de : 840. Lire : 824.

Page 182, année 1867 colonne 15. Au lieu de : 1 251. 7. Lire : 2 251. 7.

Page 182, année 1871 colonne 22. Au lieu de : 18 807. 9. Lire : 8 807. 9.

Page 182, année 1872 colonne 22. Au lieu de : 13 924. 9. Lire : 13 924. 0.

Page 182, année 1872 colonne 23. Au lieu de : 184 843. Lire : 84 843.

Page 207, 16e ligne. Au lieu de : furent imposée, Lire : fut imposée.

Page 219, en note, année 1854. Mars. Au lieu de : 2. 6. Lire : 2. 9.

Page 220, en note, année 1862. Févr. Au lieu de : 2. 6. Lire : 2. 9.

Page 220, en note, année 1862. Sept. Au lieu de : 2. 2. Lire : 2. 5.

Page 220, en note, année 1865. Févr. Au lieu de : 2. 9. Lire : 2. 8.